中国传统民俗文化——文化系列

中国古代文房四宝

石雨祺◎编著

中国商业出版社

图书在版编目（CIP）数据

中国古代文房四宝／石雨祺编著．-- 北京：中国商业出版社，2015.5（2022.9 重印）
ISBN 978-7-5044-8585-4

Ⅰ．①中… Ⅱ．①石… Ⅲ．①文化用品-介绍-中国-古代 Ⅳ．①K875.4

中国版本图书馆 CIP 数据核字（2015）第 116966 号

责任编辑：常　松

中国商业出版社出版发行
010-63180647　www.c-cbook.com
（100053 北京广安门内报国寺 1 号）
新华书店经销
三河市同力彩印有限公司印刷
*
710 毫米×1000 毫米　16 开　12.5 印张　200 千字
2015 年 5 月第 1 版　2022 年 9 月第 3 次印刷
定价：58.00 元
*　*　*　*
（如有印装质量问题可更换）

《中国传统民俗文化》编委会

序　言

中国是举世闻名的文明古国，在漫长的历史发展过程中，勤劳智慧的中国人创造了丰富多彩、绚丽多姿的文化。这些经过锤炼和沉淀的古代传统文化，凝聚着华夏各族人民的性格、精神和智慧，是中华民族相互认同的标志和纽带，在人类文化的百花园中摇曳生姿，展现着自己独特的风采，对人类文化的多样性发展做出了巨大贡献。中国传统民俗文化内容广博，风格独特，深深地吸引着世界人民的眼光。

正因如此，我们必须按照中央的要求，加强文化建设。2006 年 5 月，时任浙江省委书记的习近平同志就已提出："文化通过传承为社会进步发挥基础作用，文化会促进或制约经济乃至整个社会的发展。"又说，"文化的力量最终可以转化为物质的力量，文化的软实力最终可以转化为经济的硬实力。"(《浙江文化研究工程成果文库总序》)2013 年他去山东考察时，再次强调：中华民族伟大复兴，需要以中华文化发展繁荣为条件。

正因如此，我们应该对中华民族文化进行广阔、全面的检视。我们应该唤醒我们民族的集体记忆，复兴我们民族的伟大精神，发展和繁荣中华民族的优秀文化，为我们民族在强国之路上阔步前行创设先决条件。实现民族文化的复兴，必须传承中华文化的优秀传统。现代的中国人，特别是年轻人，对传统文化十分感兴趣，蕴含感情。但当下也有人对具体典籍、历史事实不甚了解。比如，中国是书法大国，谈起书法，有些人或许只知道些书法大家如王羲之、柳公权等的名字，知道《兰亭集序》

是千古书法珍品，仅此而已。

再如，我们都知道中国是闻名于世的瓷器大国，中国的瓷器令西方人叹为观止，中国也因此获得了“瓷器之国”（英语 china 的另一义即为瓷器）的美誉。然而关于瓷器的由来、形制的演变、纹饰的演化、烧制等瓷器文化的内涵，就知之甚少了。中国还是武术大国，然而国人的武术知识，或许更多来源于一部部精彩的武侠影视作品，对于真正的武术文化，我们也难以窥其堂奥。我国还是崇尚玉文化的国度，我们的祖先发现了这种“温润而有光泽的美石”，并赋予了这种冰冷的自然物鲜活的生命力和文化性格，如“君子当温润如玉”，女子应“冰清玉洁”“守身如玉”；“玉有五德”，即“仁”“义”“智”“勇”“洁”；等等。今天，熟悉这些玉文化内涵的国人也为数不多了。

也许正有鉴于此，有忧于此，近年来，已有不少有志之士开始了复兴中国传统文化的努力之路，读经热开始风靡海峡两岸，不少孩童以至成人开始重拾经典，在故纸旧书中品味古人的智慧，发现古文化历久弥新的魅力。电视讲坛里一拨又一拨对古文化的讲述，也吸引着数以万计的人，重新审视古文化的价值。现在放在读者面前的这套“中国传统民俗文化”丛书，也是这一努力的又一体现。我们现在确实应注重研究成果的学术价值和应用价值，充分发挥其认识世界、传承文化、创新理论、资政育人的重要作用。

中国的传统文化内容博大，体系庞杂，该如何下手，如何呈现？这套丛书处理得可谓系统性强，别具匠心。编者分别按物质文化、制度文化、精神文化等方面来分门别类地进行组织编写，例如，在物质文化的层面，就有纺织与印染、中国古代酒具、中国古代农具、中国古代青铜器、中国古代钱币、中国古代木雕、中国古代建筑、中国古代砖瓦、中国古代玉器、中国古代陶器、中国古代漆器、中国古代桥梁等；在精神文化的层面，就有中国古代书法、中国古代绘画、中国古代音乐、中国古代艺术、中国古代篆刻、中国古代家训、中国古代戏曲、中国古代版画等；在制度文化的层面，就有中国古代科举、中国古代官制、中国古代教育、中国古代军队、中国古代法律等。

此外，在历史的发展长河中，中国各行各业还涌现出一大批杰出人物，至今闪耀着夺目的光辉，以启迪后人，示范来者。对此，这套丛书也给予了应有的重视，中国古代名将、中国古代名相、中国古代名帝、中国古代文人、中国古代高僧等，就是这方面的体现。

生活在 21 世纪的我们，或许对古人的生活颇感兴趣，他们的吃穿住用如何，如何过节，如何安排婚丧嫁娶，如何交通出行，孩子如何玩耍等，这些饶有兴趣的内容，这套"中国传统民俗文化"丛书都有所涉猎。如中国古代婚姻、中国古代丧葬、中国古代节日、中国古代民俗、中国古代礼仪、中国古代饮食、中国古代交通、中国古代家具、中国古代玩具等，这些书籍介绍的都是人们颇感兴趣、平时却无从知晓的内容。

在经济生活的层面，这套丛书安排了中国古代农业、中国古代经济、中国古代贸易、中国古代水利、中国古代赋税等内容，足以勾勒出古代人经济生活的主要内容，让今人得以窥见自己祖先的经济生活情状。

在物质遗存方面，这套丛书则选择了中国古镇、中国古代楼阁、中国古代寺庙、中国古代陵墓、中国古塔、中国古代战场、中国古村落、中国古代宫殿、中国古代城墙等内容。相信读罢这些书，喜欢中国古代物质遗存的读者，已经能掌握这一领域的大多数知识了。

除了上述内容外，其实还有很多难以归类却饶有兴趣的内容，如中国古代乞丐这样的社会史内容，也许有助于我们深入了解这些古代社会底层民众的真实生活情状，走出武侠小说家加诸他们身上的虚幻的丐帮色彩，还原他们的本来面目，加深我们对历史真实性的了解。继承和发扬中华民族几千年创造的优秀文化和民族精神是我们责无旁贷的历史责任。

不难看出，单就内容所涵盖的范围广度来说，有物质遗产，有非物质遗产，还有国粹。这套丛书无疑当得起"中国传统文化的百科全书"的美誉。这套丛书还邀约大批相关的专家、教授参与并指导了稿件的编写工作。应当指出的是，这套丛书在写作过程中，既钩稽、爬梳大量古代文化文献典籍，又参照近人与今人的研究成果，将宏观把握与微观考察相结合。在论述、阐释中，既注意重点突出，又着重于论证层次清晰，从多角度、多层面对文化现象与发展加以考察。这套丛书的出版，有助于我们走进古人的世界，了解他们的生活，去回望我们来时的路。学史使人明智，历史的回眸，有助于我们汲取古人的智慧，借历史的明灯，照亮未来的路，为我们中华民族的伟大崛起添砖加瓦。

是为序。

傅璇琮

2014 年 2 月 8 日

前　言

古往今来的文人，因为职业或兴趣的原因，总免不了要和文房用具打交道，自然十分重视文房用具。在诸多的文房用具中，最主要、最为文人所钟爱的莫过于笔、墨、纸、砚。这四种文房用具被合称为“文房四宝”。

文房四宝是中国文明发展史上的宝贵文化遗产。中国历代文人借助文房四宝还创造出诸如书法、字画、典籍、册页等丰富多彩的文化产品，给后人留下了丰富的文化财富。由于时代的发展，中国古代的文房四宝已从文化用品一变而为收藏品。中国传统文化的一部分特征，可以通过文房四宝的发展及演变历程及历代名人对文房四宝的评论与赏鉴，得以形象地再现。

值得一提的是，文房四宝自和文人及书画家结缘以来，便达成了互长共进的默契。其原因也不难理解，正所谓“工欲善其事，必先利其器”，优质的笔、墨、纸、砚自然受到文人的青睐。三国时的书法家及造墨家韦诞曾经说过：“若用张芝笔、左伯纸及臣墨，兼此三具，又得臣手，然后可以建径丈之势。”晋王羲之在《题笔阵图后》对文房四宝也作了形象比喻：“夫纸者阵也，笔者刀矟也，墨者鍪甲也，水砚者城池也。”将文房四宝比作阵地、武器、盔甲、城池，这对于“领兵作战”的书法家来说，又是何其重要。唐代大文学家韩愈将笔、墨、纸、砚戏称为中山毛颖（中山兔毫笔）、绛人陈元（泽州松烟墨）、弘农陶泓（弘农陶砚）和会稽楮先生（会稽楮皮纸），可见文房四宝与文人的关系已是须臾不可离了。

五代南唐时，澄心堂纸、李廷硅墨和龙尾石砚并称为“新安三宝”，安徽开始成为中国文房四宝的重要产地。宋代，笔、墨、纸、砚在文人生活中的地位愈加重要，除其实用性功能外，观赏性功能也开始突出起来，甚至出现了诸如苏易简《文房四谱》的综合性论述和米芾的《评纸帖》、《砚石》及晁贯之的《墨经》等专文，文房四宝的文化品位和收藏、鉴赏价值得以显著提高。

明清两代是中国文房四宝发展史上的鼎盛时期。此时不仅名师辈出、精品迭现，而且上自皇室名臣，下至黎民百姓，都对文房四宝精益求精，十分讲究。有的人还多方寻觅，妥加珍藏。正是在这种世代研习之风的濡染下，出现了湖笔、徽墨、宣纸以及端、歙、鲁、澄泥砚等文房四宝中的佼佼者。

文房四宝对今人来说似已陌生，而对中国古代文人来说则正是其风雅的标志，也是其生活趣味的体现。文房四宝的发展历程，一定程度上反映了中国古代文化的变迁。要了解中国传统文化以及古代文人，当然离不开对中国的文房四宝的了解。这也就是我们编写此书的目的，希望读者通过本书，从一个崭新的角度，对中国的古代文化有一个全面的了解。

由于时间的仓促和编者水平所限，本书中难免有一些疏漏之处，对于历史的见解也难免有个人之见，欢迎广大读者在发现不足之处时，能够批评指正，共同商榷。

目录

第一章　文房四宝溯源

第二章　意在“笔”先

第四章 洛阳“纸”贵

第五章 文业“砚”田

第一章

文房四宝溯源

“文房四宝”，并不是在文字出现时就已具备齐全，其发展也不是并驾齐驱，它们的问世各有先后，各有其自身的形成特点。在它们形成与转变的过程中，逐渐造就了它们自身的独特性。

第一节 文房四宝的起源

毛笔的雏形

笔居“文房四宝”之首，多称为书具之主。没有笔就没有文字的记载，就没有书画艺术的发展，所以笔对我国文化的发展起了重要作用，对世界文化的发展也建立了不可磨灭的功勋。

“文房四宝”中的笔，多是指兽毛加工而成的毛笔。毛笔究竟起源于何时，至今仍难以精确的回答。

我国父系氏族社会有了较为成熟的原始文字。1959 年，在山东泰安地区发现的大汶口文化遗址中，出土陶器上的文字线条活泼流畅，应当是柔软的书写工具所成。这足以证明当时的人们已经用动物柔软的毛、羽作为书写工具的笔头。这种笔我们可以称它为“毛笔”。当然，这绝不是今天这种形式的毛笔，只能是较为原始简陋的制作，但它毕竟是后来毛笔生产完善的基础。大汶口文化稍晚于仰韶文化，距今也已有五六千年的历史，这从实物上证明了当时毛笔的使用。

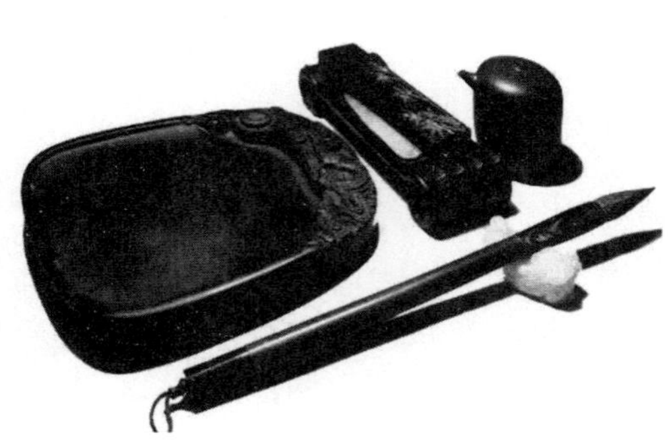

文房四宝

稍晚于西安半坡村遗址的甘肃仰韶文化马厂期的陶器符号（只见于一种彩陶壶）用笔流畅，彩陶图案精确匀称，线条柔美，多带有弧形，并且在点画的起止上，有较明显的毛笔痕迹。据此分析，这是纯

为毛笔一类工具绘写的。因此，我国使用毛笔的历史，应始于新石器时代。《淮南子·本经训》中有相关记载："仓颉（黄帝时人，为左史，人称'史皇'，传汉字为其所创）作书，鬼（鬼即兔）夜哭。"这是说当时人们作书时，所用笔的原料均以兔毛为主，兔子唯恐取自己身体上的毛制笔，害及身躯，危及生命，故日夜啼哭不止。这虽是神话，但从另一方面反映了当时杀兔取毫造笔的普遍性，同时也佐证了新石器时代有制造毛笔、使用毛笔的历史。

到了殷商时期，我国开始有文字可考的历史，后期的甲骨文，已经是一种较完备的文字。因刻在龟甲兽骨上面，又留有墨的痕迹，故有用刀笔信手刻字和先用毛笔写好底子、然后用刀照着契刻而成的两种说法。不论哪种说法，毛笔用于甲骨文的书写或填色当是毫无疑义的。殷商时期的毛笔，只能在史料和实物留有的痕迹上推测证实，在考古发掘中至今尚未见到当时的毛笔实物。可以想象，最初的毛笔只能是较为简陋的，绝不会像今天的毛笔这样完美，也绝不会有软毫、硬毫和兼毫的区分。

殷商时代的毛笔，至今仍没有实物可见和著录记载，而多是考古工作者对一些出土文物进行研究，间接地推测出毛笔的存在和应用；只能言传意会，很难直观地确定当时毛笔的形制和它的历史。但到西周时，毛笔的记载则多见于一些古籍中的字里行间。我国最早的诗歌总集《诗经·邶风》中的《静女》篇中有"静女其娈，贻我彤管，彤管有炜，说怿女美"的诗句，这里的"彤管"，就是指红色管的毛笔。对照晋时傅玄（217—278）《笔铭》中同样有"彤管"的记录："韡韡彤管，冉冉轻翰，正色元墨，铭心写言。"这些记载说明了我国从周始，人们以彤管相赠，意蕴亲近或作为爱情的相赠物。《后汉书》中载："女史彤管，记功书过。"以此来看，"彤管"即毛笔是无疑义的。它说明了这样一个史实："彤管"在古时为宫中女官执掌，专门记载宫中政令、后妃等功过事宜所用。

周初时《太公笔铭》中说："毫毛茂茂，陷水可脱，陷文不可活。"这说明"毫毛茂茂"的毛笔，必须渍水才能书写。如这记载就是当时真实记录的话，足以断定，周时就已有使用毛笔的历史，并在人们的生活中发挥着重要作用。孔子（公元前551—前479）在《春秋》书中就有"绝笔于获麟""笔则笔，削则削"的话，"削"则是古代加工简牍和改刮错字的重要文书工具。这说明在春秋时，毛笔已广泛用于书写之中。孔子在《尚书》中的《倸言》

篇中说："周公授笔以写之"，西汉书家刘向（约公元前77—公元前6）《说苑》中也有"周公笔牍书之"之说。这些记载说明了周时确有了笔和使用笔的历史。1954年6月，在湖南长沙左家公山的战国木椁墓中，出土了一支用上好的兔箭毛制作的较为完整的毛笔。笔头和整个笔身都套进一支竹管里。实心的竹笔杆，用工具削成圆柱形，笔杆长18.5厘米，杆粗0.4厘米，笔毛长2.5厘米。笔毛围在笔杆的一端，用细长的丝线缠紧，外面再涂上一层漆，使其固定牢靠，此笔笔尖具有锐健的特点，弹性强，蓄墨较少，不易多写。因发掘地在长沙，当时属楚国，故这支笔便被命名为"楚笔"。这支笔目前为我国最早的毛笔实物，但绝不是毛笔的启端，其源头仍可向前追溯，但这为我国的毛笔发明史提供了一个最重要的证据。在发现毛笔的同时，还出土了铜削、竹片、小竹筒三件，这便是当时写字的一整套文具。竹片是供写字的简，铜削是用以刮削修正竹片上的错字的，小竹筒是盛放这些文具的。可见当时的人们已经相当注意书写工具的保养。以后，在湖北江陵、河南信阳等地楚墓中，都有战国时期的毛笔出土。这些文具和毛笔的出现，说明早在战国时期，人们就用毛笔在竹木简上写字，也使我们有幸见到2000年以前的毛笔实物。

当时，由于各诸侯国割据称雄，各国文字各不相同，对书写工具的称呼也不尽统一。东汉许慎（约公元58—约147）的《说文解字》中说："所以书也，楚谓之聿，吴谓之不律，燕谓之弗，秦渭之笔。"说明到了秦代才称为"笔"，故有"蒙恬造笔"的传说，并流传至今。蒙恬（？～公元前210）是秦时有名的大将，曾统率30万大军，击退匈奴的进攻，收复河套一带。后又奉秦始皇之命，负责监造长城。传说蒙恬发明了我国第一支毛笔。这一传说后来便流传开来。浙江吴兴善琏镇还修建了"蒙恬祠"，以示纪念。蒙恬被后人尊为笔工之祖师，作为"笔神"，备受顶礼膜拜。千字文中就有"恬笔伦纸"的语句。但传说毕竟是传说，当今大量文物的出土研究和实物证明，早在秦以前，就已有毛笔的存在和运用。晋代崔豹（生卒不详）《古今注》中说："昔蒙恬始作秦笔耳。古以柘木为管，鹿毛为柱，羊毛为被，秦蒙恬始以兔毫、竹管为笔。"崔豹这一说法，应当是较为客观的。

墨的滥觞

“墨”字从黑、从土，从这个意义上来说，凡属于黑色颜料都可以叫作墨，其中既包括用植物、油料燃烧后的烟煤与动物胶为主要成分加工而成的成形墨块，也包括天然矿物质中的有色颜料——古代所称的石墨。作为文房四宝的墨，则是专指前者而言。至于把朱砂等其他各种颜色的颜料和以胶制成的块状颜料称为朱墨、彩墨，是因为它们也是在砚中研墨，使用方法与墨相同，而缀上一个“墨”字，这是墨字字义的一种引申用法。

墨的最初使用是否可以像笔那样追溯到新石器时期呢？仰韶文化的彩陶上那些美丽的图案，是不是用墨画上去的呢？这一直是人们感兴趣的一个问题。中国科学院硅酸盐化学工业研究所的专家称：“以其能经较高的窑温（800℃），可以肯定它是一种矿物质而不是有机碳素物。据一般陶瓷器所绘黑彩是用低级铁矿物作为黑颜料，有赭石、乌金土、紫金土。因为这些矿物质分布极广，远古人民用以作为彩料是很可能的。”

近年来，在属于仰韶文化时期的姜寨遗址中，发现了一套当时的绘画工具，其中有石砚、研棒、陶水杯和颜料，这种颜料经化验证明是低铁矿物质——黑红色的三氧化二铁。石砚上残留的痕迹也与颜料的成分相同。这种矿物质颜料其实也就是古书中记载的“石墨”。由此可知，“石墨”的使用不晚于新石器时代。

这种“石墨”的化学成分不是单质碳，与烟煤和胶为主要原料合成的墨在成分上有着质的不同。那么，烟煤和胶而制成的墨究竟起源于什么时期呢？

黑色石墨

我们的祖先从北京猿人时代已经会使用火。新石器时代，火的使用更加普遍，并用来烧制陶器。有火就有烟；有烟，就会形成黑色的烟煤。这种黑色的烟煤便可以和水和胶混合在一起，用来书写——这

些，还只是对于墨起源的推测。远古时代人们最早的墨迹是存留在殷墟出土的甲骨上。在甲骨文中，有一部分是墨写或朱砂写的，还有一部分是锲刻之后在字迹中填以墨或朱砂，以求更加醒目。这是我们的祖先在公元前 12 世纪时便已经使用墨的证据。20 世纪 20 年代，曾经有美国人怀疑那些甲骨上的字迹可能是用奴隶的鲜血书写成的。但是，他们在对这些字迹的颜料进行微量化学分析之后，十分惊奇地发现，甲骨上红色的字迹是朱砂，而黑色的是单质碳——墨的主要成分。这个发现足以证明，墨的创始年代不晚于殷代。

在古代典籍中，我们也可以找到许多有关墨的记载。

《仪礼·王藻》中就有“史定墨……扬火以作龟，致其墨”，《周礼·春官宋伯·占人》中有“史占墨”的记载，这都是说史官在占卜时用墨来书写卜辞。殷墟的甲骨文，已经证明了这些记载的可靠性。墨被用来书写，是它的基本用途；另外，墨还被用在古代的刑法上，是古代的“五刑”之一。《尚书·舜典》中，有“五刑有服”，五刑之首，便是墨刑。

而《尚书·说命》中有“惟木从绳则直”，《仪礼》中也有“绳墨诚陈，不可欺以曲直”的记载，这些则是古代劳动人民很早便把墨用于生产劳动的反映。

墨的使用可以上溯到殷代，但块状的墨则出现较晚。关于块状墨丸的最早记载是汉代时期，因此过去一般都认为丸墨始于汉代。应劭（约 153—196）的《汉官仪》中，有“尚书郎起草，月赐隃麋大墨一枚，小墨一枚”的记载；《东宫旧事》中也记载：“皇太子初拜，给香墨四丸”，这说明汉代已经有了制墨的专业产地，所制的墨不但有大枚、小枚的区别，而且也已经开始出现添加香料的高档墨。在近年来的考古发现中，我们也见到了一些汉代墨的实物。1964 年，在河南陕县的刘家渠汉墓中曾出土过 5 块墨，出土时这些墨分别和书刀（削）、石板砚等文具堆放在一起。1973 年，在山西浑源毕村西汉墓中，发现了一块长 2.5 厘米的比较完整的半圆锥体墨丸，这是出土的西汉墨丸中较大的一块。1975 年，在湖北江陵凤凰山汉墓中，又发现了西汉文帝时期的墨，共有 5 个碎块。同年在湖北云梦睡虎地秦墓中，又发现了一块秦代的墨，墨呈圆柱形，墨色纯黑，这是迄今所发现的最早的墨。这块墨的发现使成形墨的历史起码上溯到了秦代。

墨在做成块状以前是什么样子呢？元代陶宗仪（1321—1412）在《辍耕录》中写道：“上古无墨，竹挺点漆而书。”陶氏所说的墨当是指成形的墨丸，所以他说“上古无墨”。尽管他关于上古无笔用竹挺的说法已经被证明是错误

的，但他所说的“漆”，还是值得我们再考察一下。所谓漆，其实就是古代墨的别称。而《庄子·田中方》中记载的宋元君将画图，众史为之“舐笔和墨”，则透露出那时的墨是一种加水调和便可以使用的墨，不必研磨。1954 年在长沙杨家湾楚墓中，发现有一个残篾筐中置满了黑色方块泥，这可能就是战国时使用的墨。另外，明代朱常涝编写的《述古书法纂》中说：“刑夷制墨，字从黑土、煤烟所成，土之类也。”这里把墨的发明归于刑夷，自不可信，但说墨是“土之类也”则有一定的合理成分。通过古书中的记载并结合考古发现，我们可以知道古代曾把煤烟制成泥状的墨，在秦汉以后，才捏制成块状丸墨。

纸张的出现

在文房四宝中，纸出现得较晚。但是，纸的出现，给书写材料带来了重大革命，对于人类文化的传播起到了推动作用。造纸术是中国古代科学技术的四大发明之一。那么，在纸出现以前，我们的先人们是用什么作为书写材料呢?《尚书·多士》中称：“惟殷先人，有典有册。”20 世纪以来在殷墟发现的甲骨文中，也有“典”和“册”字，“册”字像用绳编串的竹筒，“典”字形如用手捧着的简册，这说明在殷代已经使用简册来作为书写材料。20 世纪在全国各地陆续发现了一些战国、秦、汉时期的竹木简牍，其中有抄写的古书、来往的公文、家信，还有一些没有书写过的简牍和修理简牍用的工具，由此我们知道，在纸发明以前，竹木简牍是最主要的书写材料。我国还是世界上最早发明养蚕和丝织的国家，在丝织的缣帛上书写以及绘画，也出现得很早。在湖南长沙子弹库发现的战国时期的楚墓中，就出土过楚帛书和帛画；在长沙的马王堆二号墓中，也出土过大批的西汉帛书。这种缣帛，是比竹简更高级的书写、绘画

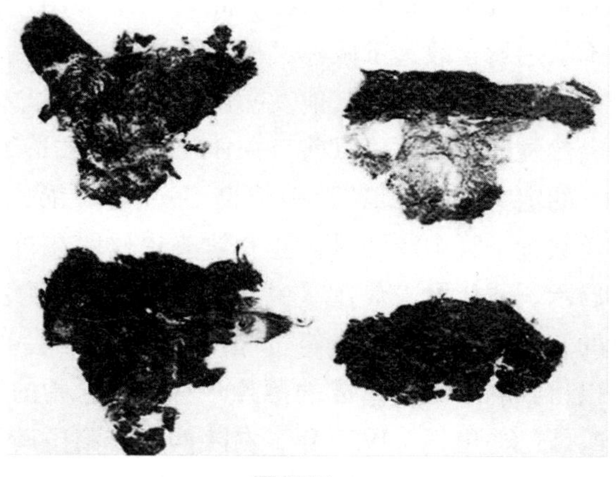

灞桥纸

材料。除了简牍和缣帛以外，古代还采用一些其他的书写材料，如殷、周时的卜辞、日历等，是写、刻在龟甲和兽骨上的；东周、战国时期诸侯立盟誓、讨伐敌人的誓词，是写在石片或玉片上的。这都是一些场合使用的书写材料，与铭刻在钟鼎彝器和石上的刻辞一样，不属于日常所用的书写材料。用竹木简牍来书写，虽然取材便利，但比较沉重，给书写和阅读、存放都带来了困难。《庄子·天下》中称，战国时期的学者“惠施多方，其书五车”，后代遂用“学富五车”来形容读书多、有学问的人。其实惠施的五车书如果用纸来抄写或印成现在书的样子，并没有多少，只因为竹简沉重，才需要用车来装载。《史记·滑稽列传》记载：齐人东方朔“初入长安，至公车上书，凡用三千奏牍。公车令两人共持举其书，仅然能胜之……读之二月乃尽”，一篇奏文也需要两个人举着，读两个月，可见竹简的沉重与不便。用丝织的缣帛，当然比简牍轻便得多，但缣帛十分昂贵，不能普及使用。所以纸这种轻便而低廉的书写材料出现后，很快便显示了它的优越性，在书写领域中渐渐取代了缣帛和竹简。

根据《后汉书·蔡伦传》中记载：“蔡伦字敬仲，桂阳（今湖南耒阳）人也。以永平末（公元 75 年）始给事宫掖，建初中（公元 76—86 年），为小黄门；及和帝即位，转中常侍，豫参帷幄。伦有才学，尽心敦慎。数犯严颜，匡弼得失每至休沐，辄闭门绝宾，暴体田野。后加位尚方令。永元九年（公元 97 年），监作秘剑及诸器械，莫不精工坚密，为后世法。自古书契多编以竹简，其用缣帛者谓之为纸。缣贵而简重，并不便于人。伦乃造意，用树肤、麻头及敝布、鱼网以为纸。元兴元年（105 年）奏上之，帝善其能，自是莫不从用焉，故天下咸称‘蔡侯纸’。”

同中国古代的其他发明创造一样，造纸术也不是蔡伦（？—121）个人的突然发现。在蔡伦以前，一种较为原始的造纸术已经出现。《说文解字》给纸下的定义是：“纸，絮一苫也。”絮是敝绵，苫就是击絮用的竹席——篑。将丝絮置于篑中漂洗时，会有絮渣片残留在竹篑上，这可能就是造纸术萌发的启示。清代段玉裁在《说文解字注》中认为：“造纸昉于漂絮”，是基本正确的。只要将丝絮换成经过漂洗捶打的麻绳、敝布，用篾席捞起、晒干，就可以得到麻纤维交结成的薄片——一种原始的纸。这种早期的造纸术，在西汉时就已经出现。1957 年，在陕西西安灞桥砖瓦厂挖土时，发现一批西汉武帝前的墓葬，其中有铜镜三面，镜下垫有细布，“布下有类似丝质纤维做成的

纸”，纸的最大者长宽不足10厘米。由于“灞桥纸”比蔡伦造纸早200年左右，可见“灞桥纸”才是世界上现存最早的植物纤维纸。

1973年，在甘肃省金塔县居延肩水金关的汉代遗址中，发现了两片不晚于汉宣帝甘露二年（公元前52年）和汉平帝建平年（公元前4—前3年）的麻纸；1978年，在陕西扶风中颜村西汉窑藏中，也发现了汉宣帝时期的麻纸；1979年，在敦煌马圈湾的汉代烽燧遗址中，又发现了西汉和新莽时期的八片麻纸。这些发现足以证明，在西汉时期一种较为原始的植物纤维纸已经出现，这已是毋庸置疑的历史事实了。

以上所提到的这些西汉麻纸，上面都没有任何墨迹，因此一般认为西汉的麻纸还不能用于书写。那么在蔡伦向汉和帝献纸（105年）以前究竟有没有可以书写用的纸呢？从文献上看是有的。应劭的《风俗通义》记载，汉光武帝迁都洛阳时，“载素、简、纸经凡二千辆”，这里把纸与素、简并列，说明纸不是缣帛等纺织品的代名词，而是一种真正的纸，而且这种纸在西汉时已被用来抄写儒家经典。《后汉书·贾逵传》也记载，建初元年（公元76年），汉章帝“令（贾）逵自选择公羊、严颜诸生高才者二十人，教以左氏（春秋），与简、纸经传各一通”。这段记载也说明在蔡伦以前已经有用于书写的纸。

砚台的早期历史

在中国文房四宝中，墨砚的历史最为悠久。墨砚经过几千年的发展与演变，最后作为文物与艺术珍品被人们收藏，它的艺术价值与文物价值其实已远远超过它本身的使用价值了。这种情况不仅与砚材的多样性有关，更重要的是，中国古代的各个时期、各个地方对墨砚的制作都有一些具体的审美与工艺上要求。这种相对硬性的要求自然推动了中国墨砚的丰富历史文化内涵与艺术风采的产生，并日臻完美，最终便形成了中国传统文化中这样一个非常独特的艺术品类。

墨砚，即人们平时所说的砚台、砚。古籍中，砚还有“砚田”“墨海”等别称。汉代刘熙《释名》曰：“砚，研也，研墨使和濡也。”即指出砚是研墨的工具，这种研墨工具在汉代以前则称之为“研”。

据史料记载，“研”即研磨器。那么，研磨器又是怎样产生的呢？到了汉代，它为什么会改称为“砚”？研与砚又有哪些区别？对这些问题，宋代苏易

墨砚

简（958—997）在《砚谱·叙事》中说："昔黄帝得玉一钮，治为墨海焉，其上篆文曰'帝鸿氏之研'。"他告诉人们，新石器时代晚期（距今约5500年）的黄帝时代已经有研出现，并且是用玉琢制而成的。我们知道，中国最早的玉器产生于7000年前的早期新石器时代，到新石器时代晚期，先民们甚至可以用玉裁制出各种动物的形状，制作出比较精美的玉质器械。玉石质地虽硬，但在黄帝时代用玉治研，是完全有条件的，当时要在玉器上刻几个符号（原始文字），也并非难事。但是，苏易简未能考证出砚产生的源头，连黄帝玉研的形状也未能具体描绘。

所幸的是20世纪50年代，考古工作者在西安市半坡仰韶文化遗址发掘出相当数量的彩陶器，同时也发现那里还有石质的研磨器。那是一个用来研磨天然颜料的石盘。据查证，仰韶文化时期距今约6000年，当时人们已经开始在陶坯上绘以黑色或红色的花纹、图案。所绘颜料就是用这种研磨器磨出的某些矿物或植物粉末。1979年，在陕西临潼县姜寨文化遗址中，还出土了一整套绘画工具，其中包括一件有盖板的研磨器，研磨器的凹处搁置着磨棒和数块黑色天然颜料。这些实物今天都陈列在陕西省博物馆。还应该指出的是：上述研磨器的形状与后来我们所说的墨砚都有很相似的地方——器面有凹处，那是用以集聚墨汁或颜料汁水的。所以，有人索性就称其为"原始石砚"。原始石砚的出土使中国墨砚的起源可以一直追溯到6000年之前，它揭示了这样一个事实：中国的墨砚发源于新石器时代的彩绘工具。

新石器时代的研磨器，还只是砚的雏形，又显得粗糙，缺乏艺术上的审美内涵。1976年殷墟妇好墓出土的商代玉质调色器，它的底部平缓，背面刻有精细的鸟纹，向现代意义上的砚靠近了一大步。因为苏易简《砚谱》中所说的黄帝玉研只是刻了几个字（符号），妇好墓出土的这些玉器则精雕细刻，说明诸如研磨、调和颜料的绘画工具，在商代先民，至少在商代贵族帝王的心目中，已经不是一般的实用工具，它同时具有装饰、欣赏的功能，因而才

会从质地与表现形式上赋予它艺术上的美。这种倾向，在洛阳博物馆收藏的西周时期的研磨器上，也有具体的反映。

砚作为一种独特的书写工具，应该称之为“书写砚”。它是继文字产生之后，伴随文字正规化以及其他书写工具（如墨、毛笔）的出现才形成的。1975 年 12 月，湖北省云梦睡虎地秦墓中出土的战国时期的砚、墨，可以认为是最早的书写砚和人造墨。砚用鹅卵石打磨成圆饼形，无纹饰雕刻，旁附杵棒。墨锭成圆柱状，质地比较粗糙，所以要用杵棒助研。当时尚未发明纸张，所谓书写，即用毛笔蘸上砚内的墨汁，涂写在竹木简上。对墨汁质量要求比较低。据近年来的考古发现，战国晚期至秦代的书写砚，形态都比较原始，基本上是圆形的石饼，一面被磨平后就作为研面，并配以杵棒或块状研石，无任何纹饰雕刻。从其研磨始终离不开杵棒、研石的帮助这一角度去看，这时的砚还没有摆脱原始研磨器的状态。

知识链接

蒙恬造笔

在河北省衡水侯店村一带，流传着许多关于毛笔的传说，其中有一个是蒙恬造笔的故事。有一年三月初三，秦始皇命令大将军蒙恬陪着他去看长城修得怎样。到了长城上，秦始皇见长城修得高大雄伟，一时兴起，准备为长城题字。可用什么写呢？蒙恬灵机一动，随手割了一绺马鬃绑在竹管上，做成一支毛笔。秦始皇用它写了几个字，果然不错。后来，人们把蒙恬视为毛笔的始祖。三月三这天，也就成了毛笔艺人的节日。看完长城，蒙恬率军南下，路过洪洞县时人困马乏，就在路边一王姓人家里歇脚，其间蒙恬用马鬃做的毛笔写了一封家书，之后把笔留下就匆匆上路了。后来，王姓人家仿照这支笔做了许多毛笔去卖，生意很好。1000 多年后的明朝初年，王氏家族中有一个叫王友能的又把这种制笔技艺带到了衡水侯店。

第二节 文房四宝的材料构成

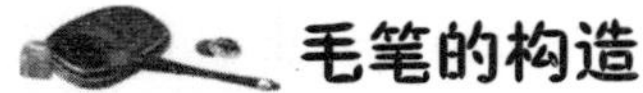

毛笔的构造

毛笔是用动物的毛发加工而成的笔头，富有弹性，提按顿挫，八面出锋。书写的文字，丰富多彩，给人以多种美感。有点画粗细曲直的线条美，有疾徐涩迟的节奏韵律美，有浓湿干淡变化的墨色美等美感，而且还具有吸墨吐墨灵便等特点。毛笔的构造，粗分起来，较为简单，无外乎笔管、笔头、笔帽三部分，真可谓一目了然。

笔管俗称“笔梗”，又叫“笔杆”，是构成毛笔很重要的关键部分，从笔的执着以及力的平衡角度来看，更是不可缺少的重要组成部分。笔杆的材料，

制作好的毛笔笔杆

大多是以竹质为主，木质为次，另有极少数用名贵的材料制作。竹质材料多为产于浙江余杭县的水竹，圆劲细直，节长心细而较坚硬，广为全国制笔厂家所喜爱。而产于浙西天目山北麓的矮竹属的鸡毛竹，高仅 15 厘米，是竹子世界中的“小人国”，节稀杆直，杆内空心小，是湖笔笔杆的主要来源。另有产于湖南、广西诸省、自治区的斑竹，又叫湘妃竹，茎匀杆直，上有紫褐色斑点，同样是制笔杆的主要原料，用其制作的笔杆，更增添一种自然美和奇特的艺术性。但采用竹子为制作笔杆的原料，必须严格遵循季节时令，才能保证笔杆质量和延长使用年限。古人在这方面已摸索总结出成功的经验，古籍著录中多有记载。明李诩《戒庵漫笔》说：“笔干竹，冬管不蛀，春斫者则蛀。”可见制造笔杆，须取用冬天的竹子。

木质笔杆，始于秦时。相传秦大将蒙恬初造笔时，曾以柘木为管（柘木，落叶灌木或乔木，质坚致密，中心为黄色，是一种较贵重的木材）。近时制笔厂家多以云南红木制大斗笔的笔斗及笔杆，其质细坚重，色多为红紫色，属紫檀一类的木材，所制笔杆，沉重宜手。另有产于四川、贵州诸地的楠木、生长在热带的紫檀以及出自海南的花梨等均为古今制笔杆、笔斗的贵重材料。

其他贵重的如金、银、玉、水晶、琉璃、麟角、牛角、象牙等物制作笔杆，在实际的运用中，并无特殊之处，只不过是显示贵重而已。明屠隆（1543—1605）《考槃馀事·笔笺》中有这样一段描绘：“古有金管、银管、斑管、象牙管、玳瑁管、玻璃管、镂金管、绿沈漆管、棕竹管、紫檀管、花梨管。然皆不若白竹之薄标者为管，最便于用，笔之妙尽矣。”

笔杆是手指执着的重要部位，是臂力、肘力、指力的汇合点，力在此得以均衡，使笔稳固地运行。手指在笔杆上执着的位置亦即握管的高低分寸，在书法上称为笔位。其区分，就是把笔杆分成二等分，等分处称为腰，腰至衔接笔头处；再分成三等分，靠近笔头处为一分数，中间为二分数，靠近腰的部分为三分数。写字的大小与笔位很有关系，一般写中楷、小楷字，执笔宜在三分处。

笔头是毛笔的最重要组成部分。笔头的好坏，也就是笔的好坏。明屠隆《考槃馀事》中说：“笔之所贵者在毫。”其笔锋尖端处有段透明发亮的部分，这在我国书法上称为颖，日本书家则称为“命毛”；没有发亮的部分，称毫材，日本书家则称为“水毛”。锋颖长就耐用，它是构成好笔最理想的先决条件。锋颖磨损掉也就失去了毛笔的生命力。

笔头的好坏，是由毛质的优劣来决定的，而毛质则是因动物的种类、生

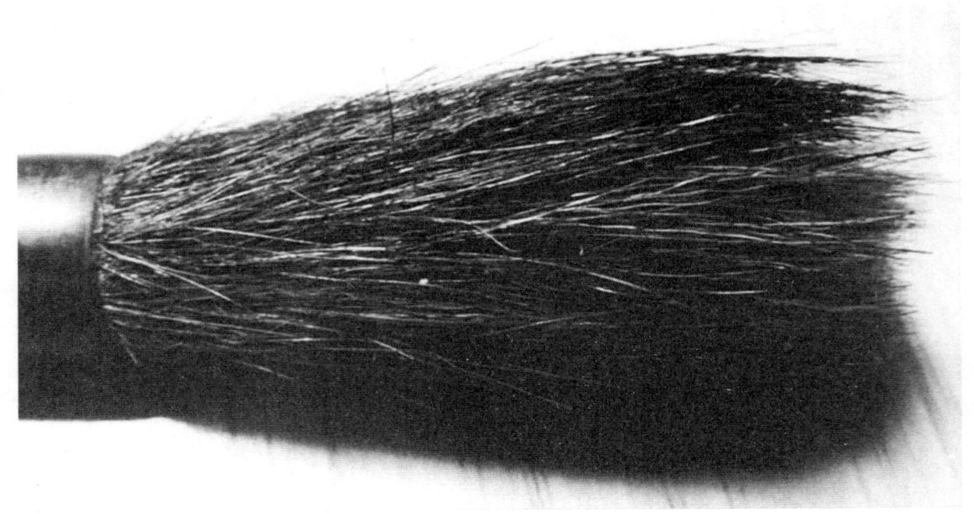

毛质的优劣决定了笔头的好坏

长的区域、发育的状态、气候环境等的不同而异。就毫毛来论，大致可分为羊毫笔、狼毫笔、紫毫笔、兼毫笔（两种毫毛合用）四种。最常用的为羊毫笔，即以山羊毛为原料制成的笔，尤以湖州“嘉兴路”的山羊毛为最，毛细、锋嫩、色白、质净，为其他地区所不及。羊毫笔性软，弹性差，不易掌握。最大特点是含墨量大，圆转如意，用于草书，可一气呵成，不致中断，同样也适宜写大字。狼毫笔也尤为广大初学者所喜爱，主要原料为黄鼠狼毛，以东北气候寒冷地区的狼毫最佳，锋颖锐利，粗细均匀，长短整齐，富有弹性，仅次于紫毫，较容易上手。用狼毫笔学书习字，可大可小，能粗能细，尤其适合写行、草书体；不足之处是瘠薄多角而少圆润。紫毫笔，主要原料是山兔毛，以宣州秋后所采山兔毛为最佳，因毫毛呈紫色，故又称紫毫。制笔多选用山兔脊背上最有弹性的毛而为之，其毛坚硬劲健无比。不足之处是不耐用，寿命较短，纯紫毫笔一般不多，有逐渐被淘汰的趋势。兼毫笔，是用两种兽毛配制而成的笔，多为羊毫和兔毛或羊毫和狼毫相配制成，多以紫毫、狼毫为柱（笔芯），羊毫为被，以调和其软硬程度，各取其之长，使其刚柔相济。又因软、硬毫料的比例不同，有偏软、偏硬之分。其中偏硬的产品有“五紫五羊”“七紫三羊”“九紫一羊”等；偏软的产品有“二紫八羊”“四紫六羊”“三紫七羊”。这些大都是以硬毫为柱、羊毫为被的。这里的几紫几羊，就是指用毫毛的比重数，并不十分确切，而是指大略的概数。兼毫笔适

宜写中、小楷字。使用较为广泛，深受广大书法爱好者所喜爱。据说有人曾以兼毫毛做过书写试验，用其抄写文稿，达3.7万字而不秃废，可见兼毫毛之耐用。

制墨原料及烧制

松烟是制墨的重要原料之一，是由松树经不完全燃烧而收取的烟炱。松是松科植物的总称，种属很多，我国有10属，113种，29变种。历代多用松木制墨的主要原因之一是因为含有松脂的松木在燃烧时可产生数量较多的优质烟炱；原因之二是松木在我国分布很广，取材方便且价格低廉。

从现存文献来看，松烟的烧取方法主要有四种：

其一为宋代李孝美（生卒不详）《墨谱法式》中的平面窑烧烟法。这种烟窑形式是一长方形的平面窑。窑上用9尺长的木板相次覆盖，然后用泥将整个窑密封起来。在窑的一角留有一个烟囱，烟囱的直径约2寸。当燃烧不畅或出烟受阻时可将烟囱打开进行修理，修理完毕后仍然照原样砌好。在烟窑中心部位的地面上留有出气眼，直通到烟囱以便通气。整个窑长60尺，低的一边预留一个取烟炱的小门，另一边用石板两两相对建成巷道。巷道分为大巷、拍巷、小巷，最后是燕口。在窑膛下安有两个平台，台下凿有两个小池。一个小池用于积聚燃烧后松木形成的灰烬，另一个小池中浸放用于清扫烟灰用的小扫帚。

其二为宋人晁贯之（生卒不详）在《墨经》中介绍的立式烧窑法。其外形从文献描述来看是一个1丈多高的窑，窑膛较宽而开口较小，窑上不设烟囱，而是覆盖一个容量5斗的大瓮，在大瓮之上依次覆盖5个大小不同的瓮，位置越靠下的瓮越大，位置越往上的瓮越小。每个瓮的底部开有一个小孔，与上面的瓮相连通，瓮与瓮的接缝处用泥密封。制作烟炱时将松木放入窑膛内点燃，同时人为控制气流，使整个立式窑处于不完全燃烧的状态之中。当上

松烟是由松木经不完全燃烧而收取的烟炱

升的气流裹挟着松烟经过瓮底的小孔向上沿各瓮流动时，由于上升气流经过6个起挡板与冷却作用的瓮，流速变慢的烟炱便滞留于各瓮之中。当瓮内积有厚厚一层烟炱时便可停止燃烧，待其冷却后便可用鸡毛做成的小扫帚将滞留在瓮壁上的烟炱扫取下来。滞留在瓮内最上面一层的烟炱最细，质量最好，被称为“五品”，通常用于制作上等墨；滞留在瓮内第二层的烟炱较粗，被称为“二品”；滞留在瓮内最下面一层的烟炱最粗，通常弃之不用。

其三为宋代晁贯之在《墨经》中记载的卧式烧窑法。从文献记载中推测，其外形可能与烧制瓷器的龙窑相似。这种窑沿山坡地势高低用砖石筑成，总长达100尺，脊高3尺，宽5尺。烟室由若干节组成，小烟室长约8尺，大烟室可长达40尺。每个烟室之间有挡板，挡板上有一个一尺见方的开口供烟气流过。烟室与灶膛之间有烟道（胡口、咽口）相连，烟道长50尺，2尺见方。烟道的起始端称“头”，即燃烧松木的灶膛，处于整个窑的最低处。烧制烟炱时，每次在灶膛内加入3~5片松木慢慢燃烧，每次放入的松木若超过5片，则产生的烟炱虽多但颗粒较粗，质量较差，反而不如少放松木慢慢燃烧产生的烟炱质量好。松木燃烧后产生的烟气首先通过烟道进入第一节烟室；在第一节烟室中颗粒较大的烟炱滞留一部分后，剩余的烟炱在气流的推动下，通过1尺见方的开口进入下一节烟室；滞留一部分后，剩余烟炱通过本节烟室的开口，到达下一个烟室……直至通过各节烟室最终到达最后一节烟室。用卧窑烧制烟炱一次需7昼夜，称为“一会”。“一会”结束则停火，待窑温自然冷却后便可进入窑内扫取烟炱。通常将靠近灶膛的烟室中扫取的烟炱称“近火煤”，颗粒较粗、质量不佳，一般用于髹漆或普通印刷；从远离灶膛的烟室中扫取的烟炱称“远火煤”，粒度小、质量高。对“远火煤”还要按照距离灶膛的远近细分为“清烟”“顶烟”。“顶烟”距灶膛最远，烟炱颗粒最小，质量也最好。

其四为明代宋应星（1587—1666）在《天工开物》中介绍的松烟烧制方法，其工艺流程大致如下：

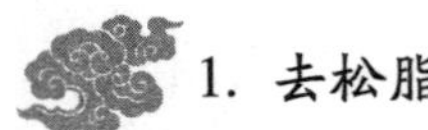

1. 去松脂

在松树近根部处钻一小孔，放入一盏点燃的油灯缓缓烧烤，使整棵松树的树脂流到被灯烤暖的孔穴，并由此流出树外。若松树中的松脂不去除干净，用此烟制成的墨在使用时就会有滞结的毛病。

2. 制竹篷

用竹篾编成类似船篷的圆竹篷，一节节连接起来，以十多丈长为准。竹篷的内外与接口处用纸和篾席黏糊牢固，下面用土掩实使其不会漏烟。篷中设置烟道，每隔一段距离开一个出烟的小孔。

3. 烧烟

将除去松脂后的松木砍成许多小木片，放在竹篷的一头缓缓燃烧，令松烟通过烟道进入篷内并黏附在竹篷的内壁。木块烧完后，待竹篷冷却下来便可以扫取烟炱。

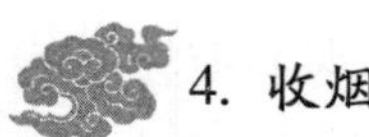

4. 收烟

待竹篷冷却下来后，进入篷内用鹅毛将黏附在竹篷上的松烟收集起来。靠近竹篷尾部的“清烟”颗粒最细，用于制造最上乘的书画用墨；竹篷中间的“混烟”较细，用于制造一般的书画用墨；靠近竹篷口端的“粗烟”质量最次，只用于制造印刷用墨或另作为他用的黑色颜料。

制墨的另一主要黑色原料为油烟。油烟是以油脂为原料燃烧时收集得到的烟炱。用于制作油烟的原料主要是动物脂肪、植物油与矿物油，烧制方法主要有如下几种：

第一种是宋代苏易简（958—997）在《文房四谱》中所说的造麻子墨法：“以大麻油沃糯米半碗，强碎，剪灯芯堆于上燃为灯，置一地坑，于中用一瓦钵，微穿透其底，覆其焰上取煤。”这种在地上掘坑烧烟的方法虽然简单便利，但过于粗放。一是用多根灯芯同时点燃烧烟，在短时间内虽然能获得较多的烟炱，但烟炱的颗粒必然较粗，因此在制墨时还需重新研磨才能使用。二是灯芯太多，对所获烟量不易控制，会造成大量烟炱外逸。

第二种是宋人晁贯之在《墨经》中记载的桐油烟烧制方法：“桐油二十斤，大篦碗十余只，以麻合灯芯，旋旋入油八分以上，以瓦盆盖之，看烟煤厚薄，于无风净屋内以鸡羽扫取。此二十斤可出煤一斤。”另外《墨经》中还记有清油、麻子油、沥青共同制作烟炱的方法：“用清油、麻子油，沥青作末，各一斤。先将二油（指清油、麻子油）调匀，以大碗一只，中心安放麻花点着，旋旋掺入沥青，用大新盆盖之，周回以瓦子衬起，令透气。熏取以翎子扫之。”从文献中介绍的方法来看，《墨经》中记载的方法比《文房四谱》中的方法有较大进步。首先是将20斤桐油分别装入十几只大粗碗中，在每只碗中只加入一根用麻拧成的灯芯，虽然烧取烟炱的时间较长，但是却易于控制，同时烧出的烟炱颗粒也较小。其次是在发烟较少的清油与麻子油中加入发烟量较大的沥青，这样不仅可使获得的烟炱数量增加，而且可减少用油量，降低烟炱成本。

第三种是明代沈继孙在《墨法集要》中记载的油烟烧制工艺。该工艺将油烟的烧制程序细分为浸油、水盆、油盏、烟碗、灯草、烧烟、节烟等不同工序，每项工序不仅有详细的文字说明而且配有插图，图文并茂地介绍了油烟墨的制作工艺。

第四种是1738年法国神甫杜赫德（1674—1743）所描述的油烟炱烧制方法。此法与沈继孙《墨法集要》所记方法基本相同，即在盛满油的器皿内放入五六根点燃的灯芯，在器皿上方适当距离处置一铁制漏斗状的铁盖以收集全部油烟。盖上积满后，取下，用鹅毛在盖上轻轻拂扫，让烟炱落在干而结实的纸上，用来制上好光亮的墨。质量上乘的油能使墨色增添光彩，制成的墨所受到的评价及出售的价格也就较高。凡是鹅毛拂不下来紧黏在铁盖上的烟炱则品质较粗，可以刮到碟子里，用来制作一般的墨。

纸张的用料

中国的书画用纸，品类繁多，以宣纸为例可分为棉料、净皮等大类；其中又有棉连、罗纹、龟纹等品种的不同。书画用纸的尺幅有大有小，大的有丈二、丈六，小的三尺、四尺，笺纸则多是小张的。纸的性能差别也很大，熟宣和生宣因产地不同、品种不同，性能也不同，书画家用墨汁一试，马上就能感觉出来。这些差别主要是由于用料和制作加工工艺的不同所造成的。古纸也是这样。

中国古代造纸，由于科学、文明发展的程度不一样，也有一个变化的过程。

在东汉时期，蔡伦造纸用的是树皮、麻头、破布、鱼网等。这些原料是混杂在一起的。那时还没有单纯的树皮纸，统称楮纸；也没有单纯的麻头纸，统称麻纸。严格意义上的楮皮纸、麻纸是后来才产生的。

中国最早的纸张以麻为主要原料。东汉之前的纸质粗糙，不能用于书画，

因其以大麻为原料，质地粗劣而又缺乏配料和加工工艺，所以成不了真正意义上的麻纸。1974 年内蒙古居延遗址出土的两张西汉麻纸，1978 年陕西扶风出土的西汉时期麻纸，均属此类。这种麻纸给蔡伦以启示，也为后世的麻纸制造奠定了基础。

现在我们用的一种净皮类宣纸，古时统称皮纸，是以桑树皮、楮树皮、青檀树皮或木芙蓉树皮作为原料，加工制成的。历史文献上记载，桑皮纸主要产于北方。桑树是落叶乔木，它的茎皮纤维韧长且有牢度，一般来说，山桑、条桑、白桑都可以用作造纸的原料。唐代文学家韩愈（768—824）在他写的《毛颖传》中，把纸叫作“楮先生”，指的就是以楮皮为原料制成的楮皮纸。楮树，也叫构树、谷树，所以楮皮纸也叫谷皮纸。青檀树皮和沙田稻草则是制作宣纸的主要原料。

剡藤纸是以藤皮为主要原料制成的纸，主要产地在古越州地区，但是，宋代之后，这种曾经美名远扬的“剡藤纸”居然绝迹。当时，“剡藤纸”供不应求，制造商一哄而上，对藤纸所用的原料野生藤条乱砍乱伐，失去了生态平衡，使剡藤纸与藤条一起绝迹。古越先人实在是做了件大蠢事。

用嫩竹制成的纸叫竹纸。还有用水苔制成的纸叫苔纸。竹纸在前文中已有过介绍，这里再简单地说一说苔纸。《妮古录》记载：“晋武帝赐张华侧理纸，乃水苔所成。”苏轼（1037—1101）说：“晋人以海苔为纸，今无复有。”称之侧理，是指纸的纹理而言，也有的说侧理是“涉里”的音讹。

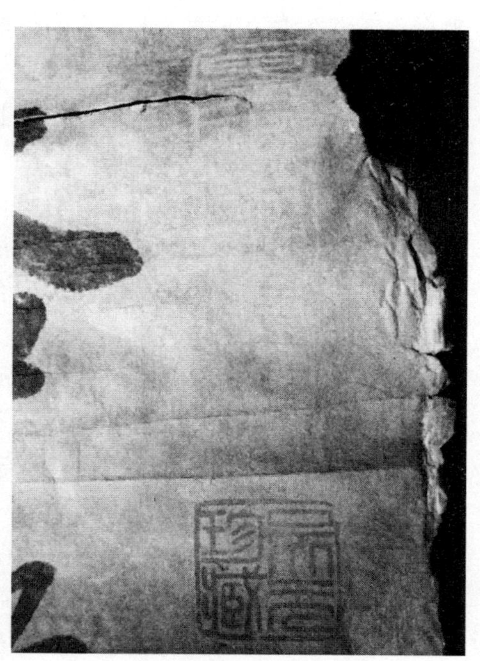

麻纸

此外还有用布头造纸、草茎制纸等。苏轼说：“川纸取布机余经不受纬者治作之，故名布头笺。”用草茎、麦秆、芦荻等作为原料造的草纸即“土纸”，粗糙，不能用于书画。

由上述介绍可知，古纸的用料主要有麻、树皮、藤、竹、草等。古纸纸质的优劣既与用料有关，也与工艺的先进、落后有关。中国古代纸张的质地与品种的进化，是一个漫长的历史过程，同时它也从一个侧面真实地反映了中国古代文明的发展历程。

砚台的构成与形制

砚是适应研磨颜料或墨的需要而产生的。新石器时代，古人要在陶器上描绘色彩与图案，为了研磨和调色，就制作了盛用颜料的器物。这些器物中，有的就像今天我们所用的研钵、调色碟，非常简单：外围隆起，中间低凹，犹如反转过来的瓦片。先秦时期，人们以瓦来命名这种外围隆起，中间低凹的研磨器，称为瓦砚，其实并非真的用瓦来制砚；真用瓦来制砚，是隋唐以后的事，汉未央宫瓦砚、铜雀瓦砚即是。

作为研磨用品，砚台主要由以下几个部分构成：

（1）砚堂：又称墨堂、墨道、砚心。指砚的中心研墨处，它是砚的核心部位，石质好坏、使用价值高低都由它决定。以往中小学生习字用的长方形砚台，砚堂在它的下方，占 4/5 的位置。如果是一方名贵的砚台，砚堂的部位和大小就因材而异，不拘一格了。有些名贵石品，如端砚独有的鱼脑冻、蕉叶白，歙砚的刷丝纹、眉子等，在制砚工人的精心设计下，往往都保留在砚堂这一部位。

（2）砚池：它的别称很多，有称砚海、砚泓、砚湖、砚沼的，也有从墨的角度称其为墨池、墨海的。它指砚的低洼处，用来存积清水或墨汁，它可大可小，一般因材而异；有些圆形砚台的砚池设计在砚的边缘，也有干脆不设置砚池的。不过，用名贵石料制作的上品石砚，除砚堂外，一般都会开挖出很小的一处作为砚池，砚池毕竟是砚的重要特征。

（3）砚额：也叫砚头，指砚的上部较其他三边砚唇更宽的部位。砚的主要工艺雕刻、纹饰一般都安排在这一部位，以提高砚的观赏价值。

（4）砚岗：指砚堂中间稍高的部分，再向四周渐渐低下去，使研墨时所得墨汁随时可向四周低洼处流下而储存起来。

（5）砚边：或叫砚缘、砚唇，指砚堂周围略高的边缘带，形成砚的轮廓，好像砚的堤坝，它能起到蓄水和蓄储墨汁的作用。也有的不设置砚边，不设置砚边的往往是一些名品，这些名品的观赏和收藏价值胜于实用价值。

除此之外，砚的表面部分称“砚面”，砚的背面部分称“砚背”，砚的两侧称“砚侧”，有的砚台还加了盖。在砚背和砚侧上通常加刻有款识，或砚名，或诗词，或题跋，或绘画，或印鉴等。当然，加刻这些边款、铭文的，大多数是古砚和名砚。宋人洪适（1117—1184）在《歙砚说》中称：“砚之形制不一。古人有以蚌为之者，取其适用而已。”说明古往今来，砚的形制变化都以“适用”与否为转移。“适用”乃是最基本的标准，实际上它包括四个类别，即扁形、足支形、暖砚形和抄手形，其中，扁形出现最早，也最普遍。

鱼形砚

将砚台做成扁形的设计，是出于研磨时对平稳的要求。其具体又可分为几何形、仿生形、什物形和随意形等多种形式。

1. 几何形

指圆形、椭圆形、长方形、方形、八角形等。这些几何形砚中，长方形、圆形砚可以说是最常见的，如果上面没有好的或者名家的雕工，缺少年份，质料又很平常的话，如同中小学生用砚，就属于很一般的实用砚台，没有收藏的价值。不过，古砚、艺术砚往往以这些几何形状为基础。倘若古砚、艺术砚的几何形状有严重破损，就身价大跌了。

2. 仿生形

指砚的轮廓外形仿动物、植物的形状，如牛形砚、鹅式砚、蟾蜍砚、蝉砚、石狮砚、兽形铜砚、瓜形砚、鱼形砚、荷叶砚等。砚的外形仿生，汉代就已出现，以后逐渐由简而繁。开始这样制作，可能出自一种简单的审美情趣，后来逐渐赋予它一些吉祥、避邪或劝勉的含义。开始时只是轮廓象形，再加一些线刻勾出物体的大致部位，后来逐渐追求生动、逼真，最后则以完整的构图来刻画，从而进入艺术创作的领域。这种倾向在北宋时已露端倪，苏轼的鹅式砚以及荷鱼砚，就是典型例子。

3. 什物形

指砚的轮廓外形如同一些常见的器物，如瓶形、几形、钟形、斧形、凤池形、石鼓形、圭形、提梁形、井形、瓦形、山形、琴形、鼎形等。这些砚形的出现，也反映了古人尤其是文人士大夫的一些雅趣。例如圭形砚，“圭”原是达官进朝所持的一种笏（又叫朝板），用以记事的，文人仿圭制作砚台，实际上是他们追求“修身、齐家、治国、平天下”的那种价值观念和人生目标的自然流露。什物形砚也是由简而繁地发展、变化的。但这种变化不是通过形状的逼真、刻画的细腻来实现，而是以镌刻相关诗赋图案进行配合，犹如瓷器上赋诗作画，纨扇上题辞一般，为砚平添了一些诗情画意，文人气息也更为浓重了。

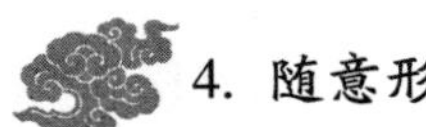

4. 随意形

指因材制砚，不在乎砚的轮廓外形，而注重借助砚材的纹理，进行画面的创作与雕琢。这种随形砚的制作，越到后来越显得奇巧而有灵气，清末、民国时期，乃至中华人民共和国成立后，一直比较流行。这是一种纯艺术性的工艺品，它的表现形式，有的犹如断残的古石碑，“碑”上书法被磨泯之处，权作墨池；有的像是荷塘月色之片段，那月亮是砚石纹理中所固有的；也有以砚石中的石眼作为动物的眼睛而进行构图的……随形砚其实是别开生面的石雕艺术品，它既借鉴了玉器工艺中的巧色巧雕手法，又有赖于中国画中山水花鸟、人物画的传统创造构思。一方砚面出神入化的随形砚，如果能由名贵砚石雕就，同时又兼顾到实用，那是非常难得的。

十二峰陶砚

在民间收藏的历代砚台中，扁形砚最为普及，面广、量多，造型千姿百态。除扁形砚之外，足支形、抄手形以及暖砚，因为受时代风尚和历史条件的影响、限制，数量就比较少了。这些砚年代越久远，它的历史、文物

价值也越大。

足支形砚指以足支撑的砚台。这种造型的砚台流行于盛唐之前，可能与当时席地而坐的生活习惯有关。司马迁（公元前145—前90）的《史记·项羽本纪》记载："项王按剑而跽。""跽"就是席地而坐时的一种动作。1958年长沙市出土的一件晋代瓷质对书俑，塑造两个文吏相对跪坐，长衫曳地，两俑之间就放着一张低矮的几案。几案的一侧，摆放的正是带足的砚台。由于席地而坐，所用案几低矮，而书写时是跪坐着的，这就要求砚的形制稍有足，或三足，或圈足，或箕形，等等。

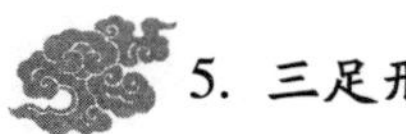

5. 三足形

这是足支形砚最早的表现形式。之所以雕琢三足，是因为三点可以形成一个下面，以求研墨时平稳而不摇动。如西汉时的"十二峰陶砚"，砚面之下为三足，皆作宽扁形，足面刻出深阔的横纹，状如叠石；东汉"三熊足兽纽石砚"，三足则雕琢成三个熊头，等等。三足形砚主要流行于两汉时期，除三足砚之外，魏晋时还偶有四足形、五足形瓷砚出现。

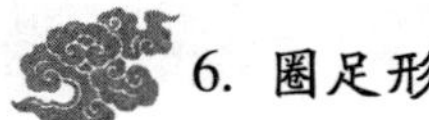

6. 圈足形

也称多足形，因为砚面多作圆形，砚足围圆周而立，故名。如隋代"赭釉圈足瓷砚"、唐代"二十二柱足圆陶砚"等。砚足形状有如兽蹄，也有的雕成兽头、兽足连为一体的柱子。圈足形砚主要流行于魏晋隋唐时期。

7. 箕形

足支形砚发展到唐代，又有较大的改进，出现了箕形砚。它的外形像日常生活用的簸箕，两端翘起，一端平而阔，另一端较窄，呈圆形或方形。它的砚底一端落地，一端以足支撑，有单足、双足、梯足之分，磨墨时也不会摇晃。箕形砚主要流行于唐代。

8. 暖砚

砚墨在严冬容易结冰，据崔寔（约103—约170）《四民月令》记载，汉代的学童因为砚冻，不得不从十一月起停止上课两个月，后人于是就想出了

"暖砚"。

暖砚有两种形式：其一是在墨堂下凿出空腔，灌注热水于内，以保持砚面的温度；其二是砚面之下设置底座，底座多用金属制成砚匣，可置炭火以保持温度。金属匣一般都精雕巧作，别具一格。暖砚盛行于明、清时期，暖砚砚面多为歙石、端石和松花江石。

暖砚

9. 抄手形

砚面一端低，一端高，底挖空，所谓抄手就是可用手抄砚底，便于拿取，它的体型也比较轻便。抄手砚始出于五代十国，宋代相当流行。

知识链接

蔡伦小传

蔡伦（公元63—121），字敬仲，东汉桂阳郡（今湖南耒阳市）人。出身于普通农民家庭的蔡伦，14岁时被选入洛阳宫内为太监。初为小黄门（宦官中职务较低者），后做黄门侍郎。幼年刘肇登基，为和帝，由窦太后听政。蔡伦因功擢为中常侍，随侍幼帝左右，参与国家机密大事，秩俸二千石，地位与九卿等同。中国历史上宦官干预国政正由此始。

永平九年（公元97年），窦太后卒，和帝亲政。蔡伦依侍喜欢文墨的邓皇后，投其所好，屈尊兼任尚方令，主管宫内包括文房在内的御用器物制作。在此期间，他总结西汉以来造纸经验，改进造纸工艺，受到和帝赞赏，造纸术也因此而得到推广。安帝时蔡伦被封为"龙亭侯"，由他监制的纸被称为"蔡侯纸"。后蔡伦因当初受窦后指使，参与迫害安帝皇祖母宋贵人致死，剥夺皇父刘庆的皇位继承权而被审讯查办。蔡伦自知死罪难免，遂自尽而亡。

第二章

意在“笔”先

毛笔产生于新石器时代晚期，成形于西周，成长发展于秦汉，兴盛于唐宋。毛笔是世界文明史上最具特色的书写工具，它为创造光辉灿烂的中华文化做出了卓越的贡献。

第一节 毛笔的发展历程

两汉时期造笔的兴起

两汉是我国封建社会发展的第一个高峰期。随着经济的加强，文化事业也蓬勃发展兴旺起来。特别是造纸术发明以后，使毛笔的应用更加日益广泛，需求量日趋增大。当时，两汉政府都会要求各诸侯国进献兔毫，由此可见一斑。晋王右军（公元 303 年—361 年）《笔经》中也有相关记载："汉诸君献兔毫，书鸿都门，惟有赵国毫中用。"其意是诸国所献毫料，只有赵国为优，赵国平原广阔，多生细草，其兔肥毫长而且坚锐，是制笔好原料。由此可以看出当时制笔的数量是多么可观，同时，在质量上也引起了人们的注重。

在汉代，毛笔制作多以硬毫为其正宗，以竹制笔杆。后汉蔡邕的《笔赋》中载："惟其翰之所生，于季冬之狡兔，性情及以剽悍，体遄近以骋步。削文竹以为管，加漆系之缠束。形调抟以直端，染玄墨以定色。"除兔毫外，有的原料还取用鼠须，鼠须为硬性，不亚于兔毫。唐代段公路的《北户录》中载："鼠须均州（今湖北省均县）出。"以鼠须所制之笔，深得当时书家的赏识，南朝宋刘义庆在《世说新

鼠须笔

语》中说：“钟繇、张芝皆用鼠须笔。”可见在汉时，硬毫笔占有主导地位。

1975 年，湖北江陵凤凰山一西汉早期墓中，发现毛笔一支，笔杆竹质细捷，笔头纳入其内，尚存有墨迹，笔锋仍圆饱劲健，当属硬毫笔。同时同地还发掘了另一西汉初年墓，也出土了一支竹质杆毛笔，笔毛已朽无踪迹，毛腔仍存。无独有偶，1978 年在山东临沂市城区东南隅金雀山第 11 号西汉墓中，出土了盒装石砚、笔筒，同时出土了一支竹质实心无皮笔杆，笔头已损失，杆头残留迹象表明，笔毛是插在笔杆空腔内，末梢斜削，直径 0. 6 厘米，杆长 23. 8 厘米。观其毛笔实物，和前述蔡邕《笔赋》中所言巧合，由是找到明证。

汉代的毛笔，无论在笔管的用料和保藏毛笔的方法上，都有较大的改进，有的制作相当考究，并成为统治者的赐物。据我国最早的官修类书《艺文类聚》中《汉官仪》说：“尚书令仆函郎，月给赤管大笔一双。”特别是当时统治者的用笔，更是奢华无比。吴均《西京杂记》中说：“天子笔以错宝为跗，毛皆以秋兔之毫，宦师路扈为之。又以杂宝为匣，厕以玉璧翠羽，皆值百金。”反映了当时的笔工们制笔技艺何等精湛。文中“宦师路扈”就是当时的著名笔工。宋董逌《欧阳通碑》中也有“路扈一世名手，且重以杂宝为跗，然其善不过秋兔之毫”的记载。

在汉代，许多著名的书家本人也是精制毛笔的名匠，时称“草圣”的张芝，不仅以创“今草”闻名，而且以制笔名扬当时。南朝书家王僧虔《论书》中把张芝笔、子邑纸、仲将墨视为“三珍”。东汉文学家、书法家蔡邕，精“汉隶”，创“飞白”，有“体法百变”之称，平生最喜用张芝笔。制笔名家的出现，促进了当时制笔业的兴起，一些制笔作坊，也不断涌现。有的将笔匠名字或作坊名字刻在笔杆上，以标明笔的出处或显耀制笔技能。其作用类似于今日商品的商标或广告。

汉代制笔业相当普遍，民间也出现了以制笔为业，经营毛笔的艺人。汉刘向《列仙传》中说李仲甫（汉颍川，今河南禹县人）：“汉恒帝时，卖笔辽东市上，一笔三钱。有钱亦与笔，无钱亦与笔，明旦有成笔数十束……”至此可知李仲甫为当时的笔工和卖笔经营者。制笔业的兴起，使毛笔得以广泛普及。据晋王嘉《拾遗记》中载：汉安帝时，王溥“家贫不得仕，乃挟简插笔于洛阳市佣书……善笔而富”。可见当时已开始出现了以抄书为业的人，时称“佣书”。“佣书”多是售书者，他们在缮写过程中饱览多种书籍，最后有的成为名士或朝廷重臣。王溥最后就成为东汉的名士，可谓佣书成才的范例。

东汉熹平四年（175 年），汉灵帝曾令名书法家蔡邕用隶书书写石经，立碑于洛阳太学门外，史书上说：“来观看抄写的人车乘日千余辆，填塞街陌。”唐张怀瓘《书断》中载：“灵帝好书，征天下工书于鸿都门，至数百人。”足见民间用笔之规模。

唐蔡希综的《法书论》中说：“章草兴于汉章帝。”章草是否由汉章帝所创，不敢断言，但却说明了汉章帝较擅长书法。《外戚传》中记载：“孝成许皇后聪慧，善史书。”从此可以看出汉时从宫廷到民间，用毛笔习字已相当普遍，致使当时书坛上出现了百花齐放的新局面，孕育了新书体的诞生。隶书取代了篆书，占据了主要地位，特别是东汉时期，隶书较为成熟，并进入鼎盛阶段。在此基础上又开创了一种新的书体“章草”，它充分利用毛笔柔的特点，使笔法草率简捷，笔画连缀萦带，通过艺术加工，逐步形成一种独特风格和艺术价值的书体，至今仍为人们所效仿。

除书法艺术在汉时得到巨大发展外，研究书法艺术，论述毛笔制作的理论著录也有所增多。蔡邕的《笔赋》篇，就是专门论述当时毛笔制作方法的代表作，对当时的制笔生产和后世制笔业的发展，都有很大的影响。

魏晋南北朝毛笔制造的发展

魏晋南北朝时期，是中国书法各类书体成熟的阶段。楷书、行书、草书体盛行，众多的书家风格各异，取得了空前的艺术成就。这一切均和当时的书写工具有着密不可分的联系。特别是毛笔的制作工艺较前大有改进，种类显著增多，为书法艺术的发展打下了良好的基础。

在魏朝时期，书家韦诞以制墨闻名当时，而且擅长制笔。北魏贾思勰的《齐民要术》中载有韦诞制笔的方法：以兔毫与青羊毛相杂。这种兼毫笔，刚柔相济，软硬适中，深得人们的喜爱。韦诞在制笔的同时，还注意总结经验，著有《笔经》一书，对制笔之法介绍极为详尽，制笔之法：“桀者居前，毳（短毛之意）者居后，强者为刃，软者为辅；参之以苘（似麻的纤维），束之以管，固以漆液，泽以海藻；濡墨而试，直中绳，曲中钩，方圆中规矩，终日握而不败，故曰笔妙。”从此可看出韦诞制笔，善于取用几种不同的兽毛，以硬毫为柱，柔毫为被，健者为心，软者为副。在毫料运用上，多以鹿毫为

柱，羊毫为被而为之。韦诞屡经实践总结出的这一制笔方法，已成为我国传统制笔法之一，人称“韦诞法”，一直为后人所效法，并沿用至今。

从魏朝至晋朝这段时期，制笔趋于大而锋毫饱满，不仅有硬毫笔、软毫和硬毫相杂的兼毫笔，而且软毫笔也名扬当时。书家可根据自己擅长的书体、用笔的爱好和艺术实践，选择刚柔性能不同的书写工具，创造各种风格的书法艺术。

晋朝时期的制笔方法，基本沿袭旧法，毫料选用多推崇兔毫，兔毫笔仍为当时人们众口一致的佳笔。晋傅玄的《笔赋》中：“简修毫之奇兔，选珍皮之上翰。濯之以清水，芬之以幽兰，嘉竹翠色，彤管含丹，于是班匠竭巧，名工逞术，缠以素枲，纳以玄漆。染芳松之淳烟，写文象于纨素，动应手而从心，焕光流而星布。”从这里可以看出其选料的严格、工匠制笔的高超技艺。一支得心应手、称心如意的佳笔，来之何等不易。另外，东晋书法家卫夫人的《笔阵图》中说：“笔要取崇山绝仞中兔毫，八九月收之，其笔头长一寸，管长五寸。锋齐腰强者。”可见当时书家对笔的要求之高，从毫料的选择，以至笔头、笔杆的长度及成笔的质量，都有了一定的标准。从此也可看

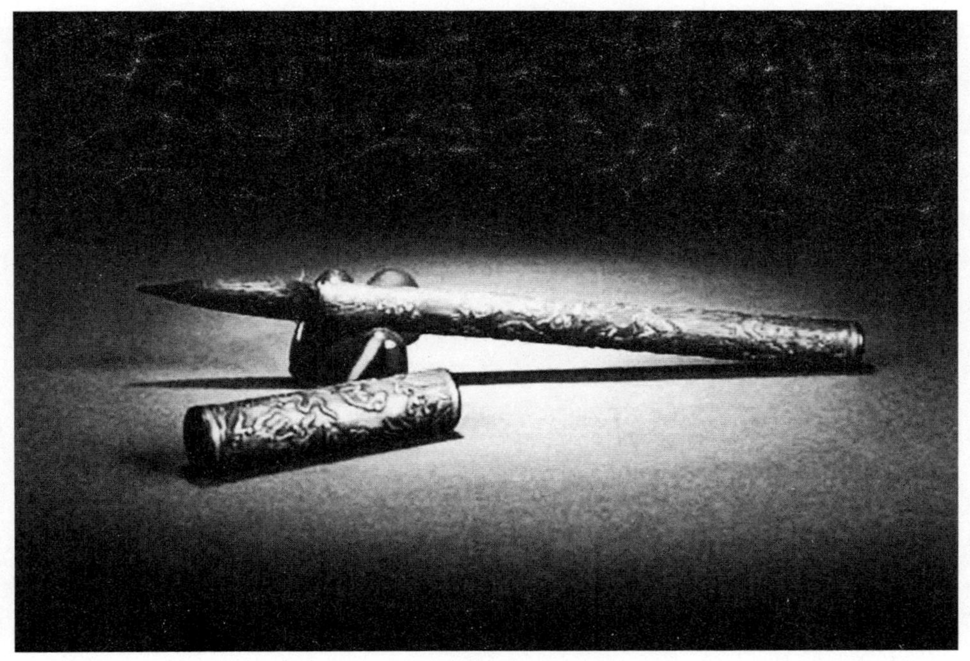

鹿毛笔

出当时书家对兔毫笔偏爱至极。

鼠须笔的制作，也深受书家的青睐，南朝宋刘义庆的《世说新语》中说："王羲之得笔法于白云先生（注：东晋穆帝时人，生卒年不详），先生遗之鼠须笔。"王羲之所书的《兰亭序》，就是用锋强毫锐的鼠须笔书写成的，所书遒美劲键、飘逸自然，为历代所宝。故后人素以鼠须笔为重。唐书家张彦远《法书要录》中载有王羲之写《兰亭序》的描述："鼠须笔，遒美劲健，绝代更无。"相传王羲之当时曾同笔工韦昶共同磋切，试制鼠须笔，韦昶所制之笔，被人称为"绝世佳笔"。这种鼠须笔的制作方法久已失传，当时是不是用真的老鼠须，还是松鼠之类的胡须，不得而知。今天文具店也多出售鼠须笔，实际上名存实亡，多为兔毫所制。据说，曾经有人以重金在粤东购得鼠须，制作成笔后试书，和紫毫笔无别。看来，鼠须笔是一种弹性强、笔毫健的种类，物以稀为贵，鼠须笔大概就是如此吧。

另外，其他稀有毫料的毛笔制作，也多有涌现，鹿毛笔在东晋时也颇受书家欢迎。唐段公路的《北户录》中载："鹿毛笔，晋张华尝用之，不下兔毫。"鹿毛笔其性能和紫毫相仿，然较为罕见，不及兔毫普遍。当时有人误以人须制笔，写字甚佳。刘恂的《岭南异物志》中说："岭外既无兔，有郡牧得兔毫，令匠人作。匠既醉，因失之，惶惧乃以己须制。"没想到以须制成的笔却异常好用，笔匠坦白以己胡须所制，于是太守下令每户赋加人须税，无者按笔价纳金。至此人须制笔流传后世。另载："岭外尤少兔，人多以鸡雉毛作笔亦妙。"这种鸡毛笔，其性较软，很少用及。晋张华的《博物志》中载："有兽缘木，文似豹名虎仆，毛可取以为笔。"从而也名为"虎仆笔"。总之魏晋时，制笔的原料不像汉时那样单一，而且取料广泛，毫毛多变，性能各异，各有千秋，为书家提供了前所未有的各种性能的毛笔。因此书家在用笔的选择上，也相当讲究。王羲之在《题卫夫人〈笔阵图〉后》中说："若书虚纸，用强笔；若书强纸，用弱笔。强弱不等，则蹉跌不入。"从此也可看出书家根据不同的书写材料而选择不同性能毛笔的技能，是何等灵活、高超。

在晋朝时期除制笔工艺较前进步、种类诸多外，记载制笔的著录，也随之问世。晋张华的《博物志》中对笔的制作，多有论及。晋武帝曾以辽西国所献名笔"麟角笔管"赐予名士张华，以示褒奖。晋王嘉的《拾遗记》中有载："晋武帝以《博物志》成，赐张华麟角笔管，辽西所献也。"

南北朝时，使用的毛笔仍属可以退下头的毛笔，这种易头而不换管的方

法，世称为“退笔”。唐何延人的《兰亭记》中载：“南朝书家智永，为王羲之七世孙。常居永欣寺阁上临书，所退笔头置之于大竹簏，簏受一石余，而五簏皆满。”然后，把废笔头埋入地下，做个坟墓，称为“退笔冢”。可见当时笔头为可退之笔，仍沿袭汉笔的制作。当时民间制笔也相当普遍。《江南府志》中载：“南朝有姥善作笔，肖子云常用之，笔心用胎发。”这是我国妇女制笔和以小儿胎发为制笔原料的最早记录。唐时诗人僧齐己有“内惟胎发外秋毫，绿玉新裁管束牢”的诗句，也说明了以胎发为柱、兔毫为被制作毛笔的出现。

当时统治者的用笔，仍以贵重形美为佳。南朝梁元帝工书善画能诗，时有“三绝”之称。曾使用金管、银管、斑竹管的毛笔。孙光宪的《北梦琐言》中载：“梁元帝为湘东王时……笔有三品，或以金银雕饰，或用斑竹为管。”据说用三品笔来记载忠臣义士及文章的精华：忠孝两全的人使用金管笔书写之；德行精粹的人，使用银管笔书写之；文章瞻逸的人，使用斑竹管笔书写之。笔杆之名贵，仅可供观赏而不便使用。

南北朝时，笔杆的制作一般较短，一改古代笔杆后端削尖的制作方法。《隋书·音乐志》中载：南齐武帝永明年间反对这种装饰，至此，从古代沿袭下来的“簪白笔”的习俗被取缔。笔杆由此变短，笔杆尾部不再削尖。这在制笔史上可谓一个新的改革。由于那时没有今天这样的高腿桌椅，写字的人大多盘坐在席上，而把纸铺在几案上来写，自然而然地就要悬肘书写，因而对笔的要求，杆要短，锋要齐，腰中强。写字时，要管直心圆，万毫齐力。旅美作家梁厚甫在《科学书法论》中，对古人与今人写字的高低有一研究对照：“古人放纸的位置，当接近腹部而不如今人之放在胸前。其比例，正如我们现代的人，把桌子的高度，降低四五英寸，或者把我们椅子的高度，抬高四五英寸。”这一说法，正是说明了古时写字时用的是矮几案。所以必然要悬肘书写。今天我们的家具起了变化，悬肘、悬腕就有一定的难度，对此应引起书者的注意。

南北朝时的制笔名匠，却很少见于著录。相传释智永（王羲之第七世孙）当时曾云游善琏（今浙江省吴江县善琏镇），指导笔工，提高制笔质量。后经人们的长期实践，致使元后善琏镇生产的湖笔声名大振。

纵观魏晋南北朝各个时期，作为书写工具的笔，在数量、质量上都得以改进，远远超过汉代，从而为这一时期发挥其艺术才能，创造独具艺术的书风，提供了极大的便利条件，有力地促进各类书体的成熟和发展，涌现了大批卓有成效的书法大家，并以独特的风貌名振当时，影响后世。钟繇的隶书、楷书，结体朴茂，出乎自然；皇象章草，笔势沉着，纵横自然；卫夫人正书，妙传其法，为人宗尚；王羲之正书、行书，字势雄强，诸多变化；王献之行书、草书，英俊豪迈，饶有气势；智永和尚，精研书艺，影响初唐，等等。大批书家的涌现，促进了这一时期书法艺术的突飞猛进，使这一时期成为我国书法艺术的鼎盛阶段。

唐宋时期制笔业的繁荣

唐代的经济文化高度发达，制笔业也随之呈现出一派繁荣景象，许多地方都有专业制笔作坊，宣州（今安徽宣城）因出产“宣笔”而成为全国的制笔中心。

唐代宣笔用料考究，制作精良。诗人白居易曾作《紫毫笔》赞之，其诗曰：“紫毫笔，尖如锥兮利如刀。江南石上有老兔，吃竹饮泉生紫毫。宣城之人采为笔，千万毛中拣一毫。毫虽轻，功甚重，管勒工名充岁贡，君兮臣兮勿轻用。勿轻用，将何如？愿赐东西府御史，愿颁左右台起居。搦管趋入黄金阙，抽毫立在白玉除。臣有奸邪正衙奏，君有动言直笔书。起居郎，侍御史，尔知紫毫不易致。每岁宣城进笔时，紫毫之价如金贵。慎勿空将弹失仪，慎勿空将录制词。”

唐代每逢科举考试，长安市面上的宣笔销售者将健豪圆锋笔改称“定名笔”，在举子将入考场前以十倍的高价出售。每卖一支，都记下买者姓名，等到他金榜题名时，就找到其住处要赏钱，名曰“谢笔”，从一个侧面反映出当时宣笔销售的情况。

唐代宣笔用料一如前代，制作技术更加纯熟。严格地说，宣笔并不是纯紫毫笔，而是以紫毫为主的兼毫笔，锋颖一律用精选紫毫。当时对笔管的制作也很重视，除竹管外，还用到金、银、象牙、犀牛角等名贵材料，或是在竹管上镶嵌名贵物料。

唐代笔工以诸葛氏和陈氏最为著名。诸葛氏家族成员在当时影响最大。据宋代陶谷《清异录》记载：伪唐宜春王从谦，喜书札，学晋二王楷法，用宣城诸葛笔，一支酬以十金，劲妙甲当时，号为“翘轩宝帚”，士人往往呼为

“宝帚”。宣州陈氏也是世能做笔。据《天中记》称，陈氏家人传言王羲之曾给其祖上写过《求笔帖》，到了唐代，书法家柳公权到宣城求笔。陈氏先给他两支，告诉其子说，柳学士如能书，当留此笔，不尔如退还，即可以常笔与之。过不多久，柳公权以为这两支笔不入用，别求，遂与常笔。陈家人告诉他说，先前给他的两支笔，非右军不能用，柳公权信以为然。柳公权《谢人惠笔帖》云：“近蒙寄笔，深荷远情。虽毫管甚佳，而出锋太短，伤于劲硬。所要优柔，出锋须长，择毫须细，管不在大，副切须齐。副齐则波磔有冯，管小则运动省力，毛细则点画无失，锋长则洪润自由。顷年，曾得舒州青练笔指挥教示，颇有灵性，后有管小锋长者，望惠一二管，即为妙矣。”由此可见，宣笔的研制和改进有书法家参与。这种传统一直保持至今。

唐代毛笔随着唐王朝在政治、文化方面影响和势力的扩大传播到吐蕃、朝鲜、日本等周边国家和地区。日本留学生把中国的书法艺术带回日本的同时，也把大批中国毛笔和中国制笔技术带回日本。日本奈良正仓院所藏中国唐笔，丰富多彩，有斑竹管的，也有斑竹管镶象牙的，还有全象牙管的，等等。

宋代制笔业更加发达，品种和工艺水平都超过唐代，达到了前所未有的水

宣笔

平。宣州仍是最重要的制笔中心，各制笔名家聚族为业，竞争十分激烈。为了在竞争中取得优势或保住名望，各家都努力推陈出新，呈现出一派繁荣景象。

宋代宣笔在形制、选料和制作上都表现出鲜明的时代特色。宋代高腿桌椅开始流行，人们写字的姿势也由盘坐榻上在矮几案上悬肘书写，变为坐在高椅上伏案悬腕书写，这对毛笔的用料和形制提出了新的要求。隋唐以前笔管较长、笔锋硬挺，宋代则笔杆较短、笔锋硬中有软。除传统的兔毫外，狼毫、羊毫得到了更广泛的使用，多样化成为宋代制笔业的主要特点。

宋代最著名的笔工当数宣城诸葛高。唐代诸葛氏制笔已声名显赫，到了宋代，诸葛笔更是独步海内。名匠诸葛高技艺最精，他制作的“诸葛笔”备受当时文人的青睐，常被当作重礼馈赠亲朋，朝野上下都以得到诸葛笔为幸事。著名诗人梅尧臣、欧阳修、苏东坡、黄庭坚等人都推崇诸葛笔。梅尧臣曾把诸葛笔作为礼物赠送欧阳修，并写诗说：“笔工诸葛高，海内称第一!”

黄庭坚在得到别人赠送的诸葛笔后曾写下一首七律，诗中说：“宣城变样蹲鸡距，诸葛名家捋鼠须。一束喜从公处得，千金求买市中无。漫持墨客摹科斗，胜与朱门饱蠹鱼。愧我初非草玄手，不将闲写吏文书。”苏东坡将“饮官法酒，烹团茶，烧衙香，用诸葛笔”并称北归嘉事。足见诸葛笔在当时的影响。1998 年，安徽合肥宋墓出土两支毛笔，笔管、笔帽均为竹制，笔毛已朽，仅残留笔芯，也已炭化，呈黑色，似为硬毫与麻纤维制成柱芯，软笔为被，属长锋柱芯笔。

北宋崇宁以后，宣州人创制出“无心散卓笔”。宋叶梦得的《避暑录话》中说：“世言歙州具文房四宝，谓笔墨纸砚也，其实三耳。歙本不出笔，盖出于宣州，自唐唯诸葛一姓，世传其业。治平、嘉佑前有得诸葛笔者，幸以为珍玩，云一枝敌它笔数枝。熙宁后，世始用无心散卓笔，其风一变。”散卓笔的特点是没有笔柱，由一种或两种以上毫毛组合而成。宋苏易简的《文房四谱》中介绍说：“先用人发抄数十茎，杂青羊毛并兔毳，惟令齐平。”这种笔笔头较大，笔头的大部分纳入笔腔，笔锋较长，含墨多，宜于书写和作画。苏东坡最喜欢用散卓笔，黄庭坚评论说：“苏翰林用宣城诸葛齐锋笔作字，疏疏密密，随意缓急，而字间妍媚百出。”

在宣州的影响和带动下，宋代歙州（今安徽歙县）、黟州（今安徽黟县）、广陵（今江苏扬州）、钱塘（今浙江杭州）等许多地方制笔业也得到发展。歙州吕道人非为贫而作笔，故能工。黟州吕大渊钻研韦仲将制笔法，曾为黄山谷

（黄庭坚）制作20余支笔，都很令人满意。汪伯立的笔曾被列入贡品，是著名的“新安四宝”之一。《六研斋笔记》称“宋谢公暨知徽州，于理庙有椒房之戚，贡新安四宝：澄心堂纸、汪伯立笔、李廷珪墨、羊斗岭旧坑砚”。钱塘程奕笔也有独到之处，受到苏东坡的称赞，他说：“近世笔工不能经师匠，妄生新意，择毫虽精，形制诡异，不与人手相谋。独钱塘程奕所制有三十年前意味，使人作字，不知有笔，亦是一快。予不久行当致数百枚而去，北方无此笔也。”

总之，以宣笔为代表的宋代毛笔在保持传统的同时不断推陈出新。宋室南迁之后，政治、文化中心南移，宣城制笔业受到很大影响，一些工匠开始迁徙、改行，宣笔渐渐衰落，只有少数笔工仍继承旧业，继续制作宣笔，但产品的数量、质量、品种已不可与当年同日而语。制笔业中心南移到浙江湖州。

元明清毛笔的稳定发展

由宋入元，宣州制笔业逐渐衰落的同时，浙江湖州的制笔业出现了蓬勃发展的良好局面。湖笔发源于浙江湖州善琏镇，因善琏隶属湖州，故称湖笔。善琏制笔历史悠久，据史料记载：“智永禅师结庵琏溪，往来永兴寺，笔工萃于此乡北，取兔毫于溧之中山南，取绿管于越之文山，故其制独精。”宣笔衰落后，一些优秀的宣州笔工流散到湖州，把宣笔的传统制作工艺也带到了当地，促进了湖笔制作技艺的改进和提高。据《湖州府志》记载：“湖州出名笔，工遍海内，制笔者皆湖人，其地名善琏村。”另据清康熙年间江登云《素壶便录》记载，“湖笔出归安县善琏村，亦数千户地，非一姓罔不习其技者，至女流皆能为之，各省贩客群集”。可见当时善琏镇制笔之盛况。

湖州的能工巧匠为湖笔的兴起付出了巨大努力。元初湖笔制作大师冯应科是湖州制笔业的一面旗帜，名气最大，声望最高。沈日新也是湖州笔工的代表人物。《湖州府志》中有“吴兴冯笔妙无伦，还有能工沈日新。倘遇玉堂挥翰手，不嫌索价似珠珍”的诗句。当时冯应科的笔、赵子昂的字、钱舜举的花鸟画，号称“吴兴三绝”。据《赵氏铁网珊瑚》记载：“宋季太末，徐信卿笔名重搢绅间，玉溪尚书赵公以徐制法授冯应科，俾之日缚，一管不合意即拆裂，复为之，必如法乃止。松雪翁乃玉溪从子，尝亲见其事，故以此法授之陆颖。冯、陆齐名，实本于此。”

元代湖笔即已形成了自己的工艺特色，尤其是用柔软、细长、富有光泽

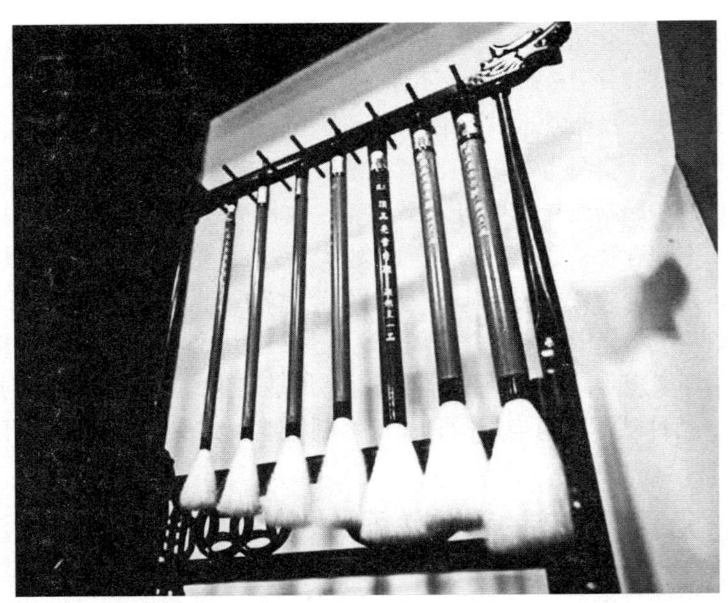

湖笔

和弹性的山羊毛精制而成的“羊毫兰蕊”笔，能写行草篆隶，也适于绘画，是湖笔的代表作，在当时已是声名卓著，被历代画家视为珍品，至今仍是湖笔家系中首屈一指的名品。

除冯应科、沈日新外，还有张进中善用鼬鼠毫制笔，这种笔成为宫廷指定用笔之一。周伯温仿西夏古法用黄羊尾毫造笔，很受色目贵族重视。还有张进中、杨均显、王用右、曹观王、徐晋卿、沈秀荣、施文用等人，也都是著名的湖笔名工。传说明代笔工施文用本名“施阿牛”，他制作的湖笔被列为贡品，皇上嫌其名不雅，改为施文用。

元代湘笔也有一定影响。湘笔因产地在湖南长沙而得名，在制作工艺上，不像湖笔分层匀扎，而是杂扎不分层。湘笔笔帽多为铜质，使笔头能够保持一定湿度，以润养毫锋，在中南和西南地区很受欢迎。

明清两代制笔业发展到了历史的顶峰，名工名笔遍于全国，湖笔继续饮誉笔坛。吴兴笔工大批外流，在江苏、天津、上海、北京等地建立作坊和店面，使湖笔制作技艺在各地生根开花。其中较为著名的有北京的“戴月轩”“贺连清”“李玉田”，上海的“杨振华”“李鼎和”“周虎臣”“茅春堂”，苏州的“贝松泉”，还有湖州本地的“王一品”，等等。这些作坊或笔店都是以

店主的名字命名，在国内外都有很高的声望。

此外，一些其他品牌的制笔作坊也陆续建立。如河北衡水侯笔店，它生产的衡水毛笔，逐渐和湖笔分庭抗礼，并作为贡品进入宫廷，成为御用笔，身价倍增。清末光绪皇帝甚至下令，凡官府办公一律采购衡水毛笔。再如，宣州等地宣笔生产仍在继续。据清代歙县江登云撰《素壶便录》记载：“江浙造笔，古推宣州，今太平人尚精其技，其地名赶坦（甘棠镇，今太平县城），刘、程、崔三姓聚族各千余家，强半攻其业。本朝（清）以来，以刘公豫、刘文聚笔为最。公豫之后，刘立征能世其传，近时程彩禄亦称佳制。”安徽六安的“一品斋”宣笔在清代也很有影响。由此可知，不但宣笔技艺至清代仍在传承，而且规模和质量都还能称誉一时。

总之，明清时期整个制笔行业从业人员的数量、毛笔的产量和品种都远远超过前代。

明清文人非常讲究用笔。明代书法家多使用硬毫笔，而不像元代书法家那样用软毫笔。清代羊毫笔盛行，为当时文人普遍使用，许多精彩书卷都是用羊毫笔创作的。

明清制笔的一大特点是重视装饰。除普通竹木外，还大量使用金、银、玉石、象牙、玳瑁、瓷管、紫檀、斑竹、棕竹、花梨、琉璃等材料制作笔杆，并采取雕刻、镶嵌、彩绘等工艺方法进行加工装饰，使之成为精美华贵的艺术品。

知识链接

毛笔的别号

毛笔为文房四宝之首，人们赋予它各种雅号，至今广泛应用，意趣盎然，耐人寻味。

管：有“彤管”一词，管即毛笔。

管子：唐《开元遗事》载，有一书生，进谒李林甫，称笔为“管子”。

管城子：唐韩愈《毛颖传》载，秦始皇使蒙恬“赐之汤沐，而封诸侯管城，号曰管城子”。世传蒙恬造笔，故称。宋黄庭坚《戏呈孔毅父》诗云：“管城子无食肉相，孔文兄有绝交书。”颇有意趣。

中书君：《毛颖传》载：“毛颖者，中山人也。封管城子，累拜中书令，呼为‘中书君’。”宋代苏东坡《自笑》诗有句：“多谢中书君，伴我此幽栖。”

毛锥子：《新五代史·弘肇传》：“弘肇曰：‘安朝廷，定祸乱，直须长枪大剑，若毛锥子安足用哉?’三司使王章曰：‘无毛锥子，军赋何从集乎?’”毛锥子即笔的别称。

毫、毫素：晋陆机《文赋》中云：“或含毫而邈然，唯毫素之所拟。”李善注：“毫，笔也，书谦曰素。”故亦作“毫素”。

毫锥：白居易《白乐天集》自称：“乐天与元微之各有纤锋细管笔，携以就试，目为‘毫锥’。”

秋毫：苏东坡《鲜于子骏见遗吴道子画》：“觉来落笔不经意，神妙独到秋毫颠。”秋毫本指秋天鸟兽新长之毫，制笔之料，这里代指毛笔。

兔毫、麟管：有联语“兔毫推赵国，麟管赐张华”，其中有两个典故。上联典出自王羲之《笔经》：“汉时诸郡献兔毫，惟赵国毫中用。”下联典出自东晋王嘉的《拾遗记》：张华著《博物志》，晋武帝赐给名笔“麟角笔管”，以资鼓励。

第二节 毛笔的种类与鉴定

毛笔的分类

毛笔可以按照笔的大小，笔毫的种类、长短与软硬程度以及笔管的材质等不同的标准进行多种分类。

按笔头大小与笔管粗细一般分为大、中、小三种，有的称为大楷、中楷和小楷笔，或直接称为大字、中字和小字笔。再大的有京楂、斗笔、提笔、屏对等，再小的则有圭笔。

按笔毫种类、长短与软硬程度，可分为羊毫、狼毫、兔毫、鼠须、鸡毫等笔类。或纯用一种，或两种甚至多种兼用。

1. 羊毫笔

笔头多取山羊毛（包括白羊、青羊、黄羊）制成。按不同产地、季节、年龄段，以及羊的不同部位的毛的等级、粗细、柔嫩、锋颖的长短粗细搭配，各有不同分类。山羊毛属软毫，较长，又易得，性能柔韧，使转灵活，经久耐用，且吸墨量大，适于创作连绵大草与泼墨山水。羊毫以湖

羊毫笔

笔为多，常见的有以下几种：

（1）青花缠枝莲龙纹管羊毫提笔。万历年间（1573—1619年）毛笔。笔管通长27.6厘米，管径3.3厘米，斗径4.5厘米，上海博物馆藏。瓷制笔管，通体用青花描绘纹样，上部为几何纹，主体为枝莲龙纹，龙纹具有明代中晚期特征。笔毫为后配。此笔制作精细，釉色鲜明，纹饰细密。

（2）粉彩云凤纹管羊毫斗笔。乾隆年间（1736—1795年）毛笔。笔管通长37.6厘米，管径3厘米，斗径7.3厘米，上海博物馆藏。瓷管，通体白地粉彩绘丹凤朝阳纹，凤四周有祥云，下为海水波澜纹，用色虽多，但不失雅致。斗部施仿木纹釉，浅酱釉地上用深酱釉将木材的纹理表现得足以乱真。羊毫笔毫为后配。此笔纹样描绘精细，色彩鲜明柔和，从笔上只有凤纹来看，应是宫中后妃所用。

（3）花梨木管羊毫抓笔。乾隆年间毛笔。管长10.7厘米，斗径5.5厘米，故宫博物院藏。笔管由整块花梨木雕成，通体光素，在两端雕出数道弦纹，突现出木质天成的纹理。羊毫，粗细兼顾，纳毫粗犷，长锋饱满。

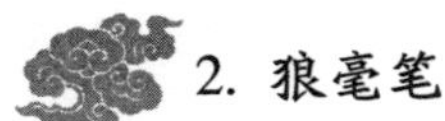

2. 狼毫笔

笔头取黄鼠狼身上和尾巴上的毛制成。以东北产的狼毫最好，称“北狼毫”“关东辽尾”。狼毫属硬毫，比兔毫稍显柔软，比羊毫质地挺拔，宜书宜画，但不如羊毫笔耐用，价格也比羊毫贵。常见的品种有兰竹、写意、山水、花卉、叶筋、衣纹、红豆等品类。

（1）檀香木管云汉为章狼毫笔。乾隆年间毛笔。笔管长18.3厘米，管径0.9厘米，帽长9.3厘米，故宫博物院藏。檀香木管，管身磨制极为光亮，可见自然纹理，上书填绿隶书“云汉为章”。笔帽嵌象牙顶及帽口。狼毫，毫色黄嫩光滑。“云汉为章”语出《诗经·大雅·棫朴》“倬彼云汉，为章于天”句。

（2）象牙管染牙雕螭纹斗狼毫提笔。笔管长17.8厘米，管径1厘米，斗长3.53厘米，斗径3.6厘米，故宫博物院藏。象牙管，通体光素无纹饰。笔斗染牙雕双螭纹，蜿蜒生动，颈部雕一周莲瓣纹。狼毫，笔毫饱满。此笔以染牙雕刻装饰笔斗，具有浓厚的宫廷色彩。

3. 兔毫笔

笔头取兔毛制成。以安徽出产的野兔毛为最好。兔毫又分紫毫和花白两种。紫毫是取兔子背脊（又称箭毫）和尾巴上的毫毛制成，因其色泽紫黑光亮，故名紫毫。花白比紫毫更为挺利。兔毫笔也属硬毫，历史悠久，在长沙出土的战国笔就是用兔毫制成的。

（1）汉笔代表"白马作"。白马作，汉代名笔，于1972年在甘肃武威磨嘴子49号东汉墓出土，甘肃省博物馆藏。笔杆长21.9厘米，约合汉尺一尺，正与王充的《论衡》所谓"一尺之笔"相合。直径0.6厘米，笔头长1.6厘米。笔杆竹制，中空，笔杆上刻有隶书"白马作"三字，是当时"物勒工名"制度的体现。笔头的芯及锋用黑紫色的毫制作，外覆以黄褐色的毫，根部留有墨迹。使用两种硬度不同的毫制笔头，刚柔相济，便于书写，当是早期的兼毫笔。笔杆前端扎丝线并髹漆，杆尾削尖，便于簪带，因为当时有"簪白笔"的习俗。此笔与汉代的笔制相符，也是目前考古发现的最精良的汉笔，可视为汉笔的代表作。

（2）朱漆描金变凤纹管紫毫笔。笔管长19.8厘米，管径1厘米，帽长9.6厘米，故宫博物院藏。笔管为竹胎，通体朱漆描金夔凤纹，间饰缠枝莲纹，黑漆勾边，笔毫为兰蕊式，以羊毫为柱，紫毫为披，腰部凸隆如兰花蕊。此笔纹饰线条流畅，色彩艳丽，笔锋尖齐圆健，制作精致，为宫廷御用佳品。

（3）竹管白潢恭进天子万年笔。康熙年间（1662—1722年）套笔。管长18.8厘米，管径1.3厘米，帽长9.6厘米，故宫博物院藏。竹管，一套百支。笔管上端填金楷书"天子万年"，填蓝楷书"臣白潢恭进"。笔帽顶部贴金黄色纸，兰蕊式紫毫。另有数支为长锋羊毫，笔毫根部用红、蓝、黄、褐诸色花毫装饰。共装于书函式匣内，函套中的笔屉若书本，设计精妙。此笔为地方官员白潢进贡宫廷的，因带有进贡者款识，可推出较为确切的制作年代。白潢，字近微，汉军镶白旗人。清康熙时曾任贵州、江西巡捕，官至文华殿大学士。

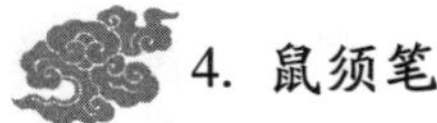

4. 鼠须笔

鼠须笔是用老鼠的胡须做成的，所以性能坚挺。相传著名的"天下第一

行书”——王羲之《兰亭序》就是用鼠须笔写成的。

5. 兼毫笔

笔头用两种甚至多种刚柔不同的动物毛制成。现在的兼毫笔一般使用两种毛制作，如羊紫兼毫、羊狼兼毫。狼毫、兔毫偏硬，羊毫偏软。制作时以硬毫为核心，周边裹以软毫。羊紫兼毫一般按“三紫七羊”“七紫三羊”“五紫五羊”等不同比例制成。羊狼兼毫按尺寸的大小分“大白云”“中白云”“小白云”。也有在大羊毫斗笔中加入猪鬃的，其目的在于加强毛笔的弹性。

（1）红雕漆牡丹纹管兼毫笔。宣德年间（1426—1435 年）毛笔。笔管长 18. 9 厘米，管径 1. 6 厘米，帽长 9 厘米。笔管通体红雕漆牡丹花纹，管、帽插口处均饰回纹一周。笋尖式紫羊兼毫。此笔管、帽采用雕漆工艺，刀法娴熟，花朵饱满，磨制圆滑，具有显著的明早期制笔特征。

除此之外，还有用鸡毛、猪鬃、鹿毛、麝毛、獾毛、狸毛、貂毛、鼠尾、虎毛、狐毛、獭毛、猩猩毛、鹅毛、鸭毛、雉毛、胎发、人须、茅草等制成的笔，可谓五花八门。

（2）竹雕云龙纹管貂毫笔。万历年间（1573—1619 年）毛笔。大管长 23. 7 厘米，管径 2 厘米，小管长 23. 1 厘米，管径 1. 7 厘米。首都博物馆藏，有一套六支此种毛笔，是竹管制作的葫芦式貂毫。管身分别刻双龙戏珠与龙凤穿花纹。笔帽阳文楷书“文林便用”，其外加矩形双线框。纹饰繁密，构图饱满而不拥挤，刀法洗练。

红雕漆牡丹纹管兼毫笔

根据笔毫长短可以分为长锋、中锋、短锋，如特制长锋狼毫、长锋羊毫、中锋兼毫、短锋小狼尾等。

按笔毫软硬程度不同，还有硬毫、软毫的分法。一般狼毫、紫毫、石獾毫、山马毫、猪鬃笔偏硬，羊毫、鸡毫、胎毫偏软。硬毫和软毫有机结合即是兼毫，常见的兼毫以紫毫与羊毫

搭配而成，有“七紫三羊”“三紫七羊”与“五紫五羊”等。

毛笔还可以按笔管材质分类。制作笔管的材料有多种，常见的为竹与木。竹分水竹、斑竹、棕竹、鸡毛竹等，木有紫檀木、鸡翅木、檀香木、楠木、花梨木、沉香木等。另外，玉、金、银、瓷、雕漆、绿沉漆、螺细、象牙、犀角、牛角、玳瑁、水晶、琉璃等，也可以制作笔管，有些还是极为珍贵的材料。

（3）檀香木雕龙凤纹管花毫笔。万历年间毛笔。管长 16.1 厘米，管径 1.5 厘米，帽长 9 厘米，故宫博物院藏。檀香木管，通体浅浮雕龙凤纹，间衬缠枝花卉纹。笔管上端填蓝楷书“大明万历年制”，笔帽顶嵌螺钿，填蓝楷书“万历年制”款。葫芦式花毫。此笔制作、雕刻精美，反映了明代制笔的工艺水平。

宣毫笔的流行

在汉代，制笔业作为一个专门行业刚刚兴起，那时的笔工，已经在笔管上刻上自己的姓名。在朝廷中，也有专门制笔的工匠和制笔场所。著名的笔工路扈，就是专门为皇帝制笔的。到唐代，毛笔的制作开始作为专门行业集中在宣州。那时的宣州，每年都要向朝廷进贡毛笔，宣城已经成为全国的一个制笔中心。

宣州的毛笔，除了每年向朝廷进贡外，当时的文人名士，也都喜用宣笔，并赋诗称赞宣笔。皮日休诗称：“宣毫利若风，剡纸光如月”，白居易的《紫毫笔》和耿湋的《咏宣州笔》都对宣笔给予了高度评价。宣州的制笔名工，有陈氏和诸葛氏。相传他们从晋代便开始从事制笔业，并曾为王羲之制笔，数百年来世代相传，能根据不同时代和不同的书法家的要求来改进制笔工艺。

宋邵博的《闻见后录》中记载：

“宣城陈氏，家传右军《求笔帖》，后世益以作笔名家。柳公权求笔，但遗以二枝，曰：‘公权能书，当继来索，不，必却之。’果却之，遂多易以常笔，曰：‘前者右军笔，公权故不能用也。’”

宋代蔡京之子蔡像的《铁围山丛谈》中，也记载了一个类似的故事，不过笔工不是陈氏，而是诸葛氏。蔡像是这样记载的：我听说唐代晚期，有名士向宣州的守官求诸葛氏笔。而诸葛氏知道这个人的书法很有名气，于是给了两支右军笔。这人并不高兴，宣帅再来索要，又给了十支。那个人仍说不好用。诸葛氏害怕了，因而请宣帅让他看一看那人的书札，然后说像这样的字，给他平常的笔就可以了。前两支笔非王羲之不能用。由此可知，诸葛氏不但工于制笔，而且鉴察识别能力也不弱，所以才能流传近700年。

从以上讲的两个故事，可以知道唐代所使用的毛笔与晋代的毛笔不同，在文献中虽然没有更明确的记载，我们却可以把流传晋代到唐代的墨迹比较一下，也能看出一些端倪。晋代王殉的《伯远帖》，折笔处往往提起再按下，而有的转折则由于没有提起，笔便在纸上拖过，因此便会留下与书法家意志不符的痕迹，如“此”字、“期”字的折笔处，从这里可以看出他使用的是一种吸墨不多、转侧不太灵便的劲毫。陈僧智永的《二体千字文》顿笔处往往有贼毫直出，也是当时有心、有副的毛笔才会出现的特殊痕迹。唐摹的王羲之《万岁通天帖》中，有些粗肥的笔道，还出现开叉，就是因为诸王原迹也是吸水不多的硬笔所写。到唐代，特别是唐代晚期，书法家喜欢使用较为柔软的长锋笔，而不习惯使用劲硬的毛笔。宋代吴曾所见柳公权的《谢人惠笔帖》云：“近蒙寄笔，深荷远情。虽毫管甚佳，而出锋太短，伤于劲硬，所要优柔。出锋须长，择毫须细，管不在大，副切须齐，副齐则波磔有冯(凭)，管小则运动省力，毛细则点画无失，锋长则洪润自由。顷年，曾得舒州（今安徽潜山县）青练笔指挥教示，颇有性灵。后有管小锋长者，望惠一二管，即为妙矣。”我们不知道这是否就是柳公权谢宣帅所赠陈氏或诸葛氏笔的信，但是这却可以证实柳公权确实不习惯使用像晋代那样劲硬的毛笔，而是喜欢较柔软的长锋毛笔。

宣州制笔的名工中，诸葛氏名世时间最长。五代到北宋，只有诸葛氏笔最为知名。五代后唐宜春王从谦“用宣城诸葛笔，一支酬以十金，劲妙甲当时，号为‘翘轩宝帚’，士人往往呼为‘宝帚’”（《清异录》)。到宋代，诸葛笔更是名动一时，宋代的一些文学家和书法家，都纷纷对诸葛笔大加称赞。当时的王公大臣、文学家和书法家都以诸葛笔作为互相赠送的珍贵礼物，并向诸葛氏定制毛笔，诸葛氏也根据他们的喜好和要求，不断改进笔的形制和选毫。从宋代人的笔记中，我们可以知道诸葛笔有紫毫笔、鼠须笔、观文样笔等多种不同选毫和式样的毛笔。

北宋时的大文学家梅尧臣非常喜爱诸葛氏所制的紫毫笔，赋诗称赞：“笔

工诸葛高，海内称第一。"梅尧臣还将诸葛笔赠给当时的文坛盟主欧阳修，欧阳修开始得到梅尧臣所赠送的宣笔，并不喜欢用，大都被别人要去，后来才觉得诸葛笔非常好用，于是深藏起来，并赋诗称赞："宣人诸葛高，世业守不失。紧心缚长毫，三副颇精密，软硬适人手，百管不差一。"

书法作品

欧阳修之后，苏东坡对于诸葛笔更是赞不绝口，他被贬配到海南时，在友人家用诸葛笔书写，惊叹"此笔乃尔蕴藉耳"。他曾经得到唐彦猷所赠送的两束诸葛笔，每束十色，奇妙之极，他说："宣州诸葛笔，擅天下久矣，纵其间不甚佳者，终有家法。"苏东坡所用的诸葛笔是散卓笔。关于散卓笔，叶梦得的《避暑录话》称此笔"盖出于宣州，自唐唯诸葛一姓，世传其业。治平、嘉佑前有得诸葛笔者，幸以为珍玩，云一枝敌它笔数枝。熙宁后，世始用无心散卓笔，其风一变"。散卓笔由来已久，蔡絛称宣城诸葛氏自晋代以来所制笔就是散卓笔。不过，晋代的笔是有芯、有副的，宋熙宁以后所流行的，则是无心散卓笔了。

与苏东坡齐名的大书法家、书画家米芾，同样喜欢用诸葛氏所造的散卓笔，从流传下来的苏东坡、米芾的墨迹看，用这种无心散卓笔写的字非常丰满、肥润，笔头含墨也更多，将他们的墨迹与晋代人的墨迹及临本比较，可以知道宋代的无心散卓笔比晋代的有心散卓笔有了更大的改进。

宋代的另一个大文学家、书法家黄庭坚，也喜爱诸葛笔，不过他所用的是枣心样笔，比苏东坡、米芾所用的笔更瘦硬。诸葛氏制笔能根据当时书法家的喜好而分别特制。宋代的大奸臣也是大书法家的蔡京，喜欢用羊毫笔作大字，他的字"大如椽臂"，诸葛氏便为蔡京制作了"鲁公羊毫样"笔。蔡襄用的笔与诸家也不同，诸葛氏为他特制了"观文样"笔，蔡襄也称赞诸葛高"所造鼠须及长心笔绝佳"。可见宋代的大书法家无一不用诸葛氏笔。北宋一代，是诸葛氏制笔的顶峰。

北宋时以宣州为制笔业的中心，宣城一带有许多制笔名工，仅见于黄庭坚记载的，就有舒城（今安徽舒城县）张真、歙州（今安徽省歙县）吕道人、黟州（今安徽黟县）吕大渊。据《山谷笔说》：“歙州吕道人，非为贫而作笔，故能工。黟州吕大渊，悟韦仲将作笔法，为余作大小笔二十余枝，无不可人意。见余家有割余狨毛，则以作丁香笔，周旋可人。”徽州又有笔工汪伯立，所制之笔与澄心堂纸、李廷珪墨、羊斗岭砚并称“新安四宝”。历阳（今安徽和县）有笔工柳材、柳东，制笔亦得到当时文人的称赞。

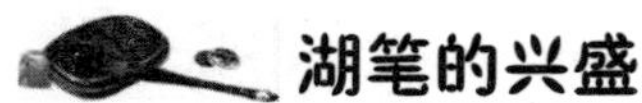

湖笔的兴盛

南宋王朝的南迁，使历来秀美、富饶的江南成了政治、经济、文化的中心。制笔业也随着文化中心的转移，由宣州移到了湖州为中心的江、浙一带，在湖州吴兴、常州、杭州和扬州，形成了新的制笔产地。

常州、杭州等地，自北宋以来便有许多制笔的名工。蔡襄曾经说，常州笔工许頔所造的“二品”笔，并不亚于名盛一时的诸葛高所造的“鼠须”及长心笔。苏东坡也称赞“钱塘笔工程奕，所制有三十年前意味，使人作字不知有笔”。南宋初年的笔工屠希，在诸多笔工中名声最大。他制的笔，不但受到文人的喜爱，也得到了皇帝的青睐。

著名诗人陆游在一首诗中写道：

屠希一笔价必千，绍兴初载海内传。
高皇爱赏登玉几，求书蚤暮常差肩。

晁说之的《赠笔处士屠希》也写道：

屠希祖是屠牛坦，今日却屠秋兔毫。
自识有心三副健，可怜无副一心劳。

南宋以来制笔中心的南移，使江浙间的一些笔工因此而显名，像四明（今浙江宁波市）吕文质、昆陵（今江苏常州市）周寿、姑苏（今江苏苏州市）仲璋及朱元亨、俞询等笔工，都得到了文人书家的称许，而此后宣州的制笔业则渐渐凋敝。金代的著名诗人元好问的《刘远笔》诗，反映了当时制笔业的情形：

老魏力能举玉杵，文阵晓强犹百钧。
惜哉变化太狡狯，向也褐衣金虎文。

宣城诸葛寂无闻，前后两刘新策勋。

谢郎神锋恨太隽，虽然岂不超人群。

如果说北宋以前是宣笔的盛时，那么南宋及元代以后就已经是湖笔的黄金时代了。在元代，不论是进贡给皇帝所用的御笔，还是一些著名文人和书画家所用的毛笔，几乎都出于吴兴笔工之手。江浙之间，笔工云集，超过了当年宣州制笔业的盛时。诗人仇远曾经对江浙间制笔的名工这样评价道：

浙间笔工麻粟多，精艺惟数冯应科。

吴升姚恺已难得，陸震杨鼎肩相摩。

这里所说的冯应科，是元代最为著名的制笔名工，时人将冯应科的笔，与著名书法家赵孟頫的字、钱选的画并称为“吴兴三绝”，可见其名声之盛。也有人把冯应科与苏东坡、朱熹称赞过的宋代笔工相提并论：

坡公诧葛吴，蔡澡朱所褒。

迩来浙西冯，名声相朋曹！

书法家与笔工之间，素有互相依附的密切关系。元代的大书法家赵孟頫，也与一些笔工有所交往。“以一笔之工，数得持笔入禁中”的笔工张进中，与赵孟頫关系颇厚，数次交游。赵孟頫也是历史上择精毫佳笔而著称的一位书法家。他所使的笔有婉转如意者，便将笔剖开，挑选出其中数根最劲健的笔毫储存起来，然后将几支笔精选出的笔毫合在一起，让笔工再缚成一支笔。像赵孟頫这样挑选佳笔，恐怕欧阳通再世，也会有小巫见大巫之叹！后人评价赵孟頫是“上下五百年，纵横两千里”的一代书家，这与笔工们所制的佳笔也是分不开的。

“浙间笔工麻粟多”，以制笔擅长的笔工自然也不只是上面提到的几位。仇远有《赠笔工沈秀荣》诗，对沈秀荣的制笔技艺就给予了很高评价：

近知沈子艺希有，洗择圆齐易入手。

不论兔颖与羊毛，染墨试之能耐久。

郭畀的《客杭日记》，记述了杭州笔工潘又新的笔，能书小楷数千而不伐，因此他连声赞道：“可爱！可爱！”他还有一首《赠笔工范君用》诗，对于元代的另一位制笔名工范君用称赞道：

光分顾兔一毫芒，偏洒春分翰墨场。

得趣妙从看剑舞，全身功贵善刀藏。

梦花不羡雕虫巧，试草曾供倚马忙。

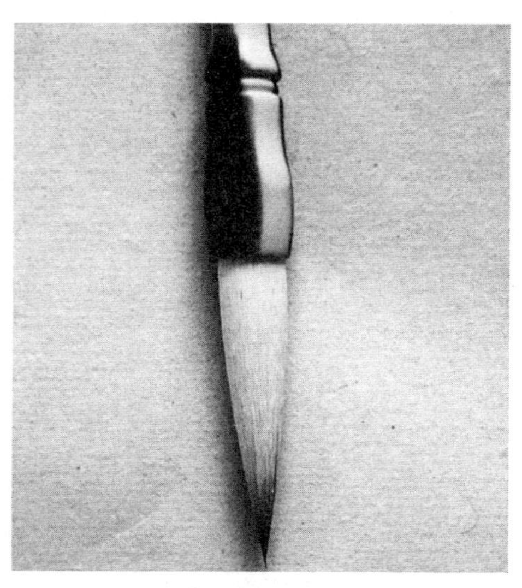
很多书法家都喜用羊毫笔

昨过山僧馀习在，小书红叶拭新霜。

元代时，江浙一带已经成为制笔的主要产地，著名的笔工范君实、许文瑶、温生，都是江浙间人。江浙以外，也有佳笔出产，但远不如江浙笔工的名气大。元代曾任江西肃政廉访使，曾参与《辽史》《金史》《宋史》编修的刘伯温，是出身于西北张掖的少数民族学者，原名为沙剌班。他指授工匠用西北所产的黄羊尾毫所制的羊毫笔，也很受中原地区文人书家的欢迎，有很多文人为其笔赋诗。但这时的羊毫笔还没有在社会上广为流行，直到清代以后，羊毫笔才为更多的书法家所喜用。

明代湖笔之名更盛。屠隆在《考槃馀事》中就写道："大抿海内笔工，皆不若湖之得法。"明朝初年，陆文宝、陆继翁父子制笔的名气最大，他们不仅擅长制笔，也好交结文人名士，因此才得以传名。

明代的制笔业中，商品经济的因素已经相当浓厚，像陆继翁、王古用等湖州的笔工，开始在经济、文化更繁华的金陵开设笔肆，但那时朝廷所用的贡笔，也仍然是出自湖州笔工之手。明孝宗弘治年间（1488—1505 年），吴兴的笔工施阿牛制笔"进御"，笔杆上刻着"笔匠施阿牛"。孝宗认为这个名字很鄙俗，就改施阿牛为施文用，笔工施文用也因此而得以传名。

自宋元以来，文人画已经形成了院派画家以外的一大流派，在明代，以文征明、沈石田、唐寅、仇英为代表的吴门画派，形成了一个文人画派的画家集群，江南之地，荟萃了一大批画家和书法家，这时的毛笔，也开始出现了书笔和画笔的区别。画笔以杭州、扬州所制为佳，而书笔则仍以湖笔为上。明代高濂的《遵生八笺·论笔》中称："画笔向以杭之张文贵首称……扬州之中管鼠心画笔，用以落墨，白描佳绝，水笔也妙。"但写字用的书笔则是"杭笔不如湖笔得法，湖笔又以张天锡为最"。但是在张天锡之后，湖州的制笔业也走过一段弯路，在一段时间里，湖笔中流行一种"细腰葫芦"样的笔头，

这种样子的毛笔，"初写似细，宜作小书，用后腰散便成水笔，即为弃物"。从故宫博物院中所藏的明代笔中，还能见到这种"细腰葫芦"笔头的笔。

清代以前的书法家，都喜欢用较硬的兔毫、狼毫或者是兼毫毛笔。羊毫在兼毫笔中多用来制作笔副。虽然宋元以来也有羊毫笔，但从传世的宋元墨迹看很少有书法家用这种纯羊毫的毛笔作书。明代，羊毫笔开始在硬毫笔之外崭露头角，瞿佑的《羊毫笔》诗，就对羊毫笔的开始崛起大加赞赏。诗中写道：

毛颖年深老不能，中书模画叹难胜。
管城忽现左元放，草泽不容严子陵。
壁上榴皮功可述，门前竹叶事无凭。
刚柔何必吹毛问，耐久真堪作友朋。

这说明这种比兔毫柔软的羊毫笔开始逐渐为人们所接受。清代的乾隆皇帝和翁方纲、刘墉、梁同书等人，非常喜欢使用羊毫笔作书，由于这些人的提倡，羊毫笔开始在社会上广为流行。像邓石如、伊秉绶等大书法家，用羊毫笔作篆、隶，婉转自如，流畅凝重，一生出一番新趣。在这种风气之下，湖州善琏镇所产的羊毫笔，又在各种笔中脱颖而出，成为湖笔中的一支新军。

自明代以来，随着商品经济的不断发展，湖州的笔工开始在北京、南京等政治、文化的中心开设笔肆，因此湖笔已经不限于湖州一地。清代的书法家梁同书，在《笔史》一书中，记载了居住在京师的一些著名笔工，像孙枝发、刘必通等人，都以制笔而擅名。梁同书最为推崇的笔工，有夏岐山、潘岳南，在这些笔工去世后，梁同书还曾作诗追悼。

毛笔的鉴定

毛笔虽然是实用工具，但是，随着社会经济与文化事业的发展，毛笔的制作工艺不断改进，毛笔也日益完善和精美，成为人们所喜爱的一种传统工艺品。因此，从宋代开始，就有人专门收集和珍藏各种毛笔。但是，毛笔不易保存，比如笔头上的毫毛，不仅易坏，而且若年代久远，保管不慎，也易腐变。所以，对古笔的鉴赏，往往更着眼于笔头和笔管方面。

1. 笔头的鉴定

（1）看形制。笔头的形制是为书写、绘画的需要而确定的。古人以竹笋式笔毫为我国传统品类，属于短锋羊毫、兼毫笔类，锋短而粗，形如笋状，落纸凝重厚实，除实用外，给人以鉴赏趣味。又有兰花式笔毫，也是我国传统毛笔品类之一，笔头圆润，洁白纯净娇柔，似含苞欲放之玉兰，给人以秀美之感，赏心悦目。古代还有一种笔毫做成葫芦式，兼毫，圆润坚劲。

（2）以“四德”为标准。古人鉴定笔头，都从实用的角度出发，并有“四德”之说。所谓“四德”即明人陈继儒的《妮古录》所言：“笔有四德：尖、齐、圆、健。”《文房肆考图说》对此解释说：“尖者，笔头尖细也。齐者，于齿间轻缓咬开，将指甲撳之使扁排开，内外之毛一齐而无长短也。圆者，周身圆饱湛，如新出土之笋，绝无低陷凹凸之处也。健者，于指上打圈子，绝不涩滞也。”

迄今为止，书画家和文物收藏界对毛笔笔毫的鉴定，仍沿用着这“四德”标准。

（3）对旧变的检验。除了“四德”之外，对于古笔，因为还要考虑它是否腐变，这就需要进一步的鉴定：看笔尖是否挺顺，光泽度如何，手捋其毛，是否还有毛本身的弹力。一般说来，以不粗糙、泥软者为佳。

（4）品类辨别。如果毛笔年份不很远，或者被认为还能使用的，一般情况下，还应该分辨它是用什么毛制作的。倘若笔杆上刻着狼毫笔，而笔头却是羊毫，那就有问题了。有的毛笔，名头很响，但仔细辨别，它的笔毫质量较差，也不行。简言之，一要确定它是什么毫毛，二要辨别它的真假与品位的高低。

2. 笔管的鉴定

在古笔中，对笔管（包括笔帽）的鉴别，显得十分重要。从内容上讲，它应该包括笔管材质的真伪优劣的识别和工艺、雕刻水平的鉴定两个方面。

（1）对材质真伪优劣的识辨。我们知道，用以制作毛笔笔管的材料多种多样，大致可分为竹、木、玉、瓷、珐琅、象牙、牛角、雕漆、金属等九个门类。一般情况下，对贵重材料制成的笔管，尤其要注意它的真与伪、优与劣。这九个门类的材质，牵涉到许多具体的知识，由于篇幅关系，这里不一一介绍。

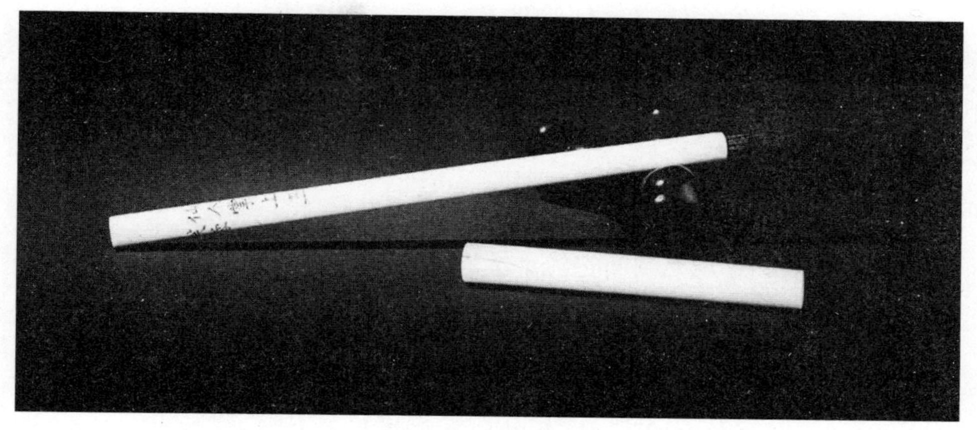

象牙管毛笔

（2）雕工评析。中国的毛笔，自西晋开始，就很注重“丽饰”。王羲之的《笔经》中就有“昔人或以琉璃、象牙为笔管，丽饰则有之”的记载。汉代，据《文房肆考图说》记载：“汉制笔，雕以黄金，饰以和璧，缀以隋珠，文以翡翠。管非文犀，必以象牙，极为华丽矣。”虽说是达官贵人的用笔，但也说明，汉时的毛笔已不仅是书画工具，而且还成为供人玩赏的工艺珍品。到唐宋时期，就更有雕刻装饰极为精美的笔杆出现。据《续本事诗》记述，唐代德州（今山东省德州市）刺史王倚家中，有毛笔一支，比平常的粗。笔管上刻有《从军行》的画面，无论士兵的体态、毛发，还是有空间感的亭、台与远处的河流，都刻得细致逼真，繁而不乱。笔杆上还刻有诗句：“庭前琪树已堪攀，塞外征人尚未还。”古代工匠在周不盈寸的毛笔管上，巧妙地描绘、镌刻山水人物、花卉鸟兽，足以表现工艺的独特、高超。故宫收藏的明代黑漆、彩漆描金云龙、龙凤管笔就更令人叹为观止了。这些毛笔管、笔套均髹黑漆为地，用彩漆描绘山海云龙戏珠纹，大海波涛汹涌，山石耸立其间，浪击山石，惊涛四起，寥寥数笔，勾画出一派海阔天高的意境，衬托出苍龙凌空飞舞，在云中腾越戏珠的磅礴气势。加之彩漆描绘精细，色彩明丽和谐，画面构图主次分明，布局严谨，笔管和笔套镶金扣，就更增添了富丽华贵之感。它的笔头毛色光润，浑圆壮实，葫芦式锋尖锥状，美观挺拔，精工巧制，尖、齐、圆、健四德完备，真不愧为传世文房四宝中的珍品。

现在民间收藏的有些古笔，虽不及故宫藏笔那么华美，但雕梅、兰、竹、菊寥寥数笔也很有风韵。但是，有些“古”笔就不值得去收藏了：竹木笔杆

不直挺者、刻字歪斜、纹饰草率者，那是一点收藏价值都没有的。古人用笔很讲究“心圆管直”，唐、宋开始，又看重纹饰的精致或清丽。倘若藏笔连这两点都搭不上边，“古”意也荡然无存了。

3. 关于古笔的断代与辨伪

所谓“断代”，就是判断它的年份，分析它是什么时期或哪个朝代出产的。辨伪就是识别真假。这件工作虽然有难度，但从以下几方面着手，再加以综合分析，也大致能达到目的。

（1）署名真伪的辨析。先看有无笔匠署名，有无作坊或厂家名称。再与类似的传世作品进行对照，或从相关的史籍中去求证。因为历史上的名匠、名作坊，史籍中都有明确的记载。这叫作“不怕不识货，只怕货比货”。

（2）系统查对。系统地认识和了解各个时代、各个地区的毛笔种类与工艺特征，分清笔产的历史上限、下限时间。

（3）考证铭文。古笔上的铭文，有的是笔工或文人制笔时，自己刻上去的，也有使用者或收藏人后来刻的，这种笔的铭文旁边，一般都有署名。

（4）了解承传过程。事实上，现在民间流传、收藏的古笔，不外乎两种来源：一是祖传的，二是古墓中出土的。因此，这些古笔都承传有序。有鉴于此，收藏爱好者在购置时，或者有人转让古笔时，不妨作一些了解，这样能帮助你做出正确的判断。当然，也有讲不出来龙去脉的，这就需要从各方面去进行考证了。

知识链接

宋太祖与跳龙门

绛州（今山西新绛）文房四宝特别出名，澄泥砚、龙门墨、龙门笔早就名扬天下。绛州毛笔技艺超群，锋颖特好。传说著名的龙门笔还与宋朝开国皇帝赵匡胤有关。

赵匡胤二十几岁时，还一事无成，来绛州投奔父亲的朋友王御史。王御史鼠目寸光，有些瞧不起肚里墨水不多的赵匡胤。留住几天，写一封信把他推给河南洛阳另外一个朋友，走时连一天的路费都不送。

赵匡胤走出王府，摸摸空空的口袋，仰天长叹：“天下之大，资助一笔何其难也！”正好被“跳龙门笔庄”的老掌柜听见，误以为小伙子想得一支好毛笔，连忙走向前去说：“壮士，有幸相逢，一笔何难，我这就送你狼毫两支。”说着从褡裢里取出两支上等“跳龙门”送给赵匡胤，并说：“望你早跳龙门，题名金榜。”

赵匡胤登基后，偃武修文，开科取士。一天忽然想起绛州老掌柜赠龙门笔一事，于是传下旨意：“今年开科取士，应考举子必用绛州‘跳龙门’。”

“跳龙门”一语也非常切合举子们的心意，又是圣旨，自然让绛州笔声名远扬。从此之后，绛州“跳龙门”奉为贡品，受到文人士大夫的欢迎。

第三节 毛笔的制作工艺

古代的三种制笔方法

中国古代，称制笔为“茹笔”，有“含毫终日”之说，即制笔工人在制笔过程中需整天嘴含兽毛进行挑选、精拣。毛笔的制作属于手工劳作，要经过六七十道工序，主要工艺流程则有浸皮、采毫、选毫、分毫、熟毫、扎头、装套、剔毫和雕刻等步骤。其中，选毫、分毫与扎头最为重要，它直接关系到毛笔的质量，体现出工艺水平的高低。

中国制笔已经有2000多年历史，我们的祖先在制笔工艺上，积累了很多宝贵的经验。根据史籍上的记载以及对古笔实物的考证，比较明确的制笔法，有以下三种：

1. 韦仲将制笔法

中国的毛笔自秦代基本定型后，到东汉末、魏晋时期便出现一个明显的转变，那就是兼毫笔的出现。因为自东汉始，中国的书法艺术发展很快，研究书法艺术的笔法，成为一种专门的学问。显然，这是制笔工艺发展所带来的结果。反过来，笔法的深入研究也促使了制笔工艺的精进。东汉文学家、书法家蔡邕在《笔赋》中就提出：毛笔的制作应该“新故代谢”，并记载当时是以冬天的野兔毛作笔毫，削文竹为笔管，加丝漆之缠束形。晋人成公绥所著《弃故笔赋有序》中也有类似的记载。这说明汉魏时期，人们已经很注重笔头的用毫。“时势造就人材”，当时名闻遐迩的制笔名家张芝和韦诞，在中国制笔史上就占有很重要的地位。

张芝，名伯英，年轻时就以品行高洁知名于世。他穷研笔法，草书尤为世人所重，相传他是用笔锋强劲的鼠须笔作书的。张芝善制笔，南齐萧子良赞曰：“伯英之笔，穷神尽意”，并将张芝笔、左伯纸、韦诞墨并举为“三绝”。惜其造笔法，未见书传。

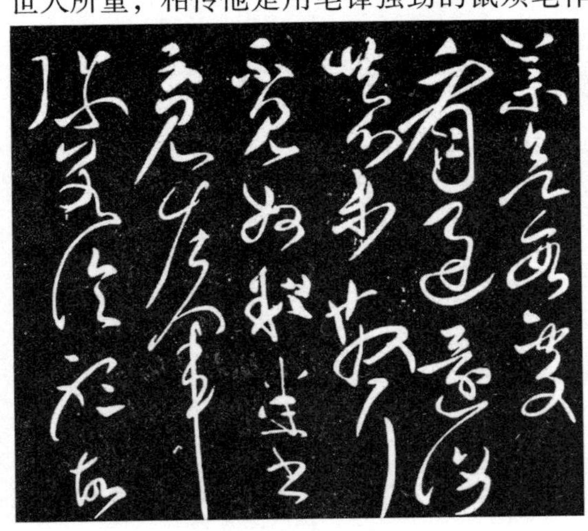

张芝书法

韦诞，字仲将，也是一位多才多艺的能人。他作为当时中原书家之佼佼者，又是制墨能手，亦擅长制笔，人称“韦诞笔”，并著有《笔经》一卷留世，然《笔经》中未具体介绍制笔方法，倒是北魏贾思勰《齐民要术·笔法》中有详细的

记载：

"先于铁梳梳兔毫及青羊毛，去其秽毛，讫。另用梳掌制正毫，毫锋端本各作扁极，令均调平；用表青羊毛，去兔毫头下二分许，然后合扁卷令极固讫。痛颉之。以所正青羊毛截，用以笔心，名为笔柱。复用毫青羊毛使中心齐，亦使平均，痛颉，内管中宁心小不宜大，此笔之要也。"

《齐民要术·笔法》中的上述文字，介绍了韦诞制兼毫笔的具体工艺过程：以兔毫及青羊毛为笔毫，以铁梳选毛并拍毛、整齐，然后分层匀扎，装套。充分反映了汉魏时期制笔工艺的流程和特色。事实上，中国的兼毫笔也正由此产生，并在以后的发展过程中逐步得到了完善。

2. 两晋制笔法

古代，毛笔是文人书写的唯一工具，所以很讲究笔的实用效果。汉魏时期，由于书法艺术的发展，在讲求笔的实用的基础上，开始注重笔头制作过程中毫毛的配伍，三国时魏人韦仲将在这方面迈出了重要的一步。在此基础上，两晋时期的兼毫笔制作以及整个制笔工艺有了很大提高。当时笔的种类很多，且工艺水平也较前进步。这在署名为王羲之的《笔经》中都有所反映。

王羲之的《笔经》记载的晋代制笔方法，着重于两个方面。一是反映当时制笔对采毫、选毫的要求很高，认为只有赵国的兔毫才中用，"赵国平原广泽，无杂草木，惟有细草，是以兔肥，肥则毫长而锐，此则良毫也"。从时间上说，用仲秋时的秋兔毫毛才好，"所以然者，孟秋去夏近，则其毫焦而嫩；季秋去冬近，则其毫肥而秃；唯八月寒暑调和，毫乃中用。其夹脊有两行毛，此毫尤佳"。采选毫毛后，则"以纸裹石灰汁，微火上煮令薄沸，所以去其腻也"，然后选用人发、青羊毛和兔毫，以备扎头，"为令齐平，以麻纸裹柱根令治；次取上毫薄薄布柱上，令柱不见，然后安之"。从这些记载中，我们可以看出，晋时制笔已经比韦诞所处时代的工艺要求高，也更精细。二是在制笔方法上有了改进，具体的操作内容为："桀者居前，毳（短毛）者居后，强者为刃，要者为辅，束之以管，固以漆液，泽以海藻，濡墨而试。"这些既是对制笔过程高度的概括，又反映了当时制笔中的先进工艺标准。

3. 诸葛氏制笔法

中国的制笔业发展到宋代，笔工巧匠不断涌现，制笔技术又向前推进了一步。当时的制笔主要以质量取胜，其中的代表性人物有宣城的诸葛高、诸葛元、诸葛方、诸葛丰等人。他们的制笔方法被后世命名为“诸葛氏制笔法”。

宋代的文化艺术非常发达，还出现了一大批文学大家和书画大家，如欧阳修、苏轼、梅尧臣、米芾、黄庭坚等。当时毛笔的使用十分普遍，于是，笔的质量、笔的寿命问题，就引起了社会的关注。当时，苏轼就很推崇诸葛高。因为当时京城里所售毛笔都有“圆熟少锋”的外表美观，软熟好使，但写了百字开外，笔头就显得软弱无力了。诸葛高制的笔则与之不同。北宋时文学家、宣城人梅尧臣，把诸葛高所制的笔当作家乡土产送给欧阳修。欧阳修得到后非常高兴，就写了诗，题为《圣俞惠宣州笔戏书》，诗云：

“圣俞宣城人，能使紫毫笔。宣人诸葛高，世业守不失。紧心缚长毫，三副颇精密。硬软适人手，百管不差一。京师诸笔工，牌榜自称述。累累相国东，比若衣缝虱。或柔多虚尖，或硬不可屈。但能装管榻，有表曾无实。价高乃费钱，用不过数日。岂如宣城笔，耐久仍可乞。”

欧阳修的感受与苏轼也一样。诸葛氏的制笔为什么会如此受到推崇呢？这正如黄庭坚所言，“宣城诸葛‘三副笔’，笔锋虽尽，而心故圆”。诸葛氏的笔既优，又牢固耐用，是因为诸葛氏发现市上所售之笔，“制毫太熟”，他在制笔时“系笔当用生毫，笔成，饭甑中蒸之，熟一斗饭乃取出。悬水饔上数月，方可用”。

宋时诸葛氏所制之笔，不仅以“三副”名品著称于世，而且它的“无心散卓笔”也另有一功，同样享有盛誉。这种“无心散卓笔”既不用柱毫，也不用心副，而是用两种或一种兽毛参差散立扎成。黄庭坚在《山谷笔说》中曾介绍说：“宣城诸葛高系散卓笔，大概笔长寸半，藏一寸于管中。”由于有2/3的笔头深纳在笔管之中，使用的只是笔毫的锋尖部分，所以弹性自然好，无须再用其他弹性更好的毫料来加健，而且不会有散锋、脱毫之弊。因此，这种笔在当时深受士人青睐。可惜，它的具体工艺操作方法已失传。

宣笔的制作

宣州制笔历史悠久，唐宋时期最为兴盛，虽然在元代以后由于文化中心转移以及战争等原因，其地位逐渐为湖笔所替代，但宣笔生产一直延绵而未中断。

宣笔主要有羊毫笔、紫毫笔以及狼毫笔，下面简单介绍一下它们的制作流程。

1. 羊毫笔的制作

（1）选料。制作羊毫笔以山羊毛为主要原料，其选料极为讲究。据介绍，江苏启东、南通等地所产的本种山羊毛是制作羊毫笔的上等原料，这可能与当地的土壤中含盐量较大或沿海地区水草料营养丰富，同时采取圈养等因素有关。一般在冬至之后一个月左右（农历四九间）宰羊，之后用开水浇烫毛皮，然后将全身的毛煺下，晒干。制作高档毛笔最好选用体重在 10 千克左右（不超过 20 千克）的当年生公羊的毛。上等的细光锋一般长在背部前端与颈根部，一只羊往往只能取 100 克左右。其他部位的毛各有特点，如在胸部取白尖锋，臀尖取黄尖锋，在头部取头爪，脚部取脚爪等。

（2）撕毫。将选好的毛料的根部对齐，然后用牛骨梳梳去绒毛，使之成团状。

（3）腌毫。将羊毛团放在盆中，加水浸泡，或以石灰水腌沤，腐蚀毛根。

（4）上羊毫。将腌沤好的毛团根部的油皮撕去，再梳去其中的羊绒，使之成为片状。

（5）齐毫。用梳子梳刮出羊毛片根部的绒毛，然后用大拇指和食指捏住绒毛部分，在牛骨板上将羊毛的尖部一根根对齐。

宣笔的制作工艺流程——撕毫

（6）压毫。用毫刀将齐好的毛

片按比例依次叠放，最长的是笔尖，第二道比笔尖稍短一些，第三道较第二道又短一些，连续四五个梯次，所有梯次的毛根部都要切齐，这样做可以使笔头成为笋尖形。

（7）尖毫。接着用铁夹将配好的毛片夹紧，用牛骨梳反复梳理。然后打开铁夹，将毛片翻叠后再反复梳理，如此数遍，直到完全混合均匀。毛片在没有充分混合之前有明显的色差，混合之后则看不到明显的色差。

（8）尖衬。采用同样的方法将猪鬃、羊须等衬毛反复梳理均匀，按比例加入毫毛后，再充分混合。

（9）去脂。将尖好的衬毛与毫毛的混合毛片放入盆中，倒入配比好的淡石灰水腌沤，目的是除去毛表面的油脂。此道工序事关笔头的耐用程度，很重要。腌好以后，再经过反复梳理，除去附在其中的石灰渣和杂毛等。

（10）圆笔。用薄刀片取适量的衬毫滚成笔头形，称作笔胎。圆笔时旁边要放一个笔管，通过加减笔毛，使圆出的笔头大小适中，恰好能放在同样大小的笔管中。

（11）盖笔。采用与制作笔毫同样的方法将很细的羊毛制成毛片，用薄刀片取薄薄的一层盖毛裹在笔胎外周，做成笔头。盖笔的作用是使笔头中所含墨汁不外流。

（12）熏笔。将圆好的笔头蘸上稀水胶，防止散开。在平地上撒上一层草木灰，把笔头摆上，点燃硫黄，然后用瓦盆盖住。四五个小时后取出，放在竹筛上晒干。

（13）扎笔头。用松香在油灯下焊笔头，使整个笔头成为一体，然后用丝线捆扎笔头。此工序能防止笔头脱毛现象的发生。

（14）装套。制作宣笔笔杆所用原料有很多，最常用的是竹子。用绞刀、压刀、搓凳等工具，将笔杆的一端挖空。选择合适口径的笔杆，将笔头的根部和笔杆的端孔中抹上适量的胶，然后将笔头插入笔杆。

（15）修笔。笔头粘牢后，用修笔刀对笔头进行最后的整理，剔除其中的杂毛，整理成理想的形状。对于有质量问题的笔头，如果稍作整理可以达到质量要求的，则进行修整；若是问题较大，则拣出。之后将笔头插入调好的水溶胶液中，用力使笔头展开，蘸满胶液，抽出后用手挤捋笔头，使之成为笋头形。

（16）刻字。用平口刀、月牙刀等工具，在笔杆上刻上笔的品名，如“精品云鹤”“纯狼毫兰竹”“精品长锋兼毫”等。

（17）扳笔。对笔杆进行校正，将弯曲的笔杆放在火盆上烤热后，用扳棍修直。

（18）包装。对成品笔进行最后检验，然后将质量合格的产品贴上标签，装盒。

2. 紫毫笔的制作

紫毫笔是宣笔的特色品种，因主要原料是野兔身上的紫毫而得名，原料的产地就是皖南山区，其中以山阴面生长的野兔毛为最佳。紫毫笔的制作工艺流程与羊毫笔相比，主要区别体现在前面原料的加工工序上，故这里仅介绍前几道工序。

（1）选料。从皮毛商那里采购来整张已风干的皮毛，毛质浓厚、毛色发黑的皮毛中紫毫多，为上等原料。

（2）拔毛。将兔皮放在地上，光面朝上。蘸适当浓度的碱水涂抹皮的表面，几分钟之后，再将用草木灰和石灰液调制的糊状物涂在皮面上。静置四五个小时后，就可以很容易地拔下毫毛。拔毫毛时主要选择其中的紫毫，方法是右手握木尺，用大拇指将毫毛压在木尺上，拔出后，放在左手中。每千只山兔仅有 50 克左右的紫毫，故有“紫毫之价如金贵”之说。

（3）腌毫。将紫毫做成团状，放在石灰水中腌制，然后做成片状，将长锋紫毫选出来，其余的下脚料用于制作兔毛深锋。

其余流程同羊毫笔大同小异，不再赘述。

3. 狼毫笔的制作

制作狼毫笔主要原料是黄鼬（黄鼠狼）尾巴上的毛，以山海关外的原料为佳，称“辽尾”。猎人在捕杀黄鼠狼后，取下尾巴，剪开后去除骨头，晾晒干燥后，作为原料出售。经过石灰水腐蚀，就可以取下狼毫。后续工序与羊毫笔大致相同。

湖笔的制作

湖笔因产于湖州而得名，产地主要集中在位于湖州市区东南35公里的善琏镇。善琏制笔业据说可以追溯到晋代。南宋之后，由于政治、文化中心的南移，加上多年争战，宣州的笔工大多徙居江南躲避战乱，宣州制笔业日渐凋敝，湖州善琏制笔业逐渐兴盛。到了元代，出现了冯应科、张进中等制笔名匠，湖笔声名鹊起，取代了宣笔的地位。据明代《弘治湖州府志》记载："湖州出笔，工遍海内，制笔者皆湖人，其地名善琏村。"从元至清，善琏镇几乎家家制笔，名匠辈出，湖笔工艺日臻完美，蜚声海内外。

湖笔除羊毫和兼毫外，还有紫毫、狼毫、鸡毫等多个类别。不同类别的笔，制作工艺也有较大差异，但总体来说，湖笔的主要制作工艺流程可以简单概括如下：

1. 采料

笔之所贵在于毫。制作上等毛笔对笔料毛的产地、采集季节及部位均有严格要求。湖笔的羊毫原料过去主要来自太湖流域到江苏南通（杭嘉湖）一带，兔毫主要来自安徽皖南山区，狼尾来自东北。笔管料除青梗竹管从本地安吉山区采集外，其他竹质笔管则是从中西部地区采办。山羊毛、山兔毛和竹笔管料均须在冬季采集，称为"三冬"。原料毛按长短、粗细、色泽、有锋或无锋等不同，分成几十个品种，供制作不同种类、形制、品质的笔选用。

2. 水盆

又称水作工，是湖笔工艺最复杂、最关键的工序之一，其中又包括多道子工序，如羊毫水盆要经过抖、联、挑、合、圆等15道工序，兼毫水盆要经过浸、列、配、做、搅等22道工序，狼毫水盆要经过拔、中、索、做、起等13道工序，等等。此道工序是要将浸在水盆中的笔毛理顺，带湿剔除不适合做笔的杂毛、绒毛、无锋之毛等，并整理成半成品的笔头。羊毫水盆既要剔除断毛、杂毛，又要将锋颖长短不一的毛理开，以达到"肩架齐，黑子明"。兔毫水盆属于兼毫水盆，也要按色泽、性质、软硬等不同，一根一根地挑选，

精分成紫毫、白毫、花毫等类别，即使在一支笔头中也不允许混有一根杂毛。

湖笔对锋颖的讲究，最能体现湖笔工艺的独特风格，湖笔因此又称“湖颖”。颖是指笔头尖端一段透亮的部分，笔工们称之为“黑子”。对黑子的要求是“肩架齐，黑子明”。“肩架齐”指笔头透亮部分的下端界线分明而平齐，意味着每一根笔毛的黑子部分要长短划一，锋颖缺损或过长、过短的毛都要在水盆和择笔的工序中除去。“黑子明”即是锋颖段越透明越好。这种笔蘸墨书写时，按下去笔毛散开而饱满、整齐，提起来笔锋收拢仍是尖锥形。以羊毫来说，每只山羊平均只出三两笔料毛，有锋颖的更是只有六钱，可谓是“千万毛中选一毫”，湖笔也因此赢得了“毛颖之技甲天下”的美称。

水盆工序中还有一个将毛脱脂的过程。方法是用石灰水将笔毛根部脱脂，而笔毛锋尖的脱脂则用较长时日的“日晒夜露法”，不使剧变损伤锋颖，同时使毛色也更白嫩，笔工俗称为“人越晒越黑，羊毛越晒越白”，这也是湖笔工艺的独到之处。

做笔头是先用薄刀片取适量的衬毫，滚成笔头形，称作笔胎。圆笔时旁边要放一个笔管，通过加减笔毛，使圆出的笔头大小适中，恰好能放在同样大小的笔管中。

斑竹笔管

3. 结头

也叫扎毫，水盆做好的半成品的笔头，送到这一道工序进行结扎。然后用熔化的松香滴于笔头根部，使笔毛不易脱落。结头工序要求笔头底部平整，线箍深浅适当。捆扎黏合牢固，防止脱毛和笔锋不齐。

4. 蒲墩

精选笔管的工序，笔管料以细竹杆为主，包括青梗竹、斑竹等。为突出装饰功用，也有以紫檀、花梨、金、银、瓷、象牙、玳瑁、琉璃、珐琅等材质制作笔管的。在逐根的挑选中，把干裂、虫蛀、皮色苍老、粗细不匀的笔管剔除，并按笔的各个品种规格要求，分类选出色泽、粗细、杆长一致的笔管。

5. 装套

包括两个部分，一是装笔头，将精选出的笔管进行挖孔，把结扎好的笔头安装其中；二是为装好的笔配制笔帽。装套工序的技术难点在于“车”，即在笔管中挖孔。孔的大小深浅要正好适合所套之笔头。质量要求挫头平、脐口齐。湖笔有“毫毛不脱”的美誉。

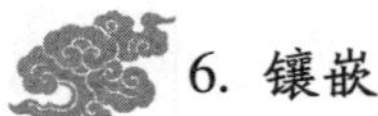

6. 镶嵌

属于对某个种类毛笔的笔管进行装饰的工序。此类笔一般用湘妃竹、凤眼竹以及象牙、红木、檀木等材料为笔的主杆，再用牛角（后用有机玻璃）进行镶嵌，使笔管造型更美观。其中分镶头（笔头端）和镶尾（笔尾端）两种。

7. 择笔

又称为修笔，是湖笔工艺中的关键技术环节。择笔是对前面工序形成的半成品毛笔进行最后检验并修整的工序，要将影响内在和外观质量的笔毛剔除，并将笔头整形，最终达到尖、齐、圆、健的品质要求。择笔工序一般要

经过注面、挑削、择抹等子工序。择抹是把笔头捻成形的工序，行话叫“择三分，抹七分”，羊毫笔头要求的“光”和“白”就是靠手抹的技巧来体现的。因此，择笔工种的学徒首先要苦练基本功，待手势准确，方可进行实际操作。笔头的“圆”和“塌”也全凭择笔工手感进行修整。

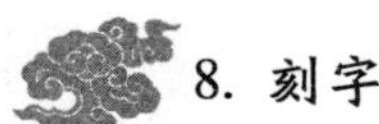

8. 刻字

这道工序是在笔管上刻上各种字体的笔的品名和生产厂家名号。刻字也是功夫颇深的工种。各种笔画的刀法称为点、划（横）、挺（竖）、撇、捺、踢（挑）、钩。刻写时的笔顺并非按书写笔顺进行，而是一次性刻好各个字的相同笔画，再刻另一种笔画，要求刻字工对字体笔画的结构和字的排列谙熟于心。要求刻写字体排列均匀，纵向如“一支香”，即字的整体垂直度不能超过一支香的偏差。字体镌刻要不拼刀、不偏刀、不漏刀、不脱体，画头要平整。

此外，还有贴商标、包装等工序。

毛笔有四德：尖、齐、圆、健。“尖”指笔锋尖如锥状不开叉，利于点撇钩捺；“齐”指笔毛垂直整齐，散开后顶端平齐无参差，吸墨饱满，吐墨均匀；“圆”指笔头浑圆匀称，不凹不凸，书写圆转如意；“健”指笔毛健挺，不脱不败，书写时收放自如，富有弹性，收笔后笔头恢复锥状如初，且毛笔经久耐用。湖笔选料严格，每道工序操作都能做到一丝不苟，注重笔头形、色及笔管、刻书、装潢等方面完美统一，所以能在中国制笔业中独领风骚。

知识链接

古今称道的宋笔

四川嘉州（现乐山）“宋笔”是知名的毛笔品牌。

相传苏东坡曾到嘉州凌云山游玩。当时此处新建一亭，寺僧仰慕苏轼

文名，便拿出当地制作的一支大抓笔请他为亭题名。东坡饱蘸浓墨，欣然题写“清音亭”三字，众人拍手叫绝。苏东坡笑道，不是我的字好，而是这支笔好。不久，北宋另一位大书法家、诗人黄庭坚来嘉州，也用这样的大抓笔写下了“方响洞”三字。苏、黄都是大名家，在此题字以后，二公所用之笔也被后人冠以“宋笔”之名。

千年“宋笔”发展到今天，又增加了新的特色。不仅有一般制笔所用的健毫和柔毫，还含有峨眉山区特产的一种强毫。在制笔时，采用特定工艺，使这种强毫与健毫、柔毫配合得体，刚柔相济。著名画家徐悲鸿题词称赞道：“嘉州产名笔，工艺甲西南。”

第三章

金壶“墨”汁

墨是古代书写中必不可缺的用品。借助于这种独创的材料，中国书画奇幻美妙的艺术意境才能得以实现。墨的世界并不乏味，而是内涵丰富。

第一节 古墨的历史

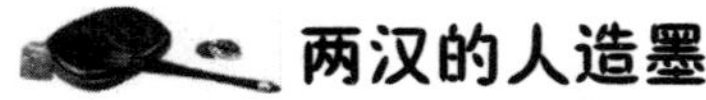

两汉的人造墨

墨在汉代已有一定规模的生产。汉初时，人们还不乏有以木炭磨碎后当作墨来进行文字书写的事情，这为后来出土的实物所证明。1927 年，我国西北考察团在发现“居延笔”的地方，还发现了一些木炭，经考证，这就是古人用以磨墨进行书写的“墨块”。这时的人造墨仍沿袭秦时的制作方法，没有什么固定的形制。1975 年上半年，在湖北江陵楚故都纪南城内凤凰山 168 号西汉墓中，发现了许多大小不等的碎墨块，其中有两块稍大一些的，可以拼合起来，但仍很难看出形体。经有关人员研究，这和秦墓中出土的墨一样，都属于早期的烟子墨，没有制成墨锭，仍用研石压住研磨使用。清代学者桂馥在《说文解字》注释中说：“汉以后，松烟、桐煤既盛，故石墨遂堙废。”文中所说的烟子制墨和秦墓出土的墨块相合。

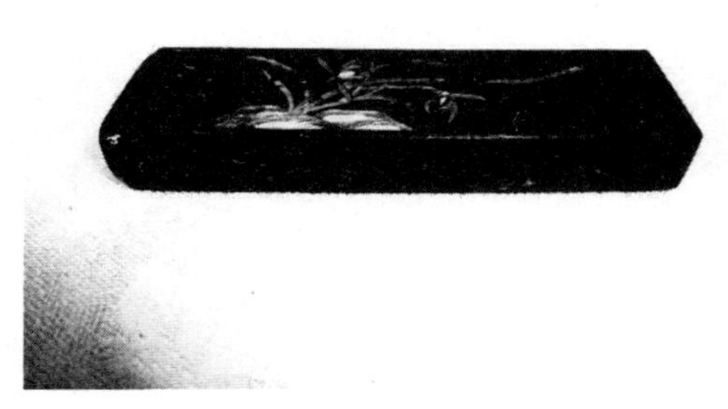

墨锭

东汉时，墨的制法有了较大的进步，较为规则的墨锭，已供人们用手直接拿着研磨了。成形的墨锭问世既方便了磨墨，又精减了文具中的累赘，从此，砚的附件研石就销声匿迹了。所以从东汉以后的墓葬中出土的文物来看，只有石砚而没有研石了。近年来，在河南陕县

刘家渠东汉墓中出土的五锭残墨，其中三锭由于地下潮湿、年长日久而变成粉土，另两锭尚保存部分残体。据有关人员细察鉴定，其墨质坚实细腻，为松烟所制，外皮层皱纹清晰，纯属墨模压制而成。这一发现，在我国制墨史上有着重大的意义。

汉时的主要产墨区，多集中在扶风（今陕西凤翔）、隃麋（今陕西千阳县东）、延州（今陕西延安）等地。其中尤以隃麋为最，当时该地区生长着大片大片的茂密松林，人们盛行烧松枝取烟作为制墨的主要原料，然后添上其他药料加工制墨。从此，隃麋以造佳墨著称于世。后来“隃麋”也成为墨的代称。后世制墨的人也都以“隃麋”命名，来表示墨的质量精良、技艺绝佳。当时，“隃麋”墨成为官府中不可缺少的必备之物，宫廷中特意设置了掌管笔、墨、纸以及封泥的专职官员，《后汉书·百官志》中有详细的记载。据说掌管此物的人员，将笔、墨、纸等按月发给官吏们使用。应劭的《汉官仪》中说：“尚书郎起草，月赐隃麋大墨一枚，隃麋小墨一枚。”除此，当时还有一种特制的香墨问世，可能是掺上香料所致。《东宫旧事》中记载：“皇太子初拜，给香墨四丸。”当时制作的这种香墨为何质地，尚无实物可查，但足见当时制墨技艺已达到一定的水平。东汉人赵壹的书法理论专著《非草书》中就有“十日一笔，月数丸墨，领袖如皂，唇齿常黑”的语句，虽是极力讽刺当时那些不顾国事的迂腐儒生之词，但却是用墨的记载。从以上记载中我们可以看出，汉时制墨已有了相当的规模。它不光在墨的形制上有一个大飞跃，而且在规格上也有大小之变化。并始以“枚”“丸”作为墨的计量单位。

汉末，还有用“石墨”当作墨来使用的，这种“石墨”既可用作书写，也可燃烧。其实“石墨”即是煤。在我国古代文献中，煤先秦称石涅；汉魏名石墨；晋至隋唐称石炭；宋元明至今才叫作煤。汉时，煤的采掘较为发达。一些文人墨客仍将煤作为一种天然墨，用于书写之中。汉献帝建安十五年(210年)，曹操在邺地修筑铜雀台、冰井台、金虎台三台。其中冰井台为藏煤之处。晋陆云曾写信告诉他的哥哥陆机：“一日上三台，曹公藏石墨数十万斤。”北魏地理学家郦道元的《水经注》中载：“邺都铜雀台北日冰井台，高八尺，有屋一百四十间，上有冰室数井，井深十五丈，藏冰及石墨焉，石墨可书。”而其他一些古籍，如《陆氏邺中记》《荆州记》《祈安郡记》等均有石墨的记载。当时用这种墨来书写，未掺入胶质，缺少光泽，正如元陶宗仪的《辍耕录》所说：“中古以石磨汁”用来书写，可见这石就是石墨。随着

人造墨的出现，石墨在书写领域的运用逐渐减少。

汉时，松烟已成为造墨的主要原料。宋赵希鹄《洞天墨录》中说：“古墨唯以松烟为之。”东汉著名学者许慎的《说文解字》中释：“墨者，黑也，松烟所成土地。”用松烟制墨，色黑质细，体轻易磨，为人们所喜用。这一时期人造松烟墨大兴，为我国以后制墨业的发展，奠定了良好的基础，为书法艺术的发展，提供了必不可少的物质条件。

魏晋南北朝制墨的发展

魏、晋、南北朝，是战争频繁，政治上动荡不安的时代，但各个政权为了粉饰升平富庶，都较注重文化事业的发展，这客观上刺激了制墨业的生产。

汉时大量的人工松烟墨的制作，直接影响到魏初，当时墨的主要产区，除汉时已具相当规模的陕西扶风、延州一带地区外，其制墨中心逐渐向江南山林等地发展。其制墨原料主要是承袭汉时烧松取烟质制墨的传统做法。宋晁贯之的《墨经》中记载：“古用松烟、石墨二种，石墨自魏、晋以后无闻，松烟之制尚矣。”显然，当时制墨是以松烟质为主要原料。在人们的实践中，松烟墨的书写效果远远超过质劣的自然石墨，石墨遂被取而代之。其墨的使用也具有相当的普遍性。魏初著名诗人曹植曾有“墨出青松烟，笔出狡兔翰，古人感鸟迹，文字有改刊”的名句传世。从中可见当时文人均以松烟墨来书写。

据史料记载，当时制墨，已经相当考究。在烧松取烟质的基础上，经过漂、筛，除去杂质后，再配以上等皮胶、麝香、冰片等贵重药物加工制作而成，使墨馨香扑鼻，且能防蛀防腐。这一较早的松烟制墨法，当数魏书家韦诞首创。

韦诞，字仲将，京兆（今陕西长安）人，他善于总结前人的经验，制出了为人称颂的佳墨，人称“仲将墨”或“韦诞墨”，以至于后来人尊他为制墨的发明人、祖师爷。其制墨法，宋苏易简的《文房四谱》卷五《墨谱》中有详细的记载，现录于此：“今之墨法，以好醇松烟干捣，以细绢簁于缸中，簁去草芥。烟一斤以上，好胶五两，浸梣皮汁中。可下去黄鸡子白五枚，亦以真珠一两，麝香一两。皆别治细簁，都合调下铁臼中，宁刚不宜泽，捣三万杵，多亦善。不得过二月九月，温时臭败，寒则难干。每挺重不过三两。”

韦诞墨首开以贵重药物珍珠、麝香制墨的先例，又用其胶使零散无形制的碎墨黏固并使其富有奇丽的色泽，质量大大提高。宋赵彦衡的《云麓漫抄》中记载：“萧子良答王虔书曰：‘仲将之墨，一点如漆’。”明高濂《遵生八笺》中也有此说：“又若仲将之墨，一点如漆等类，皆古名墨也。”汉末大书法家蔡邕作书时，也偏爱韦诞墨。

正是由于韦诞发明了这种“捣烟和胶”的制墨法，使得魏时制墨开辟了新的天地。当时制墨多讲究烟细胶轻，因胶是一种具有黏性的物质，胶轻则有力，烟细易于凝固成形，二者配合相得益彰。墨的光彩因胶而显，由胶而发，黝黑泛有光泽，真可谓尽善尽美。当时造墨、选墨、评墨也多以此为标准。三国时，江东吴国书家皇象曾评论当时的好墨“多胶黝黑”。

晋时，松烟墨的制作生产中心，已在江南山林区扩展开来，江西庐山就是一地，其间松林繁多，真可谓取之不尽，用之不竭。其制墨原料多以此地为贵。所制之墨，深为当时书家所喜爱，非此地佳墨不轻易下笔。东晋女书法家卫夫人在《笔陈图》中说：“其墨取庐山之松烟，代郡之鹿角胶，十年以上，强如石者为之。”从此可看出当时的书家对庐山松墨之偏爱，也证实了当时确有高质量的制作生产。

除松烟墨的生产外，当时还有一种以漆烟、松煤混合制作而成的墨，形圆如丸，故称墨丸。元陶宗仪的《辍耕录》载：“至魏、晋时始有墨丸，乃漆烟、松煤夹和为之。所以，晋人用凹心砚者，欲磨墨贮沈耳。自后螺子墨，亦墨丸之遗制。”这种从墨、砚相互作用的关系上所做的解释，是非常有说服力的。砚是磨贮墨汁的凹心砚，墨丸就是用手拿着研磨成锭的圆形墨。“墨丸”一词到后来，已成为墨的通称，宋代诗人陆游的诗篇中就有“香缕映窗凝不散，墨丸入砚细无声”的著名诗句。1974 年上半年，江西省博物馆在清理南昌市区的两座东晋墓时，就发现了两件墨块：一块圆柱形墨，长 9 厘米，直径 2. 5 厘米；另一块长 12. 3 厘米，由于长期被水浸泡，已变形制，但仍可判断为长形墨块。其墨纯佳，墨的成分与现代墨大致相同。这一实物的发掘出土，充分证明了当时墨不仅具有易于研磨的成挺的固定整墨形制，而且墨制技艺已具有相当高的水平。同墓发掘的木方上有用墨书写的文字，虽经若干年潮湿浸泡，仍墨色清晰，字迹可辨。这就是墨质佳绝的最好注脚。北京故宫博物院现存西晋陆机的《平复帖》就是当时墨书真迹，距今 1500 多年，其墨色不褪无损，曾被人称为“法帖之祖”，誉为“晋初开山第一祖墨”，比

王羲之的《兰亭序》还要早100多年。

晋时，特别是西晋书法已成为最重要的艺术，晋武帝提倡立书博士，并设弟子员，教习书法，一时间学书习字成为时尚，这就有力地促进了当时制墨业的发展、制墨技术的改进、制墨质量的精良。反过来讲，佳墨的制作，又为书家发挥艺术创造力，提供了极大的方便，为使墨迹千古流芳奠定了物质基础。如王羲之、王献之的墨迹，至今已千余年，依然如初。

晋时，由于墨的定型、完善和质量的提高，使之成为文房中必不可少的一宝。因佳墨珍贵，当时墨也成为进献皇帝的贡品、友人之间的赠礼和死者的殉葬物品。这种时尚对后世影响很大。

松烟墨

南北朝时，制墨业由南向北发展，南有庐山松墨，晋时已声名大噪；北方“易墨”初露头角。易墨因产于河北易州（今河北易县）而名。易水流域，历史上多古松，这一得天独厚的自然条件，使得当地人们大多从事制墨业，其量大质佳，为其他地区所不及。据有关文献记载，易县产佳墨与名砚，因制墨、砚具有独特的技艺，墨有“易水法”，砚称“易水砚”。易墨之名，见于古人书学著录中，南朝齐书家王僧虔的《笔意赞》中称：“剡纸易墨，心圆管直，浆深色浓，万毫齐力……骨丰肉润，入妙通灵。”文中把晋时产于剡溪（今浙江省嵊县）的竹藤名纸和易墨并誉。随着制墨技艺的提高、质量的改进和用墨的广泛普及，研究制墨的著录文章也相继问世。北魏贾思勰的《齐民要术》中已较详细地记载着墨的制作方法，这也是世界上最早的关于墨的科学文献。其中“合墨法”中说：“好醇烟捣讫，以细绢筛于内，筛去草莽细沙尘埃。”这样做，醇烟黑浓，捣之质细，细筛墨纯。此时，墨的种类也较前代为多，如果药多、味香，所制

之墨必定是精品。可见南北朝时，在造墨技艺上，已总结了较为丰富的经验，松烟墨也成为当时诗文所赞的题材，南朝宋文学家鲍照《飞白书势铭》诗中就有“霑此瑶池，染彼松烟”的佳句。

当时的制墨家，据南朝书家沈约所著《宋书》中载：“张永善隶书，又有巧思，纸及墨皆及营造。”名振当时，宋文帝乃诏张永为宫中制作御纸御墨。南朝宋书家虞和的《论书表》中记载：“张永除更制御纸外，又合秘墨，美殊前后，色如点漆，一点竟纸。”可见技艺高超。

在北朝时期，墨除用于书写外，还被作为一种惩罚人的用物，但比起周代的墨刑来，却是小巫见大巫。唐李百药的《北齐书》中记叙了当时“罚喝墨水”的故事，北朝的北齐侍中黄门郎，要求各郡官员向朝中书写文书时，必须抄写清楚，字迹工整，否则“凡字迹潦草滥劣者，罚喝墨水一升”。这一规定，还真的杜绝了当时那种不严肃的文风。此法当时被学堂采用，唐杜佑撰《通典》书中记载了当时通行的一种“课试”方法，凡考试成绩低劣者，罚“饮墨汁一升”。清周亮工的《因树屋书影》中也有记载：“北齐策秀才，下者饮墨汁一升。”下者，也就是成绩低下的考生。因考试成绩不及格者而罚饮墨水一升，实在过于苛刻。后来人们便以此批评那些字迹潦草、文风不严的人或用此指责那些不符合实际的离奇的惩治方法。

纵观魏晋南北朝时期，墨的制作同其他书写工具一样，无论从数量和质量上，都超过了以前任何一个时代。墨的定型、完美，为这一空前繁荣的书法黄金时代，提供了物质前提。

隋唐五代制墨水平的提高

唐代是中国封建社会政治、经济、文学艺术发展的鼎盛时期。为适应这一发展的社会需要，中国制墨业及制墨工艺水平也有了较快的进步。原有的制墨中心——易州亦有了很大的发展。一方面墨工大量增加，以生产更多的墨，为文人雅士所用；另一方面，不少著名的书画家自己也动手，或找人专门制墨，并成为一代制墨名家。例如著名的大篆书家李阳冰，他所制的墨被誉为“坚泽如玉”。据记载，唐明皇李隆基为了抄写四部书，命“太府”每季供给抄写笔工们的“上谷墨”（易水时称上谷郡）达360丸之多。宋代何薳的《墨记》中载：唐高宗的一笏镇库墨“重二斤许，质坚如玉”。

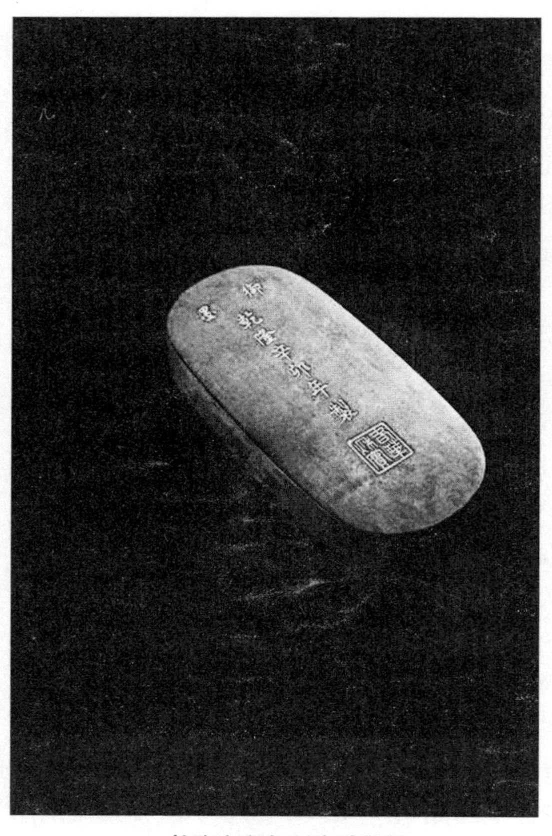

乾隆辛卯年制朱砂御墨

由于制墨水平的提高，墨在绘画方面的作用和意义大大得到提高。武则天时，著名的花鸟及人物画家殷仲容，首创了画花卉的“墨笔点染法”。他画花卉只用墨巧妙点染，就会产生如兼五彩的艺术效果。著名的画家钟隐画物以墨分相背，著名画家邱余庆画花草昆虫，施墨色深浅以衬映，显得特别生动。

当时，一些著名的诗人在作诗会友的时候，时常以墨送友，附诗抒怀，赞墨传情。大诗人李白，写下一首专为接受赠墨的诗——《酬张司马赠墨》：

上党碧松烟，夷陵丹砂末。
兰麝凝珍墨，精光乃堪掇。

诗人在诗中点出了名墨取用的名料：上党的碧松与夷陵的丹砂，再加兰麝配制而成。它的精致程度是不能用文字来表达的。

高僧齐己，也是唐代著名的大诗人。他在得到友人赠送的名墨后，喜出望外，马上写了一首五律：

珍重岁寒烟，携来路几千；
只应真典诰，消得苦磨研。
正色浮端砚，精光动蜀笺；
因君强濡染，舍此即忘筌。

诗人讲：由几千里地运来珍贵的“岁寒”，只应用于皇家写“典诰”，我可不敢用！既然要让我试一试，恭敬不如从命了。诗人试了一下，效果极好，以至于把平生珍爱的其他东西全忘了。

还有许多诗人有赞墨的名作、名句，如高适："起草征调墨，焚香即宴娱"；孟郊："偷笔作文章，乞墨潜磨构"；李商隐："试墨诗新竹，张琴和古松"；陆龟蒙："怜君残墨风流甚，几度题诗小谢斋"，等等。

唐代制墨工艺发展的显著标志是，在墨锭上开始印上字迹，丰富了墨的艺术成分和色彩。例如唐高宗时的镇库墨，上面印有铭文"永徽二年（651年）镇库墨"。1972 年，新疆吐鲁番阿斯塔那发掘了一座唐墓，内有墨锭一枚，扁而长，两头作圆形，长 1.4 厘米，中为白底，上有墨色阴文"松心真"三字。

唐代制墨业的发展，推动了中国雕版印刷的发明与盛行。雕版印刷需要先将墨刷在版上，然后再铺纸印刷，所以雕版又称"墨版"。唐太宗的长孙皇后遗著《女则》的印刷，是中国最早的刻本书之一。到印度取经的高僧玄奘，曾携带中国最早的雕版印刷画像之一——普贤菩萨像。当时，朝廷的命令、文告等也开始用墨印刷后发送，时称之为"邸报"。

据现有史料及实物看，自唐代开始，中国有了用纸在碑刻上拓印文字的拓本（片）。而今天仍可见到的唐拓，如敦煌莫高窟藏经洞的《柳公权书金刚经》拓本，其墨色深晰，拓字字口生辣，反映出当时墨的质量已经达到很高的水平。

普贤菩萨像

唐代的繁荣，加强了内地与边疆、中国与邻国的友好交往和文化交流。墨，作为一种高雅的文化精品亦流传四方。例如，唐贞观十六年（642年），文成公主远嫁西藏时，就带去了很多名墨和墨工。在新疆出土的唐代文物中，也有不少唐墨。另外同朝鲜、日本等国的交往，使中国的制墨工艺得到广泛的传播，推动了邻国制墨业的发展，有的还将其生产的精品墨贡于唐朝。

五代时期的制墨特点是：制墨中

心南移，制墨高手相继涌现，油烟墨出现和徽墨初步形成。

五代时期，北方战乱频繁，很多文人雅士南迁，一些传统的工匠艺人，也纷纷逃到南方谋生。其中，易水一带的制墨名工奚超等，携家带艺来到了长江以南的歙州（今安徽歙县），见该地的松林适于制墨，便定居下来，重操旧业。以后，又陆续有墨工前来，逐渐形成一个新的制墨中心。

五代时期的制墨业，主要从南唐发展起来。其主要原因是南唐的几代统治者注意国事统治，使其在中原战乱的包围中，形成一块较为安定的社会环境。再加之其国内经济繁荣，皇帝又酷爱吟诗作画，使各地的文化名人云集其国内，而且专门成立了画院。由于南唐社会安定，文化艺术繁荣，要求墨的制造有所发展。而奚氏一家定居的歙州，山清水秀，经济发达，交通便利，特别是当时的宣州、歙州一带的松树与易水之松相同，是古松的盛产之地，与黄山、黟山、松罗山之松树都是制上品松烟墨的好原料。优越的社会环境和自然条件使奚氏家族的制墨工艺有了超前的发展。奚氏家族制墨精致，深受南唐后主李煜的赏识，赐其家国姓为“李”，奚超被封为“水部员外郎”。从此，奚超成为李超，奚廷珪成为李廷珪，以下诸儿孙皆为李姓，其家制的墨称为“李墨”，并且世代被封为墨务官。李氏一家的制墨法，从五代的南唐一直延续到南宋，所制之墨先后被称为“供御香墨”“新安香墨”“歙州李廷珪墨”“歙州供进李承晏墨”“歙州供进李承晏男文用墨”“歙州供进墨务官李惟广墨”等。李氏一家的制墨工艺代表了五代至南宋的水平。

此外，在歙州的制墨名家还有耿姓一家，其中有耿遂仁、耿文正、耿文寿、耿德、耿盛等。在宣州又有盛姓一族，其中有盛匡道、盛通、盛真、盛丹、盛信、盛浩等。这些制墨世家，对推动五代至南宋制墨业的发展，起到积极作用。

五代制墨工艺仍以李氏为代表，李廷珪尤为突出。李廷珪的贡献主要在于创造了“对胶法”与对胶中的分次和入技术，以及在原料中加上了中药，使墨锭能防腐、防蛀，久贮不变，且香气袭人。据宋范正敏的《遁斋闲览》中记载：宋代大中祥符（1008—1016 年）时，有一官宦偶然将一丸李廷珪墨掉进水池，他以为墨一定会被水浸湿变形，所以没去捞它。过了一个月，他在这个小池边喝酒，不小心又把一件金器掉进水池。于是赶紧命令水性好的人，下水去捞。结果，不但取回金器，而且还取回来那丸墨。出乎意料的是，墨不但没变形，反而光色不变，表里如新。这个故事，后被人传成“置之水

中，三年不坏”。

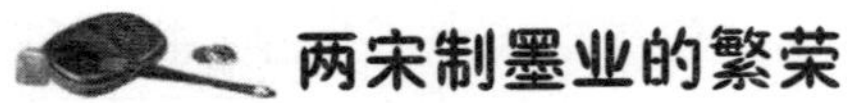

两宋制墨业的繁荣

宋代的制墨业，在墨史上有两个显著特点：一是各出己意，锐意出新；二是群星灿烂，高手如林。制墨技术历来由家庭世代相传，对外人一般秘而不宣。制墨业中的新手只有靠自己摸索制墨工艺，经过无数次尝试，并经历许多的失败和挫折之后，才能积累和总结一些制墨的诀窍，并往往能有新的发现。像北宋的制墨名工潘衡和沈圭，就是经历了这样曲折的经历后，才获得成功的。

潘衡在江西卖墨，自称曾在海南为苏东坡造墨，并得到苏东坡的秘传。他的墨上也印有“海南松煤”“东坡法墨”的铭文，因此人们争相购买。潘衡其实并没有从苏东坡那里得到什么秘传，而是“自别得法，借东坡以行也”。他所制作的墨，质量确实不凡，可以同当时九华山制墨名家朱觐争上下。

北宋的制墨名工沈圭，本来经营丝绸，经常来往于制墨产地黄山，学到了一些制墨技术，才改行以制墨为业。有一次，他和另一位墨工张处厚在一个人家中制墨，由于过早地把墨从灰池中取出来，墨全都断裂了。这家主人不忍心把这些墨扔掉，于是沈圭就把碎墨蒸浸出旧胶来，再用新胶重新和制，想不到这样制成的墨竟然出奇得好，墨坚挺如玉。沈圭由此而悟出了对胶法，以后每次制墨时，“视烟料而煎胶，胶成和煤，无一滴多寡也”。他认为“韦仲将（造墨）法，止用五十两之胶，至李氏渡江，始用对胶而秘不传，为可恨”。而他则是通过一次事故，偶然悟出了这种对胶法。后来，他又别出心裁，在古松烟料中掺杂脂漆滓烟，制出了更加精黑的漆烟墨。

宋代的制墨业，既不像五代时有李超、李廷珪那样光掩众美的巨匠，也不像明清时墨家集中于安徽一地，而是名家辈出，遍地开花。像传统制墨产地中，有易水的张遇、张陈，真定的陈瞻、张滋，兖州的陈朗，宣歙之间的戴彦衡、柴珣、朱觐、高和庆、汪通、高景修、吴滋、胡智等制墨名工，河南一带也会集了不少制墨的名工，如潘衡、王迪、常和、薛安、薛容；就连过去不见记载的制墨产地，也出现了一些名工，如蜀中的景焕、蒲序、僧清一、蒲大韶、何南翔，浙江的叶茂实、叶谷，陕西的苏浩然以及湖南的胡景

纯等人。仅见于元代陆友的《墨史》所记载的宋代墨工，就有 170 余人。真可谓群星灿烂，制墨名家数不胜数。

宋代墨工中，被称为“墨仙”的潘谷，是一位颇富传奇色彩的人物，和苏东坡、黄山谷、秦少游等大书法家和文人都有交往，他还善于鉴墨，有一次在秦少游家见到李廷珪墨，竟然对墨而拜，连声说“真廷珪故物也”。黄庭坚曾经把藏于锦囊的墨拿给潘谷鉴定，潘谷隔囊一摸，便说这是李承晏所造的“软剂”，今天已经不容易得到了，又摸一囊，说这是我 20 年前所造的墨，如今精力不及，造不出这样的墨来了。取出来一看，果然同潘谷所说的分毫不差。

宋代制墨业在墨史中占有重要地位，不仅是制墨名家辈出。油烟墨的创制才是宋代制墨业最突出的成就。

千百年来，中国制墨都采用松烟为主要原料。用松烟制墨，要选择肥腻、粗壮的古松，这就对自然资源造成了很大破坏。古代的一些制墨之所，因为取古松烧烟，致使古松被砍伐殆尽。晁氏的《墨经》中所说的“自昔东山之松色泽肥腻，性质沉重，品唯上上，然今不复有。今其所有者，才十余岁之松”，这与制墨造成的自然资源枯竭有很大关系。沈括在《梦溪笔谈》中也写道：“今齐鲁间松林尽矣，渐至太行、京西、江南，松山大半皆童矣。”因此他提出应以石浊烧烟，“石油至多，生于地下无穷，不若松木有时而竭”。在北宋时期，油烟墨就已经出现，至南宋、油烟制墨渐渐流行，基本上取代了松烟墨。

从元代陶宗仪和明代麻三衡等人的记载看，油烟墨创自北宋墨工张遇。陶宗仪的《辍耕录》称：“宋熙（宁）、（元）丰间，张遇供御墨，用油烟入脑麝、金箔，谓之龙香剂。”麻三衡《墨志》也说，“自张遇覃思，供御用油烟入脑麝、金屑为之，尽变古法”，“张遇谋所以入神者，以意用油烟入脑麝合之，声光一变矣。数百年来率由是法”。北宋时沈括曾试以新发现不久的石油来烧烟制墨。他在《梦溪笔谈》

宋代油烟墨

一书中写道："鄜、延境内有石油，旧说高奴县出脂水，即此也……土人以雉尾挹之，乃采入缶中，颇似淳漆，燃之如麻，但烟甚浓，所沾幄幕皆黑。予疑其烟可用，试扫其煤以为墨，黑光如漆，松煤不及也，遂大为之。"但由于宋代的石油产地有限，石油烧烟制墨未能普及。

宋代以制油烟墨著称的墨工，还有四川的蒲大韶。在北宋晚期，中原墨工还是采用松烟制墨的居多，油烟制墨法还没有普及，一般的墨工没有掌握烧油烟的方法，因此油烟制墨还没有得到重视。蒲大韶在松烟中掺以油烟，制成的墨精黑、坚挺，因此名声大振，并曾进贡到皇宫。在东南士大夫中间，蒲大韶的油烟墨也深受欢迎。

宋代油烟墨创制以来，对各种油烧烟进行了许多尝试。宋代李孝美的《墨谱》中，记述了以桐油和清油、麻子油、沥青等各种油相混合的六种烧油烟法。长期的生产实践证明，用桐油烧烟质量较好，而且成本又低，最适于商品生产。宋徽宗宣和年间，曾经制苏合油烟墨，后为金章宗搜致，墨价竟数倍于黄金，因此被后人称为"墨妖"，因此像这种油烟墨在后来就没有再生产过。

宋代以桐油烧烟的名工中，胡景纯是其中最早被载入墨史的佼佼者。他所制的"桐花烟"，纯用桐油烧烟，墨色黑紫，光亮无比，尤为画家所喜爱，何薳的《春渚纪闻》称胡景纯墨："其制甚坚薄，不为外饰以弦俗眼，大者不过数寸，小者圆如钱大。每磨研间，其光可鉴，画工宝之，以点目瞳子，如点漆云。"

南宋制墨名工叶茂实，则可以说是宋代制油烟墨的集大成者。他制烟、治胶和配药，都有许多独到之处。他制烟时，先在八九尺高的暖阁上覆上纸，在阁中贮油柱灯，阁外密护，使油烟直上到顶，所制的烟煤轻细可知。他对于制墨的胶法，也有自己的独到见解。北宋时的墨工，争以胶重墨坚相夸，然而如对胶不当，过于强调胶重，则会坚钝难磨，书写时也会滞笔。叶茂实在和胶时，加上紫矿、青皮、木贼、草、当归等药物，就是为了活胶。因此人们夸赞叶茂实说："老叶墨虽经久或色差淡，而绝无胶滞之患，胜他人者多矣。"1977 年春，在江苏武进县发掘的一座南宋墓中，出土了半锭墨，墨的正面残存"实制"二字，经考证为叶茂实所制，他的墨能在数百年后，仍坚如玉石，光泽如漆，说明叶茂实能在南宋有如此盛誉，实非虚致。

宋代是制墨业全面发展的时期。宋代制墨的产地与名工之多，墨的品种

之全面，制墨工艺记载之详细，都是以前的任何一个朝代都不曾有过的，在宋人的一些笔记中，常有某位墨工的墨能经水不坏，甚至在水池中搁置数年后依然如新的记载，过去我们总是带着怀疑的眼光看待这些传闻。1978 年，在安徽祁门的北宋墓葬中，发现了一锭残墨，墨面上有“文府”（一说为“大府”之衍误，即唐代的太府）字样。这块墨长期浸泡在水中，在 800 多年后形状质地依然不变，由此我们对古墨的质量不能不表示赞叹。

明清时期墨业的鼎盛

元代的制墨业在宋代的基础上有了一定的发展，并且流传也更加广泛。各地也相继出现了一些制墨高手。例如，清江的潘云谷、长河的胡文忠、钱塘的林松泉、宜兴的於材仲、武夷的杜清碧、松江的卫学古、天台的黄修之、豫章的朱万初、金溪的邱可行和邱南杰父子等。其中，尤以朱万初最受元帝及当时文人推崇。

元代制墨业也受到了蒙古民族歧视政策的影响，很多墨工沦为奴仆，正常的私人制墨业的商业活动受到破坏，使宋代以来制墨业的繁荣势头受到扼制。同时，大量出现仿制宋时名墨的“仿古”现象。此外，元代还发明了朱墨（红色墨锭）。明高濂的《遵生八笺》中记载，朱墨是用好辰砂一两三，红朱二两，用秦皮水煮胶清，浸七日夜，倾去胶之清水，然后放在太阳光下晒，至干湿适可而止，再以墨印印之而成。这种朱墨在砚中研用，效果特别好，可用于绘画，但主要用于印刷业。中国最早的套色印本《金刚经注》，产于元代。

明代的政治、经济情况较元代有了巨大的转变。特别是明中叶，和欧洲通商以后，原有的资本主义萌芽有了较快的发展，国际国内市场均有扩大，制墨业也融进了商业生产的行列，有了更快发展的需要与可能。从而使墨的生产在性质、方法、规模等方面均有了彻底的改变，为明清制墨业的高度发展，创造了有利的条件。

明代在制墨业的发展中首要标志是派系分立，即徽墨的歙派、休派和婺源派。

歙派，即以歙县的罗小华为代表。他结交达官显贵，依附官宦，精于贡品御墨。很多名家被当时的皇帝赏识，封以高官。在歙派中，最有成就的当

为程君房和方于鲁。

休派即休宁派。以休宁县汪中山、邵格之等为代表。休派以制墨名工为主，在政治上都是没有权势的人，主要以制造商业用墨为主，他们掌握了大量丰富的经验和高超的技艺，代表了明代制墨业发展的主流。

婺源派是以徽州府婺源县墨工们形成的、具有独特地域制墨风格的群体。以詹姓一族为代表。明代曾有詹华山、詹文生等，清代则有詹鸣岐、詹文魁、詹成圭、詹方寰、詹西园、詹子云、詹子雯、詹衡襄、詹茂圭、詹成宇、詹公五诸家。婺源为徽墨的重要原料产地，有制墨小店上百家。婺源派墨工制墨追求民间淳朴风格，其佳墨有“八仙庆寿”“龙门”“壶中日月”“金盘露”“凤鸣岗”“腾蛟凤”等，多具民间艺术特色。对于婺源墨派，历史上有不同看法，有人认为不构成一派；有人则认为，其制墨风格独特，在国内外有一定影响，不应忽视，称为明清一个制墨流派较为适合。

明代制墨业发展的第二个标志是形成了两种类型，即“精鉴型”与“市肆型”。“精鉴型”是指那些由于爱墨，而对制墨工艺进行精心的研究，并自己动手指导墨工制作供自己赏玩或赠送好友的佳墨。这样的制墨家大都很有修养，或本身就是大书画家，他们大都很富有。这样，就为装饰墨、礼品墨的工艺性、观赏性、收藏性创造了条件。

“市肆型”就是专为拿到市场上销售，或适应市场需要而制作的墨家。这一类，有的以家为店，自产自销。店主既是商人，又是制墨的行家。有的则分别组成作坊和商号，从事较大规模的生产和商业活动。东家既是作坊主，又是店老板，工匠主要靠雇佣，目的是满足市场的需要。只要是好销的，他们就大量生产。增加品种，改进工艺，也是为满足不同层次顾客的要求。当时这类墨家，受到了文人和古墨鉴赏家的轻视，认为“不入品藻”。实际上，这正是明代制墨业进步的重要方面，同时，也为传统制墨业注入了新的生机。

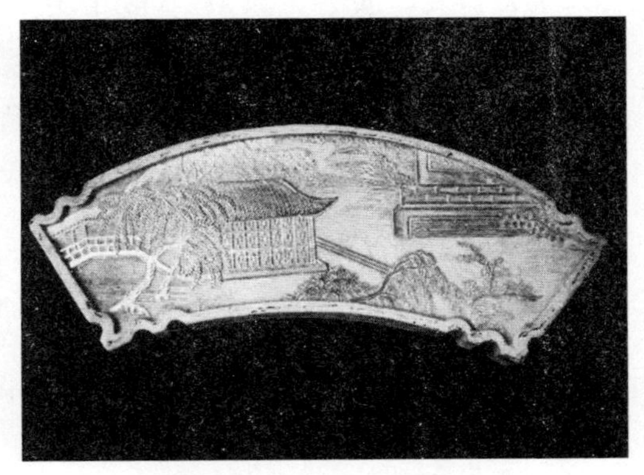
明代制墨业以松烟墨为主流

明代制墨业发展中第三个标志，是药用墨的生产和研究的出现。明代著名的医药学家李时珍在

《本草纲目》中对药用墨进行了详细的记述和研究。他在书中列出了一般墨治疗内科、妇产科、皮肤科、眼科等疾症的药方16个；锅底墨治内科、妇产科、小儿科、皮肤科及霍乱等病症的药方13个；灶额墨（灶突墨）治疗内科、妇产科、小儿科、皮肤科、五官科等疾病的药方20个。同时，他还指出，只有松烟墨才可入药，以粟草灰所制的墨不能入药。松烟也是“选烟细者为佳，粗者不可用”。

明代的制墨业，松烟墨与油烟墨同时并存，且各有发展，但松烟墨仍为主流。

清代的制墨业在明代的基础上有了进一步的发展，这也是清前期统治者重视、鼓励与扶植的结果。

清代制墨业发展的重要代表是四大名家，即曹素功、汪近圣、汪节庵、胡开文。前三家属明代歙派传人，于清道光以前达到鼎盛时期，胡开文属明代休宁派传人，于道光末年以后一花独放。

清末四大家的形成，主要是清代政治、经济、文化发展的结果。政治上，清初的封建集权统治达到了顶峰，继之而来的是“康乾盛世”；经济上，传统的自给自足的封建重农经济，已为发展迅猛的资本主义萌芽所冲击；文化上，传统的制墨业已形成了一系列制造工艺、新的供求关系及生产关系。因此，清代制墨四大家已非昔日的李氏（奚氏）、耿氏、盛氏的家族所能比拟。他们已经不是传统意义上的制墨名家，而是新兴的制墨巨头。他们的名字，已不是自己的称谓，而是自己开设的制墨作坊的招牌。他们已不是有名的制墨工人，而是一个方面、一个地方、一个时代制墨业发展的创造者和指挥者。他们一般都开有一两个“墨肆”，既生产，又销售，还办理定做的业务。同时，这四大家，又纷纷创出了自己的名牌产品，以名墨享誉全国。例如：曹素功的“紫玉光”“天琛”“千秋光”“耕织图”等；汪近圣的“黄山图”“新安山水”“千秋光”等；汪节庵的“兰陵氏书画墨”“青麟髓”“新安大好山水”等；胡开文的“骊龙珠”“古腧糜”“千秋光”“万寿图”“金壶”“乌金”等。

四大制墨名家还注意著书立说，总结自己的经验并宣传自己。曹素功著《墨林》，后至晚清又编印为《艺粟斋墨录》一册；汪近圣的后裔辑有《鉴古斋墨薮》4卷。

四大制墨名家已经开始并大大发展了系列生产与经营。例如，曹素功主

要生产丛墨，即套墨。“紫玉光”墨计有 36 锭，墨上分别印有黄山 36 峰，拼合恰成一幅黄山全景图；“天瑞”墨汁十种合一匣，彩图分别是 10 个人物：草圣、酒仙、真儒、隐者、羽士、侠客、高僧、美人、词伯、画师。而胡开文则开设了总店与分店，在休宁县设总店，屯溪设分店，尔后发展到安庆、芜湖、上海、杭州、苏州、扬州、镇江、武昌、汉口、长沙、广州、成都等地，并且均设分店，批发与零售全面经营。

御制咏墨诗墨

清代制墨的名家除四大家外，明代徽墨两派的传人也有很大发展。例如，歙派的程正路、吴守默、叶公侣、方椅村、方密庵、巴慰祖、程一卿、汪穀、程振申、江德量等；休宁派的叶玄卿后代、汪启茂、汪时茂、天一氏、吴天章、胡星聚、王俊卿、王丽文、叶靖公、程怡甫等。

清代制墨业中还有一个重要的方面，就是“官墨”也称“御墨”。到了清代，专为皇帝制造的墨，已发展为专设机构，按照宫廷意志制造，专为官府和皇帝使用。清初，内务府只是征召一些墨工，用宫内原来收藏的明墨做原料，重新加胶，印型，成为“再合墨”。乾隆六年（1741 年），清帝召制墨名家汪近圣次子汪惟高与制墨高手吴庆禄入京，教习宫廷墨工制作精品墨，直到乾隆末年。前后 50 余年，宫廷墨工制造出大量精品。例如，御制罗汉赞墨、御制石教文墨、御制西湖名胜图墨、御制咏墨诗墨、御制天保九如、御制文源阁诗墨、御制兰亭高会墨、御制关槐山水墨、御制黻黼昭文墨、云福砞墨、光被四表墨、御制棉花图墨、御制耕织图墨等。这些墨中有一些留传下来，成为中国文物精品的重要组成部分。

墨溪的传说

墨溪是蜀南竹海最神秘、最原始的地方，是旅游的好去处。据说墨溪的形成与天上的文曲星有关。

传说当年瑶箐仙子为民造竹获得成功后，土地神便禀告玉帝，请求赦免瑶箐的罪名。于是玉帝就派文曲星下凡查访。文曲星下凡后变化成一个游方道士来到竹海，但见此处青翠欲滴，古木修篁，清幽静远。文曲星竟乐不思归，于深幽的溪谷结茅为椽，煮酒品茶，吟诗作画，其乐陶陶。

文曲星下凡久久未归，终于惹怒了玉帝。玉帝派风、雷二神前来敦促文曲星返回天庭。一时间竹海内风雷乍起，地动山摇，竟将文曲星作画题诗的墨水打翻在溪水之中，溪水尽黑。散落的几颗棋子也已在溪边化成石头，至今依稀留有仙家气息。

北宋大诗人黄庭坚游览竹海，在溪石上亲笔题写“墨溪”二字，至今还在。墨溪边“棋盘石”“晒经石”，也是传说中的文曲星使用过的物件。而忘忧谷里的“石破天惊”处的两片巨石，据说也是当年雷神劈开的。

其实，墨溪形成是因为溪床底部岩石表面长满了黑灰色地衣，看起来呈黑色，两岸翠竹蔽天，竹苔相映，如黛的溪水看起来就像墨水一样。

第二节 古墨的品类与鉴定

古墨的品类

中国墨若按制墨原料的不同可分为松烟墨、油烟墨、漆烟墨、混烟墨（青墨）、药墨、色墨六类。

1. 松烟墨

松烟墨主要是以松枝烧炼而成的烟为主要原料，经筛烟、熔胶、配料、杵捣、锤炼、模压、晾干、打磨、包装等工艺制作而成，松烟墨的特点是墨色黑，但缺少光泽，胶轻质松，入水易化。

2. 油烟墨

油烟墨主要是采用桐油等植物油烟烧炼而成的烟为主要原料，经熔胶、配料、杵捣、锤炼、模压、晾干、打磨、包装等工艺制作而成，其特点是质地坚实、细腻、耐磨、色泽乌黑发亮，但用胶量较大。

漆烟墨

3. 漆烟墨

漆烟是将炼制过的生漆掺入桐油中

经不完全燃烧而制出的烟，用漆烟制成的墨被称为漆烟墨。漆烟墨与油烟墨的特点相同，但颜色更加墨润，一点如漆。

4. 混烟墨

又称青墨，是用混合后的油烟和松烟为原料制作出来的墨，兼具松烟墨与油烟墨二者之长，书画皆宜。

5. 药墨

药墨是在制墨原料中加入一定的中草药使墨具有亦书画亦药用之功能。在墨中加入中药，用以治病，古已有之。中国传统医学认为墨味辛、平，入心、肝经，有止血、消肿的功用，主要用于治疗吐血、衄血、崩中漏下、血痢、痈肿发背。最早用墨治病的可能是葛洪，他的《肘后方》中就有“姜墨丸”一方。该方原书不存，《普济方》在“姜墨丸”下注有“出肘后方”。其方用“干姜、好墨各五两，筛。以好醋浆和丸桐子大，服三十丸。加至四五十丸，米饮下，日夜可六七服。如无醋浆，以醋入水解之，令其味如醋浆”。唐代孙思邈曾用研磨的浓墨点眼治疗飞丝入目。宋代用墨治病的记载更多，仅《开宝本草》中就有多处记载。元代陆有在《墨史》中也有用墨治病的记载：“赵韩王从太祖行洛，行故宫见架间一箧，取视之皆李氏父子所制墨也，因尽以赐王。后王之子妇褥中血晕危甚，医求古墨为药，因取一枚投烈火中研末酒服即愈。”《本草纲目》对墨的性味、功用与主治等作了较为详细的介绍：“墨气味辛温无毒，主治止血，生肌肤，合金疮，治产后血晕崩漏……”药墨的品种主要有万应锭、八宝药墨、八宝止血药墨、五胆八宝药墨等。万应锭是一种重用京墨，配以儿茶、黄连、冰片、牛黄等药物制成的药墨，可以内服，也可以外敷，适应范围较广，清代作为皇家专用药墨而被载入《清内廷法制丸散膏丹各药配方》之中。至于药墨所用的烟炱，文献记载只能使用松烟烧制，用桐油、石油烧成的烟均不可入药。如今著名国药店北京同仁堂每年也还要委托黄山市屯溪胡开文墨厂生产药墨“京红墨”数千锭以供应市场。

6. 色墨

色墨是指除黑色之外的红、黄、青、绿、蓝、白等颜料墨，是中国画重要的绘画颜料，具有色泽纯净、艳丽且不易褪色的特点。先民利用颜料绘画的历史非常悠久，一些新石器时代陶器上的纹饰就已经绘得非常精妙。有文字记载以来，《汉书》中的“虽古竹帛所载，丹青所画”也说明在竹简和帛上已有彩色绘画了。实物如汉马王堆出土的帛画，是用多种颜色描绘而成，可视为早期帛画的代表。纸张大量使用之后，纸便成了绘画颜料表达的主要载体。从这些平敷于绢、纸上的精美绘画，我们可以看到古人对颜料的选择、加工与使用都非常讲究。这些现存的汉、唐、宋的绘画作品，虽然都已逾千年，但仍然光彩夺目，令人叹为观止。

中国色墨何时进行专门制造，暂时无考。从文献来看，画家们使用的色墨大都是自己用已加工成细末的颜料加胶后再稍加研磨而成，并且是现制现用，因为加入胶的色墨在水分较多的情况下很容易腐败变质。将多种颜色的色墨（石绿、石青、石黄、朱砂等）制成集锦墨应不晚于明代，如现存明代的“金刚法轮五色墨”“银锭式御墨”“赤玉石朱墨”即为例证。这些色墨色彩多样、选料精细、厚实凝重、刚柔相济，是明代色墨中质量上乘者。清代的色墨制作在明代的基础上更进一步，用色墨制作出了更多更精美的集锦墨、观赏墨。如“御咏名花诗十色墨”“御题西湖十景诗彩砂墨”“大富贵亦寿考五色墨”等，不仅色彩更多，而且式样繁多，用料考究，雕刻精细，装潢精美。

中国墨若按墨的用途不同可分为实用墨和观赏墨两种。实用墨注重实用性，观赏墨则注重形状、色彩和装潢。

若按墨的用途来分，则又可分为：

（1）贡墨。古代官吏请墨家特别制造专用于进呈皇帝的墨。墨上通常署有进呈者的名款，有时也署墨家的名款，这些墨从选料到制作都非常精细，大多为墨中珍品。如张大有进贡的万寿无疆墨。

（2）御墨。皇帝用墨。唐以后设墨务官，专制御墨。清代御用墨分内务府墨作所制和徽州墨家所制，但不论何家所制，都精选上等材料，精心制作而成。如清康熙年间的“万寿无疆墨”。此墨呈长方形，墨面雕刻二龙戏珠纹，纹间填金楷书“万寿无疆”。墨背填金二龙纹，纹间阳文楷书“龙飞康熙陆拾年制”。

墨外套黄绫,盛于锦盒内。此墨造型简洁,制作精细,署款形式罕见,为特制的御用珍品。

（3）普通墨。一般人用来书写绘画用的墨，以实用为主。形式简朴，质量一般，通常署有墨品名称与墨家名款。如著名的学生用墨“金不换”等。

（4）定制墨。墨家根据制墨者的要求与意愿专门制造的墨。

（5）礼品墨。作为礼物馈赠的墨。大致可分为寿礼墨、婚礼墨、学生墨三类，多取富贵长寿、吉祥如意，龙凤呈祥、多子多福，情趣高洁、读书有成为题而精心制作。如程君房的“百子图”、方于鲁的“龙九子”、曹素功的“仙翁寿婆”、汪节庵的“龙凤呈祥”、汪近圣的“福禄寿禧”、胡开文的“寿星”、胡子卿的“大学士”、程怡甫的“魁星”墨等，都具有很强的艺术观赏性。礼品墨虽然烟质稍差，但由于外表华丽，装潢精美，因此即使在各类墨品呈衰落之势的今天，礼品墨仍有较好的市场。

（6）珍玩墨。不为使用而为玩赏制作的墨。形状大多小巧玲珑，烟料、做工都属上乘，艺术性极高。

（7）药墨。当作药物治病的墨。一般是松烟墨，有些署墨家名款，有些直接署药店名款。

（8）集锦墨。所谓集锦墨是由制墨家根据自己的设计理念将若干种形式不同、图案各异的墨块组合成套，以供观赏收藏之用的墨。集锦墨可能源自明代嘉靖时休宁制墨家汪中山，《遵生八笺》中载有：“前如汪中山，翰史初时制，墨质之佳美，不亚罗墨。其精品以豆瓣楠为匣，内用朱漆，签以中款，表曰——太极、两猊、三猿、四象、五雀、六马、七鹇、八仙、九鸶、十鹿，皆以鸟兽取义。又有玄香太守小长墨四种，一曰龛文、二曰卧蚕、三曰亚字、四曰玉阶。有客卿四种小元墨，曰太极、曰八卦、曰圆璧、曰琼楼。有松滋侯四种小方墨，一亚字、二罗文、三九云、四螭环。”其后的邵格之、吴叔大、潘嘉客等也是集锦墨的制作高手。

清代之时，集锦墨已成为制墨家们相互竞争、占领市场的重要产品，这些花样精美、品种繁多、绘刻精致、装潢考究的集锦墨成为清代墨业一道最为亮丽的风景线。如现藏于上海博物馆的清康熙时著名制墨家吴天章的集锦墨，共49锭分为五屉，合装于一黑漆描金的提箱内。墨的形式有笋式、荔枝式、海棠式、钟式、琴式、古钱式、龙柱式、花卉式等，装饰图案富于变化，有八卦、麒麟、双凤、松鹿、云鹤、蟠龙戏珠、杏花春燕、流水荷花、海龟

添寿、连柱腾辉等，刻画精致细腻，图案上采取漱金手法，局部还涂以粉影，构思奇巧，色泽夺目，具有很强的观赏性。再如清初制墨大家曹素功的集锦墨代表作“御制耕织图”，全套47锭，分一函二匣，上匣镌绘耕作图景，分为：浸种、耕、耙耨、耖、碌碡、布秧、初秧、淤荫、拔秧、插秧、一耘、二耘、三耘、灌溉、收刈、登场、持穗、舂碓、簸扬、入仓、祭神；下匣镌绘养蚕织布内容，分为：浴蚕、二眠、三眠、大起、捉绩、分泊、采桑、上族、炙箔、下簇、择茧、窖茧、练丝、蚕蛾、祀谢、纬、织、络丝、经、染色、攀华、剪帛、成衣。墨中镌绘人物神态，耕织场景栩栩如生。此外，清中期制墨名家胡开文的“御园图墨”，选材于北京故宫、西苑（中南海、北海）、圆明园等64处名胜景点，以其楼、阁、堂、院、亭、轩、馆、斋等建筑为蓝本，造型有钟有鼎，有圭有璋，有爵有壶，有亭台楼榭，有洞壑假山，有龙凤麒牛，有游人花鸟，有修竹掩映，有琴书杂陈……一景一图，神态逼真，“御园图墨”64锭，不仅数量多、造型奇特、模刻精到，而且墨质坚实润泽，达到“百年如石，一点如漆”的境界，是博采众长，创为新格的代表，堪称清代集锦墨成就之冠。另外，现藏故宫博物院的“御制月令七十二候诗集锦墨”多达72锭。各锭呈正方形、长方形、圆形、块形、璜形、钟形、磬形不等，有绿、黄、红、蓝、白五色。墨面刻各时气候图，背填金曹文埴楷书乾隆御题七十二候诗，分屉装于两个黑漆描金龙纹匣内。全套墨图文相得益彰，装潢华丽大方，可称巨制，是乾隆皇帝御制器之精品。

珍玩墨是用来欣赏的

古墨的制式

明代人谢肇淛在他的《五杂俎》中说：“古人写字用墨，不过是取其黑；只要能显其黑色，不管何种烟煤都是可以的。”从实用出发，此话固然不错。但是，他又说：“后代的人却要求墨要有光泽，要有香味，更要求坚硬耐用，这以后‘造作百端，淫巧沓出。价侔金玉，所谓趋其末而忘其本者矣’，就太偏执、太保守了。”社会在日益进步，科技在日益发展，这是历史发展的必然；人们在满足物质生活的需要之后，在文化精神方面的追求也是必不可少的。

要求墨有光泽，有香味，更要求坚硬耐用，其实并不过分，更非舍本逐末之举。中国文化发展的历史表明：墨，早在唐宋时代就已从实用的单一功用，逐渐向兼有艺术观赏的多功能方向发展了。

就墨的形制来说，最初只有“丸”“笏”“螺”等比较简单的几种。后来，随着文化发展的需要，封建帝王又大量征贡，形制变化才显得五花八门，异彩纷呈，进而成为很精美的文化工艺品，为人们所喜爱、所珍藏。

古墨的制式表现在两个方面，一是造型，二是装饰图文。

1. 古墨的造型

明代的制墨专家方于鲁收集、整理出385种古墨样式，他把385种样式分为五大类：规、禹、挺、圭和杂佩。规是圆形，禹是方形，挺是取正直的意思，呈长方形。在这五类中，又分出许多细目，如璋形、笏形、玉佩形、牛舌形、圆璧形、蝉形、砚形、碑形、鼎形、钱币形、塑像形、玉玺形、异兽形、果品形等。下面，我们略举几例。

（1）长方形墨。长方形是古墨的基本造型。它的长宽尺寸没有定制，但一般都会适宜于手握研磨。据《墨法集要·样制》中说：“墨之式样，当取自于古人，无大小厚薄之限。盖厚大利久，薄小利新；厚大难工，薄小易善，故墨工不喜为厚大。然太大不便于用，太小则难于得色。要之，厚大虽可贵，不若三四两者得其中也。”

长方形墨造型不一，有的镶边，有的无框；有的边线挺刮，有的边角搓圆。就其边角而言，不仅有下方上圆的，也有上方去角成碑形的，还有瓦棱形等，灵活多样，不一而足。例如，康熙年间与曹素功齐名的制墨名家吴守默，一共制作了8枚“黄山松液”墨，全是长方形体，无边框；每枚重15克。每枚正面阴文“黄山松液”四个金字，字体时有变化；背面镌刻松石图案，但又各有不同。此墨整体看来清秀雅致，古意悠远。

（2）圆形墨。古人有时用“饼”作为墨的数量单位，实际上就源出圆形墨。圆形墨看起来就像一块饼，数量、品种也较多。《程氏墨苑》卷十中就著录了许多圆形墨，有“太极图”“河图”“北斗七星”“龙凤呈祥”“天保九

如”“五老告河图”“文昌宫”等，可惜今日已很难见到。

圆形墨中也将其边缘做成叶瓣形状的，如传世的“明赤水珠十二瓣形墨”。

（3）牛舌形墨。牛舌形墨实际上是长方形墨与圆形墨的结合，其实就是将椭圆形拉长了，看起来形状很像牛舌。

八边形墨

（4）八边形墨。《方氏墨谱》上就著录有八边形的“九锡”墨、“水灵”墨、“磐鉴图”墨、“触邪”墨等。现在民间所见的“触邪”墨，正面阴文镌有“触邪”二字，反面是一神兽辟邪图案。

（5）象生形墨。象形墨就是摹拟动物、瓜果花卉的外形而制成的墨，如“蟠桃核”墨是将墨制成半片桃核的形状；“玉虎符”墨，内部有榫，可合二为一，就如古代的虎符一般；还有“夔龙觖”“玉鱼佩”“玉貂蝉”等墨，都给古墨增添了不少的艺术性和趣味性。

在古墨的众多门类中，还有集锦墨、彩墨等品种，它们的形制也无定式，方圆搭配，不一而足。

2. 古墨的装饰图文

古墨的装饰图文，基本上都是通过墨模上的“底子”（阳文面模）、“印子”（阴文背模），精心抑压而成的。作为一种传统的手工工艺，墨模艺术应该受到重视，不能让它失传。收藏爱好者也应该懂得，底子、印子上的图案、名称以及款识，过去都是由较高技艺的雕刻专家操刀，因此，古墨上的图案和文字很重要。一块古墨，除了制墨的材质之外，能直接反映工艺水平和艺术风格的，也就是这些图绘和文字。

我们知道，墨模上的雕刻采用的是线刻，不管是线刻还是浮雕，要做到细致入微又别具风格，都很不容易。而且，墨模上的雕刻又是反刻，更增加了制版上的困难。例如，方于鲁的“鱼在在藻”墨，上面线刻的水纹、水草和鱼鳞以及鱼游的姿态都丝丝入微，动感强烈，即使是手绘恐怕也难出其右。

当然，一般说来，在雕刻之前，总得先由画家设计好图样，画稿图样的优劣直接影响雕刻的效果；但是，我们也不能因此否认雕刻工艺家在这方面的创造性劳动。例如，明代万历年间的著名墨工叶玄卿的“二酉山歌”墨。正方形，正面蝇头小楷，刻玄玄子“二酉山歌”全文，很显然，墨面所刻绘的就是二酉山房图景：山洞窈然，有书搁架上，山泉淙淙，林木丰茂，是一个幽居读书的好地方。此墨面所刻山洞，用线劲挺，如斧劈一般，刻工还将绘画中的皴法移用到刻模上来，清新可人，别具风貌。边款是“甲辰年（1604年）苍苍室藏款叶玄卿按易水法制”。

至于古墨的图案与文字，目前民间能看到的主要有以下两种类型：

（1）呈示吉祥事物的降临。这是古墨中的传统品种，内容大都取吉祥含义。它迎合了使用者企求读书有成，或福禄有加，或大吉大利的美好心理。例如，圭形、璋形、钱币形、玉玺形、鼎形等样式的墨都包含这层意思在内。再从古墨的墨名和绘画看，绝大多数也同样寓吉祥之意于墨面。例如，明代朱企武的“八吉祥”圆形墨，正面正中阴镌“八吉祥”三字，正反两面绘有八宝图图案。“九子图”墨、“百子图”墨、“百老图”墨等，则是预示“封妻荫子”愿望的实现和延年益寿、晚年享福的吉兆。

（2）表露文人气息和高雅情趣。历史上，古代文人对墨的偏爱大大地促进了制墨工艺的改进和提高，同时，文人学士在诗文书画方面的特殊爱好和孤傲个性，也在无形之中影响着制墨家们的志趣和爱好。因此，古墨的图绘设计，处处都明显地反映出丰富的文化内涵和文人的闲情逸趣。例如，宋荦（1634—1713）珍藏的“紫玉光”墨，绘制了一幅恬静的庄园小景，小景上又有自题诗一首：“蟹舍秋风吹，荻枝坚可截。织薄衡茅间，暂把鱼经缀。偃仰幽事多，好待鹿门说。”宋荦仕官吏部尚书，他向往田园生活，寄情闲逸的心态，于此表露无遗。又如，蕉林书屋主人梁清标（1620—1691），诗文书画都擅名一时，其所制“蕉林书屋”墨，镌绘书屋图景，构图简洁明快，数枝芭蕉叶点明墨名。正如有评论所说：“此笏集书画于墨丸，语曰‘纳须弥于芥子’是墨有焉。”前面提及方于鲁的“鱼在在藻”墨、叶玄卿所制“二酉山歌”墨亦属此列。

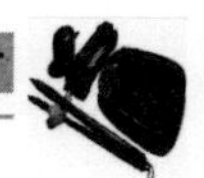

墨模的出现与发展

墨模的出现和发展，是中国制墨业发展的结果与重要标志。

墨模的出现始于何时，目前尚无明确记载。仅从奚超一家南迁后，制造出了造型有多种变化的“剑脊龙纹圆饼”墨、“双脊鲤鱼”墨、“乌玉玦”墨、“蟠龙弹丸”墨来看，墨模的出现应不会晚于唐末五代时期。

宋代时，墨模的使用已经广为流传。一些名家制成的名墨造型新颖，名目繁多。

墨模的出现与推广，标志着墨从实用文化品转向文化艺术品。同时，也使墨完成了与社会文化艺术同步发展的结合过程。

墨模从发明那天起，便同当时的书法、绘画——特别是版画、雕刻艺术紧密结合在一起，而且随着制墨工艺的不断发展，这种结合便越深入。宋代著名制墨家潘谷所制的墨模图案，据说是宋代著名画家米芾所画。

明代墨家创造的五彩缤纷的名墨，特别是精美成套装饰的集锦墨，标志着当时墨模的绘画、刻制艺术已经达到了相当成熟的阶段。例如，程君房的墨模，绘画出于当时的著名画家丁云鹏、吴左千、郑重等人之手，其雕镂刻制则由当时徽州著名的雕刻大师黄鏻、黄应泰等人完成。方于鲁的墨模，绘画生动，刻工精细，均为明代绝品。方瑞生的墨模，更显出当时绘画、雕刻的极高水平。以上三家编辑的《墨苑》《墨谱》《墨海》三部墨型图录，荟萃了三家墨模及当时可收集到的名墨图案的精华，书中图画就是一幅幅精美的版画，纹式精巧，构图生动，线条流畅，细如毫发，突出反映了明代墨模制造中绘画及雕刻艺术的最高成就。墨模上的构图，是通过刻工的刀法，来表现绘画图案书法笔力的。所以明代书法多遒劲，明墨模的刀法多深厚有力，阳文字锋芒峻历，圭角崭然。

雕刻精美的墨模

清代制墨出现了四大名家，其墨模制作的水平，也发展到了登峰造极的程度。例如，曹素功的“紫玉光”，一套共36笏，即按黄山36峰制画，此36峰在墨模上，依各峰的形态，大小形式不一，合起来成为一整幅“黄山图”，极其精美，艺术价值极高。他的“天瑞”墨，全套10笏，由草圣、酒仙、美人等10种墨模组成，整个图式有的偏重写实，有的则意在象征，绘图、镂刻艺术水平都很高超，绝非一般墨家所能为之。汪近圣制造的名墨“耕织图”的墨模，是用连环画的形式，描绘了当时粮棉生产和加工的全过程。另一套名墨“新安大好山水”，计32笏，也就是32块精美的山水版画，画面生动，雕工精细，可称为绝版。胡开文的名墨“圆明园图”一套64块，为圆明园的64景。为了制成这套墨模，第一代胡开文墨店耗巨资，专人到京城千方百计地请名家绘得蓝图，聘请当时最有名的刻工镌刻，费时好几年才得以完成。有的墨模，是经过几个人之手才最后完成的。例如“西湖名胜图”墨模原为汪近圣时创作，初为10景；后来胡开文又在原有的基础上增补为45景。这套墨模由于画图写实、雕镂精细，可与平底小楷题诗的牙雕媲美。其中“小有天原”墨模长不过2寸，宽仅半寸，题乾隆御诗七行计140余字，反手阳刻，翻模后字上填金，与书写在素纸上效果一样，显得极为高雅精致。因而后人多以此为胡家墨模的代表作。

墨模及墨模制造工艺，是中国制墨史上的重要财富，也是中国民间工艺美术的重要文化遗产。由于历史的变迁，很多精美的墨模已经散失。现安徽省博物馆和安徽省徽州胡开文墨厂还存有一些明清的墨模，仅胡开文墨厂就有700多种、7800多幅墨模。这些墨模为我们考察明清之际徽墨的发展提供了翔实的资料，并为我们进一步继承传统的优秀技艺、发扬光大奠定了基础。

从现有传下来的墨模中，我们对墨模的制造工艺有了一个初步的了解。

浮雕松鹤墨

墨模制作的原料大体上有两种，即铜版和木版。一般来讲，明代以铜版为主，清代以木版为主，当然也有例外。铜版质地坚硬，雕出的图案与字体显得极其规整，有“锋棱峻整、坚劲犀利”之感。而木版模则较容易雕刻，可以随意雕出纤细线条。木版模一般取材于石楠木，也有用棠梨木和杷木的。关于用料的区分，宋代晁贯之在《墨经》中说：

"凡底版贵平直，宁大不小，平版上俯下平，宁重不轻……寻常底版用棠，平版用杷，盖底版面印，皆以松为良……"

墨模式样很多，有圆形、方形、长形、斑柱形、六圭形、人形、鸟兽形、钟形、鼎形、爵形、壶形，还有以亭、台、楼、阁原景为形等。但一般都分为外框和里嵌两部分。平扁形墨模有里嵌六板、边板、横头板各两块。横头板俗称横头。横头为十字形的公榫和边板两端的母榫结合。四板合套，外形底宽于面，中空上下一致。底子为图，印子为文。圆形和异形墨模，一般为四板或两板合成，外面再用框合在一起。

墨模在雕刻技法上分为线刻、浮雕、圆雕等种类。技法要求精细，因墨的尺寸不可能很大，却要表现人物、鸟兽、山水、花卉等图案。有的专门在小小墨锭上刻画出繁杂丰富的图案来，以显示该墨之精绝。如现存六面雕花的"螽斯羽"墨模，其体积长不过 2 寸，竟刻上了百花百虫、人物、鸟兽等。虽然看上去小如豆粟，但人物的须眉仍然清晰可见，再加上蘸金饰彩，显得特别精致华丽。

雕刻墨模的工序和一般木刻并无太大区别。通常由墨工根据自己的需要设计出墨模的尺寸，再由雕工根据墨模大小形式套在竹纸上的格子里，再由书画家在固定的格子里绘画，也有按照书画家事先作好的书画，缩小临摹的；然后再将原图拓印在墨模板上雕刻。墨模和一般雕刻的最大区别在于：木刻刀口是尖底的，而墨模必须将阴文底刮平，而且要求特别精细，不可疏忽。为此，雕工们特备了各种刻刀 200 余种。

墨模的刻制和使用，是制墨业发展到一定程度和规模的反映。一个好的墨模，耗资巨大。据载，清代著名制墨家程一卿"才传墨法五千杵，已失家财十万金"，其中大部分钱财用于制墨模上。

古墨的鉴定

墨的鉴定与辨伪，需要掌握收藏古墨的基本知识和技术，以及对墨的历史及其相关知识进行较深入的学习和实践。

中国历史上关于墨发展历史的专著始于宋代，至明代发展最快，且成果特别丰富。清以后，经民国至现代，都有不少关于墨的著述。

现存的有关墨史的著述集录最全的，应该说首推吴昌绶 1922 年编集的

《十六家墨说》。书中收录了自宋代起至清止的十六家关于墨的著述。这十六家的著述分别是：宋代何薳著《春渚纪墨》，为其《春渚纪闻》的一部分，专记唐、宋时期墨坛掌故；宋代张寿著《畤斋墨谱》，记唐末五代李廷珪墨品；明代邢侗著《墨谈》《墨记》《程君房墨赞》，皆为《程氏墨苑》中的题辞；此外，还有明代焦竑著《墨苑序》、陶望龄著《墨杂说》、顾起元著《潘方凯墨序》、项元汴著《墨录》、张德谦著《论墨》；清代曹度著《说墨》、张仁熙著《雪堂墨品》、宋荦著《漫堂墨品》和《续漫堂墨品》、孙炯著《砚山斋墨谱》、汪绍焻著《纪墨小言》和《纪墨小言补篇》、邱学勄著《百十二家墨录》、借轩居士著《借轩墨存》、徐康著《窳叟墨录》等。在这十六家的著述中，尤以《春渚纪墨》《雪堂墨品》《漫堂墨品》与《续漫堂墨品》《砚山斋墨谱》《纪墨小言》《借轩墨存》《窳叟墨录》等史料丰富，论言明确，是初学和鉴赏古墨必读的工具书。

此外，还有宋代晁贯之编著的《墨经》，全面记述了宋以前古墨的制作工艺及对于墨质优劣的鉴别方法。

宋代李孝美著《墨谱法式》及《墨谱》，记述了宋以前，特别是唐代至宋中期等历代墨式及制墨的方法。

元代陆友仁编著的《墨史》，记述了宋以前历代墨家的掌故等。

元代陶宗仪著《辍耕录》，又称《南村辍耕录》30卷，涉及古玩鉴赏的很多门类，其中记述了宋元以前制墨业发展的历史及墨家发展的情况，为记述古代墨史资料最全的一部书。

明代沈继孙著《墨法集要》，对造墨的全过程记述清楚，且有21图。

明代屠隆著《纸墨笔砚笺·墨笺》，以及清代《曹氏墨林》《方式墨谱》《程式墨苑》《方式墨海》、赵汝珍《古玩指南》，是研究墨史的重要资料。

现代人尹润生著《墨林史话》、周绍良著《清代名墨谈丛》等是关于墨史研究的专著。

墨品是制墨名家的招牌或者商标。它代表和反映了不同墨家的技艺、风格、流派和特点，也记载了名墨发展的历史。明清以后，墨品在名墨的鉴别上起着越来越大的作用。其一，墨品是墨家的代表。在明清以后的名墨中，特别是集锦套墨，墨上往往只有墨品，而没有墨家的名款。因此，只有熟知墨家的墨品，并根据墨的质地，才可判定是哪一个墨家的作品。其二，一定的墨品反映一定的时代。有很多墨品，特别是著名的墨品，往往是某个时代

特定的产物。因此，可以通过墨品判定该墨产生的大致年代。例如，“耕织图”为清康熙三十五年绘图制墨，“棉花图”为清乾隆三十年绘图制墨，等等。其三，墨品反映了墨家的风度和风格，例如，休宁派墨家的墨品以山水风景为主，而歙派墨家的墨品则以神话传说为主。其四，墨品反映了不同墨家所制名墨的等级。例如，明代墨家方于鲁所制名墨的墨品，上等的为“九玄三极”，中等的为“非烟”，下等的为“太紫重玄”。

中国古墨的质理讲究“丰肌腻理、光泽如漆”，“其坚如玉、其纹如犀”，“十年如石、一点如漆”。“坚而有光、黝而能润、舔笔不胶、入纸不晕”，“烟细胶新、杵熟蒸匀、色不染手、光可射人”，“金章玉质、尽艺入微”等等。意思是说，上好的古墨质理应是非常丰润细腻，有像漆一样的光泽；坚硬像玉，纹理像犀牛角一样；保存10年后仍像石头一样没有变化，使用时用一点仍像漆一样；坚硬而有光泽，黑而细润，舔笔时不粘连，落在纸上不会洇纸；用料时选用细烟和新胶，制作时捣杵多遍，熏蒸均匀，墨的颜色不会把手染黑，表面的光泽可以照人；其质地有金和玉的效果，工艺细腻绝伦。各个时代、各个名家的佳墨名品在质理方面是非常讲究的，而且各自的特点均很突出。

鉴别墨的质理，一般包括墨的“本色”“漆衣”“漱金”“漆边”四个部分。

所谓本色是相对成型墨表现出的涂金填彩、绘图等图饰，完全是墨的本来面目。鉴别本色墨的质理优劣，主要是看制墨的基础工艺是否精到。例如，是否合胶适度，选料是否上乘，捣杵是否到家等。上等墨，或者名家的名墨，首先讲究的是墨本身的质理坚莹。否则，墨质松软，不仅不耐用，而且粗糙无光泽。近现代很多伪制的赝品，大都不掌握古代名家制墨的技艺，因此首先是质理劣差。

漱金松华圆墨

所谓漆衣就是在墨面加以刮

磨。明方于鲁著《墨谱》中讲漆衣就是“磋以锉，摩以木贼，继以蜡帚，润以漆，袭以香药，其润欲滴，其光可鉴。自刮磨兴，而画绩废，而善墨者竞为刮磨矣”。意思是说，所谓漆衣就是将制好的成墨用木锉将其锉平，用一种称为木贼的木块再轻轻磨，然后用蜡条再磨，最后再薄薄地上一层漆，撒上一些香料，就会产生润腻欲滴、光可照人的效果。自从这种刮磨法兴起以后，往墨上画彩的方法就废止了，做好墨的人大都使用刮磨法。据尹润生研究，“漆衣墨凡年代越远，漆皮越显得浑厚，并呈现蛇皮断纹，与古琴绝相似。所说的断纹，并不是裂纹，有纹不裂，隐蕴在漆皮之间，又与古瓷开片相同”(《墨林史话》)。墨的漆衣盛行于明代万历年间，尔后清乾隆年间又风行一时。在鉴定墨的漆衣时，以“莹润如玉、质坚如石”者真，反之则是假品劣品。

所谓漱金，即又被称为“雪金”“漆金”等的一种装饰。此方法在明清两代十分盛行。实际上三种名称之间也有区别，雪金主要是指在墨的所有面上撒上大小金片，其形似雪故名；漆金就是泥金，即是在墨的通体涂金，然后再涂上漆；而漱金一般是带漆边的装饰。这种金色墨由于上漆后变化较小，但一般如受过潮湿或烟熏，其颜色略淡且久远，但大都不会失去新鲜感。此种墨的鉴定，还应从漱金的特色及发展的形式入手。

所谓漆边，就是在墨的图案或漱金后，在墨的边上涂上漆。一般只漆左右侧，或在本色墨上漆两面的边。明代以上下左右侧通漆边为主，清代只漆两面边为多，并且各个名家的佳墨的漆边都有自己的风格，比较容易识别。墨的重量与声音是检查古代佳墨的条件与方法之一。一般的好墨，由于原料上乘，制作精细，显得比实际重量要重，敲击声音清脆。而墨制造的年代越久远，由于胶性渐退，则显体轻。同时，松烟墨比其他油烟墨显轻。中国名墨的伪造和仿制始自清初。主要是由于商品经济的发展，一些名墨的价格较一般墨的价格高出几十倍、上百倍。因此，有些人为了牟利，专门制造仿冒品。仿制品则是敬仰前人制作的佳品，特别是明代几大家的著名墨品。仿制者主要不是想骗人，而是为了宣扬自己，特别是显示自己的造墨技艺。伪品一般质差样粗，原料有的根本不是烟料，声音暗哑，体轻呈灰白色，墨上的图案更是粗糙不清，墨粗几乎不能研用等。伪品多仿冒明代墨家方于鲁与程君房的名款，近人也有仿曹素功的。还有一种伪品根本不是墨，而是类似碳晶石一类的石块，磨成墨形，直接雕刻名款、印章、墨名、年款或简单图案。

仿制品有的只标明年款（原真品年款），有的标原墨家名款，而不标仿制者名款，有的则标明某墨家仿明代某墨家。此类墨的原料及工艺皆很精到。近代，有的人为了图利，将仿制品充真品上市。有的甚至挖去清代墨家的仿制名款及年款，再用蜡打平，并在蜡处镌刻明代名章或年款以欺世。

当然，由于墨的制造工艺本身的局限，例如墨模可以多次或跨代使用，有的墨家制墨不署年款、名款，且一传数代，不太好区分鉴别其年代，应引起收藏者的注意。

知识链接

古墨与神仙鬼怪

中国古代文人有把笔墨纸砚等文房用具人性化的传统。在他们眼里，这些东西不仅能作书画之用，而且有它们自己的精、气、神。唐代冯贽的《云仙杂记》和元代陆友的《墨史》均记载了唐玄宗遇一墨精的故事。

唐玄宗的御墨用油烟加入龙脑（冰片）、麝香、金箔制成，而美其名曰“龙香剂”。一天，唐玄宗看到他的“龙香剂”御墨上有一个苍蝇一样的小黑点在爬行，仔细一看，竟然是个体积微小的小道士。唐玄宗贵为天子，自然不怕妖魔鬼怪，于是将这个小道士厉声喝住。小道士一看被皇上发现了，立刻跪倒在墨上，大呼“万岁万岁万万岁”。

唐玄宗觉得好玩，就问道：“你是什么人?”

小道士老老实实地回答说：

“我是黑松使者，就是墨精啊。”

唐玄宗更奇怪了，问：

“墨精？干什么的?”小道士回答说：“陛下有所不知，其实墨精到处都是，世上所有文士的墨上都有十二个龙宾。”

唐玄宗觉得十分神奇，一高兴就把御墨“龙香剂”分发赏赐给诸位执掌文事之官，并为墨另赐两个雅号：“龙宾”和“黑松使者”。

第三节 古墨的制作工艺与制墨名家

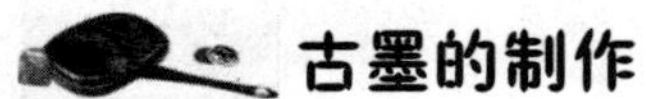

古墨的制作

明初沈继孙在其所著的《墨法集要》中，详细记述了制墨的整个过程，大致可分浸油、水盆、油盏、烟椀、灯草、烧烟、筛烟、熔胶、用药、搜烟、蒸剂、杵捣、称剂、锤炼、丸擀、样制、入灰、出灰、水池、研试和印脱共21个步骤。并且，每一步骤的介绍，都配以精美的附图。从他的介绍中，我们看到了明代制墨工艺的分工相当精细，制作流程也很合理，与宋代李孝美的《墨谱》相比较，后者仅列采松、造窑等8道工序，工艺孰精孰粗，一目了然。这里，我们依据古代文献，并参考近代制墨工艺的流程和特点，将古墨的制作方法和过程，分取烟、用胶、和剂、成型和加工五大部分，简要地作些介绍。

1. 取烟

烟是动植物未燃烧尽而生成的气化物。烟遇冷而凝固生成烟炱。所谓“取烟”就是取烟炱作为制墨的原料。烟炱又有松烟炱和油烟炱之分，前者用以制松烟墨，后者用以制油烟墨。

制作松烟墨，古人首先要去砍伐松枝，“采古松之肥阔者，截作小枝。削去签刺，搁其先成白灰，随烟而入，则煤不醇美”。然后，造窑、生火，再取煤。所谓取煤，也就是待窑冷却以后，去窑中刮取烟炱。烟炱按出烟的先后，分“前后中为三等，唯后者为优，中者次，前者又其次”。

制作油烟墨则不同，它最先的工作是浸油。油有桐油、麻子油、皂青油、

菜子油、豆油等，其中以桐油的烟最多，制墨“色黑而光”。浸油的要求很高，所加的配料“每桐油十斤，芝麻油五斤。先将苏木二两，黄连一两半，海桐皮、香仁、紫草、檀香各一两，栀子、白芷各半两，木鳖子仁六枚”。取来这些配料之后，再锉碎，放入麻油内，浸泡半个多月，平时还要用木杖搅拌。为了烧烟，事先还要准备好水盆、油盏、烟椀和灯草等。烧烟时，在密室中，将“水盆置木架上，盆窍向架外，塞住窍，浸水满砖，衬油盏于水内。每盏倾油八分，纳灯草讫，烟椀盖之。勿见风，致烟落。约四五刻扫烟一度”。以上取烟的方法是古法，不用说今天的人不会这样去做，就是明清时代的人，也已经不这样认真、考究，“今时少用此浸油法者，姑存其古云”。

2. 用胶

无论是松烟墨还是油烟墨，都必须用胶，用胶的好坏多少，对墨的质量影响很大。所以，古人十分重视。

宋人墨工陈赡造墨，据说采用了异人传授的和胶法。嘉兴人沈圭则有漆烟对胶法。早年，沈圭只知道韦仲将用五两之胶，李氏渡江，用上了对胶法，但是秘而不宣。沈圭心里很不服气。有一次，因为出灰池早了一点，墨断裂，由于所用的都是上好的墨料，他实在不忍心舍弃掉。于是，“蒸浸以出故胶，再以新胶和之。墨成，其坚如玉石”。从此，他悟得了“对胶法”。他在介绍自己用胶的经验时说：“盖虽精烟，胶多则色为胶所蔽，逮年远胶力渐退，而墨色始见耳。”拿他的墨与张孜制的墨相比较，他则认为：张孜的墨急于在目前卖掉，所以用胶不多，烟墨墨色如漆。但是时间一长，轻胶退尽，则黯然无光，跟木炭差不多。由此可见，用胶的优劣多少，不能掉以轻心；对鉴别古墨来说，能看出脱胶与否，也可以说是一种眼力。

鱼鳔胶的制作

胶有鱼鳔胶、牛皮胶等多种。古人熔胶，要求胶水清澈可鉴，因为“煮化得胶清，墨乃不腻，此最紧要大法”。

古人熔胶，除了配料、用胶多少和温度高低之外，还讲究熔胶的时间。按照《墨法集要》上说："凡造胶制墨，宜在正月、二月、十月、十一月。余月造者，大热则造胶不凝，制墨多碎；大寒则造胶冻瘃，制墨断裂。小墨尚可，大墨决不可为也。"

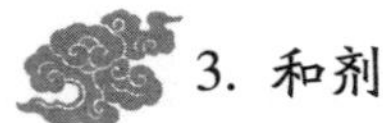

3. 和剂

和剂，也就是将制墨的各种配料，根据配方按一定的顺序添加、搅拌和杵捣锤炼，以成料坯。按《墨谱》上所说："每和入胶物，拌搜至匀，下铁臼中，宁干勿湿。捣三万杵，多多益善。"说到杵捣，对制墨来说，杵捣的次数越多越好，说"三万杵"，当然不是确数，只是极言其多。古人杵捣是很下功夫的，往往从辰时一直要捣到午时，大约 4 个钟点，方为成熟；而且，必须趁热杵捣，不能让它凝并了。从制作油烟墨的要求看，杵捣约六七百下，或一千杵即可。

杵捣后出臼，要趁热搓成条子"入灰"。

杵捣还有时间上的要求：不得过二月、九月。因为"温则败臭，寒则难干"。

4. 成型

先要说一说制模。现代人称之为做模具，类似于铸造工艺中的翻砂。制墨用的模具是用木料制成的。墨要制成什么图样，就得事先按设计图样，雕刻成墨模。

古人在谈到墨的样制时，主要是大小和纹理。墨的样制，太大则不便于用，太小则难以得色，"三四两得其中"。古墨的形制多有纹理，墨上的纹理是如何制作的呢？墨工间还互相保密，"秘而不传"。据载，古墨的纹理有：斜皮纹法、古松皮法、金星纹法、银星纹法、罗纹法和嵌金字法。详细制作方法在《墨法集要·样制》一节中有所记述。

墨模，又称印脱。"墨脱之制，七木凑成。四木为墙，夹两片印板在内板刻墨之上，下印文，上墙露榫用闩，下墙暗榫嵌住，墙末用木箍之。出墨则去箍。"其中还有压模一环。压模，也叫"坐担"。初制墨锭在印脱中很难得实，因此，必须"用压面床坐木担压之，方得四围都到，棱角美满"。再说"入灰"和"出灰"，其主要作用是使初制墨锭自然晾干，在灰中又能避风，

初制墨锭“不可见风，见风墨断”。出灰的时间掌握也很关键，“出灰太软亦断，出灰太干则裂”，不软不硬，方可出灰。置灰时间的月份、时间的长短，是否换灰换纸，不同性质的烟墨，不同大小的墨锭，要求都各有不同。

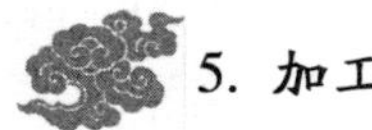

5. 加工

最后，我们将打磨、描金刻字都归入“加工”修整这一步骤内。墨锭出灰之后，墨锭只是个毛坯，上面多有毛刺、疙瘩，多处不平整不圆润，有些图案与墨模原样相比较，又有很多不尽如人意的地方。因此，“加工”这一步骤必不可少。

打磨也就是修整外形，把那些多余的毛刺疙瘩修锉掉，按墨模图样细加琢磨修饰，以求合乎设计要求。如果根据设计要求要描金敷彩的，那么就要描上金粉、银粉，填上颜色。如果设计要求刻字的，那么就要按样字雕刻，当然刻字的位置早就在制作墨模时留好了。

还有的在墨的表面要外加漆衣，使墨更显光彩。加漆衣，这是一种刮磨工艺，并不是真的去涂上一层黑漆。例如，明代制墨家程、方二氏在刮磨漆皮方面造诣颇深，通体加漆衣也是程墨、方墨的显著特点之一。

最后，还有制盒、包装等工序，它们也是“加工”步骤中的有机组成部分。从市场销售的角度出发，制盒、包装是十分重要的。事实表明，不注意商品的外包装，将直接影响商品的销售乃至声誉。

墨汁的制作

我国古代的墨一般制成墨锭，但有时也制出一些墨汁免得临用前再进行研磨。记载墨汁的最早文献可能是王嘉的《拾遗记》：“故老君居景室山与老叟五人共谈天地之数，撰经书垂千万言，有浮提国二神出金壶，器中有墨汁，状如淳漆。”《拾遗记》又名《王子年拾遗记》，为东晋王嘉（字子年）所撰，南朝梁萧绮曾加以整理。虽然这条有关墨汁的文献不知是出于王嘉之手还是萧绮之手，但都说明至少在南朝梁时我国已经开始使用墨汁。在北齐，墨汁的使用十分普遍，《隋书·经籍志》记载北齐“正会日，侍中黄门宣诏劳诸郡上计。劳讫付纸，遣陈土宜。字有脱误者，呼起席后立。书迹滥劣者，饮墨水一升”。宋代苏易简也言：“北齐……字有谬误者及书迹滥劣者必令饮墨水

优质的炭黑

一升。”从上文可见，墨汁主要供官场书手们抄写文书时用，如果是个人用于书画，其墨汁则通常临时用墨锭加水研磨而成。宋代吴子良在《荆溪林下偶谈》中言：“唐王勃属文，初不精思，先磨墨汁数升。酣饮，引被覆面而卧。及寐，援笔成篇，不改一字。”

中国古代虽然“墨汁”“墨水”一词出现较早，但记录制造墨汁、墨水的文献却极为少见。卢前在《书林别话》中说：“印刷用的墨汁用烟室开端的粗烟加胶料和酒制成膏状后，必须先在缸内存放三四个夏天，才能使臭味散去，而且存放越久，墨质也越好。如果用临时磨的墨汁印刷，就很容易化开，使字迹模糊。久贮的墨膏，临时可以加水充分混合后，用马尾制成的筛子过滤再用。”谢崧岱在《论墨绝句诗》与《南学制墨劄》中记之尤详。

北京一得阁是目前国内生产墨汁最为著名的厂家，由湖南人谢崧岱创始于1865年。谢崧岱制成的墨汁，克服了深浅不一、装裱易跑墨的弊病，完全可以与墨块研成的墨汁相媲美，又有取之方便、省时省力的优点，自此一得阁墨汁的声誉不胫而走，蜚声京城。

墨汁的制作工艺主要是：炼烟→制胶→和料→研磨→配料→装瓶。

1. 炼烟

油烟与松烟都可以用于制作墨汁，其生产方法详见前面章节。通常用于制作墨汁的烟炱多用烟室开端的粗烟，如《天工开物》所言：“靠尾一二节者为清烟，取入佳墨为料。中节者为混烟，取为时墨料。若近头一二节，只刮取为烟子，货卖刷印书文家，仍取研细用之。其余则供漆工垩工之涂玄者。”当代用工业炭黑代替松烟与油烟生产墨汁也很常见。炭黑是碳氢化合物受热分解而成的无定形碳，为疏松、质轻而极细的黑色粉末，可用于制作墨汁与墨锭的原料。由于炭黑质量有高有低，因此选用的炭黑质量与生产出的墨汁质量直接相关。如生产高档墨汁，就选用质量好的炭黑；若生产低档墨汁，

则选用质量差的炭黑。区别炭黑质量高低的方法与古代区别烟炱质量高低的方法基本相同，即粒度越细、品质越纯、颜色越黑的炭黑质量越高。

2. 制胶

先称取一定数量的骨胶或皮胶，选用骨胶还是皮胶主要根据生产墨汁的等级而定。如生产低档墨汁，则选用二级或三级的骨胶；如果生产中档墨汁，则选用一级骨胶；如果生产高档墨汁，则选用质量更好的皮胶或黄元胶。将称好后的胶盛放于大铁桶内，通入蒸汽或者用夹套锅进行蒸煮，使胶完全融化。

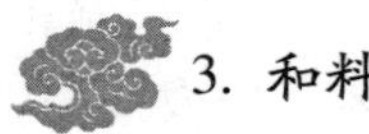

3. 和料

在胶熔化后就可以根据比例将称好重量的烟炱、炭黑加入液态胶料中，搅拌成稠膏状后，就可以放入研磨机中进行研磨。

4. 研磨

研磨的作用一是通过机械作用将大颗粒的炭黑碾碎，二是使炭黑与胶料混合得更加均匀。研磨使用的机械是一种轧辊式研磨机，通常具有 2 ~4 个轧辊，可以对膏状的炭黑胶料混合物进行研磨。研磨时间的长短通常根据要生产的墨汁质量决定，若是生产一般的低档墨汁通常需要研磨 4 个小时，若是生产中档墨汁则研磨的时间需要延长，若是生产高档墨汁则研磨的时间需要更长。由于在研磨中轧辊与研磨物之间会产生热量，所以加入炭黑与胶料的混合物不需专门加热，在研磨过程中始终处于较为黏稠的软膏状。

5. 配料

将研磨好的炭黑胶料混合物放在大缸内先加入热水，用搅拌机搅拌均匀。如果生产的是低档墨汁，则加入苯酚、太古油等作为防腐剂；若是生产高档书画墨汁，则除了防腐剂外还要添加冰片一类的香料。然后经充分搅拌后就可以装入贮墨桶进行分装。

6. 装瓶

将加工好的墨汁从贮墨桶中用小管注入玻璃瓶或塑料瓶中，拧好盖后贴上标签，装入纸箱，就成为成品墨汁了。

魏晋至两宋的制墨名家

中国传统制墨工艺的发展，始终同著名的墨工相联系，并不断造就新的制墨大师，推动制墨业的不断进步。特别是在中国漫长的封建社会史中，这些制墨名工的产生与延续，无不同自给自足的自然经济和封建中央集权制相联系，同当时社会的政治、经济、文化的发展相联系。制墨名工的发展史，就是中国制墨业发展史的精髓。

韦诞（字仲将），公元3世纪人，三国时期著名书法家和墨家。曾任魏明帝太和年间武都太守、光禄大夫等职。由于其嗜墨如命，收藏并接触当时很多的名墨。他在总结前人制墨经验的基础上，刻意探求，制出了一代名墨，史称“伍及墨”。时有“仲将之墨，一点如漆”之誉。他本人亦言：“夫欲善其事，必先利其器，若用张芝笔，左伯纸及臣墨，兼以三者又得臣手，然后可以逞径丈之势，方寸千金。”他在当时的文人雅士中备受推崇，成为三国时期以漆烟、松烟夹和而为特色的一代制墨名家。

张永，南朝刘宋著名墨工。他制的墨名声很大。以至于每当宋文帝（刘义隆）批阅进呈的奏章时，总是叹道：“供御者不及也。”后来，专门诏张永进宫督造御纸、御墨。

祖敏，唐代著名墨工，易州人。曾被唐朝封为墨务官，主持全国制墨的生产督理。造墨以鹿角胶煎膏而和松烟制，佳妙上乘，唐代闻名，所制的墨后人称为“祖敏墨”。

奚鼐，唐代制墨名工，易州人。与奚鼎兄弟二人同以制墨称名当时，其中奚鼐更为有名。他制的墨上有光气，印有“奚鼐墨”及“庚申”铭文。

奚超，唐末至五代南唐期间的制墨名工，易州人，奚鼎之子，奚廷珪（李廷珪）之父。唐末战乱，携全家南迁歙州（今安徽省黄山市歙县），重振墨业，受南唐后主李煜赏识，赐国姓“李”，所制之墨，泛称“李墨”。

奚（李）廷珪，唐末至五代制墨名工，易州人，后迁居歙州，唐代至五

代期间著名墨工奚（李）超之子。其继承了父辈的精湛技艺，并刻苦钻研，改进工艺，最后形成了独领数代风骚的“歙州李廷珪墨”。他制的墨首先是工艺精。在配料方面，一斤松烟之中，用珍珠三两，玉屑、龙脑各一两，同时和以生膝，捣十万杵。因而有所谓“得其墨而藏者不下五六十年，胶败而墨更调，放在水中三年不坏”之说。在工艺方面，他创造了“对胶法”，即在烟中和入等量的胶，改变了以前用胶的分量只有一半的旧工艺；同时，还首创了分次和胶技术，有时多达四次，史称此部分墨为“四和墨”。为了防腐、防蛀，长期保存，他还改进了制墨配方，加入了珍珠、麝香、冰片、樟脑、藤黄、犀角、巴豆等 12 味中草药。在造型方面，他制的墨极为讲究，其名色主要有“剑脊龙纹墨、双脊鲤鱼墨、蟠龙弹丸墨”等。并且开始使用墨模。其家世代受到宫廷的重视，曾被南唐后主李煜赐姓李，其父被封为“水部员外郎”，他及子孙被封为世代墨务官。他制的墨被称为御制香墨、新安香墨等。当时，澄心堂纸、龙尾砚及李廷珪墨，合称为南唐“文房三宝”。时人及后人对他多有赞誉，他的墨被称为“丰肌腻理、光泽如漆”“坚如玉、纹如犀”“天下第一品”等。到了宋代，竟发展到“黄金易得，李墨难求”的状况，一枚李廷珪墨卖到一万钱。李廷珪墨在中国制墨发展史上，取得了重要的地位和成就，为徽墨的发展，奠定了坚实的基础。

韦诞书法

张遇，宋神宗熙宁、元丰年间（1068—1085 年）制墨名工，黟州人。以特制“供御墨”称名于当时的制墨行业。他生产的墨，主要是油烟墨。“龙香剂墨”是他的代表作。据记载：张遇创制了用油烟、脑麝、金箔成墨的先例。他制的墨流传很广，就连当时的敌对国家——金国的皇帝金章宗，也派人购买张遇制的“麝香小御团墨”。宋代另一位制墨家潘谷曾在秦少游家看到“张遇墨一团，而为盘龙鳞鬣，悉具甚妙，如画其背。皆有‘张遇麝香’四字”。宋代一些收藏家，争相收其所制之墨，成为当时一种风尚。到了元、明两代，张遇墨更为珍贵。

吴滋，宋代著名制墨工，新安（今安徽省歙县）人。他终生钻研制墨技艺，并且广泛借鉴他人经验，力求精益求精。他利用对胶法使其制墨技术大增，制成的墨品有“滓不留砚”之称。元陆友著《墨史》中记，宋孝宗赵奋在当太子的时候，因为看吴滋所造的墨特别好，曾例外赏给吴滋缗钱二万。宋代李司农曾说：“新安出墨旧矣，唯李超父子擅名，近日墨工尤多，士大夫独吴滋，使精意为之，不求厚利，骎骎及前人矣。”意思是说，新安有产墨的传统，唯有李超父子最有名。当时的墨工很多，只有吴滋制作最精心，不追求厚利，快追上前人了。

潘谷，宋元祐时期制墨名工，新安人。他制墨有三条原则：一是制墨精妙；二是售墨时其价不二；三是不持钱求墨，不计多少，来者必送。他所制的“松丸”“狻猊”“枢廷东阁”“九子墨”等名墨，被时人与后人称为墨中神品。他所制的墨，一律被人称为潘墨。潘墨的特点是，“香彻肌骨，磨研至尽，而香不衰”。

潘谷还精于辨墨之学。凡墨只要经他一摸，立即必知精细。苏东坡推之为“墨仙”。

戴彦衡，宋高宗绍兴年间新安人，著名墨工。他曾于宋绍兴八年（1138年）制作出一套“复古殿供御墨”，墨面印制宋代画家米芾所绘“双角龙”“珪璧”“戏虎”等图案。制墨尤其注意选料，极力推崇以黄山之松为根本。

沈圭，宋代著名墨工，嘉禾（今浙江省嘉兴）人。他原为绸缎商人，后常到黄山经商，学得歙县一带制墨之法，并刻意研究创新，所制之墨称誉当时。他制墨的特点是：“以意用胶，墨无定法。”也就是说他不拘泥于用一种方法制墨，而是在用胶方面不断创新。他还创造了“漆烟”，即取古代的松烟，掺杂以脂漆滓一起再烧，得出的烟煤极其精细，故称“漆烟”。时人滕令嘏称：“虽二李（李超、李廷珪）复生，亦不能远过之。”并在其《墨铭》中说：“沈圭对胶，十年如石，一点如漆。”

叶茂实，宋代著名制墨家。他注重总结前人经验，刻苦钻研制墨新法，创出闻名一世的“叶茂实制墨法”。元代陆友著《墨史》中对其法有如下表达：“用嫒阁幂之以纸张，约高八九尺，其下用盘贮油炷灯，烟直至顶，其胶法甚奇，内紫矿、秦皮、大贼草、当归之类，皆治胶之药。盖胶不治则滞而不清，故其墨虽经久，或色差淡，而无胶滞之患。”元陶宗仪称其“惟茂实得法，清墨不凝滞”。江苏出土的半枚墨，正面存“实制”二字，质细如玉，经研究为叶茂实之墨。

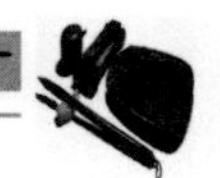

苏澥，字浩然，号支斋居士，陕西武功县人，宋代制墨名家，主制松烟墨。宋何薳在《墨记》中讲道：“高丽人入贡，奏乞浩然墨。诏取家中，止以十笏进呈之。世人获其寸许者，如断舍碎玉，争相夸玩。”可见声望之高。

刘法，金代著名制墨家。他深钻细研传统制墨技法，逐渐形成了独特的造墨之法——“刘法造墨法”。其法在杨邦基画《墨史图》中记载：“一曰‘入山’，二曰‘起灶’、三曰‘采松’、四曰‘发火’、五曰‘取煤’、六曰‘烹胶’、七曰‘和剂’、八曰‘成造’、九曰‘入灰’和‘治刷’、十曰‘磨试’。”

朱万初，元代著名墨工，豫章（今江西省南昌）人。他最擅长以纯松烟制墨，即只取那些有三百年以上树龄的精良松树做制墨原料。元代大书法家康里子山特别喜爱朱万初的墨，他将其墨进献元帝，备受赞赏。元人虞文靖曾称赞其墨为“沉着而无留迹，轻清而有系润”。

徽墨独秀

在明代，制墨的产地集中在安徽省，孕育出著名的“徽墨”。后人将明代墨家分为歙县、休宁两大派。其中歙派以罗小华、程君房、方于鲁为代表，休宁派以邵格之、汪中山等人为代表。

在明代早期的墨家中，以方正、邵格之、罗小华最为著名。方正是新安（今歙县）人，清代张仁熙的《雪堂墨品》，将方正的牛舌墨列为第一：“论墨家多推方氏，几与小华道人等，殆世庙（明世宗朱厚熜）前人也。宋牧仲君一日谓余曰：‘吾藏墨有方正者。’余急呼曰：‘得非牛舌墨乎？’发视果然。盖诸家推方氏以牛舌墨为最耳。”

邵格之，名正己，休宁人。他被后人推为徽墨中休宁派的创始人。他制有“神品刀墨”，墨上铭有“得隃麋之妙法，绍方翼之真传”，“玄文如犀质如玉，法治于超（李超）迈于谷（潘谷）”，可见自视甚高。邵格之不但以制墨名世，还工于诗。

与方正、邵格之相比，罗小华的名气就更大了。罗小华名龙文，字含章，号为小华道人，歙县人。在明代前期，罗小华的墨在程君房、方于鲁之前，被称为当朝第一。邢侗《墨谈》中称：“罗龙文墨是豪游中哲匠，金相玉质，水煤尽属上，清高华鲜，令别作妙观。”罗小华出身于豪富之家，他制墨选料都用极精的上品，“一笏之费，价抵连城”，十分珍贵。邢侗曾得到一挺罗小

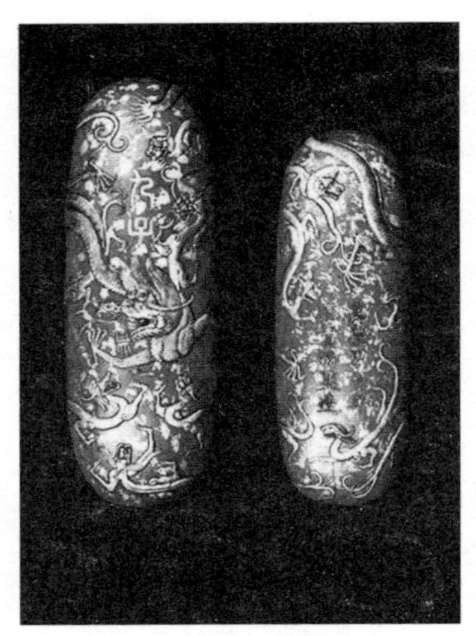
牛舌形墨

华墨，“弹之铿铿作金石声，色理暗然，钻之弥坚，即烦博浪一击，不能骤碎”。因此邢侗“不欲研磨，宝若躯命。再三十年，拟作河间圹中殉，不复令从世间磨人”。

罗小华被明世宗时的奸臣严嵩之子严世蕃搜罗为幕宾，官至中书舍人。后来严世蕃罪发弃世，罗小华也受株连，遭杀身之祸。中国历代都是由人品论及作品，罗小华虽然名高一时，也有人对其墨品颇不以为然，在后代终不如程君房、方于鲁之盛。

明代嘉靖年间，休宁派的墨家中，出现了一位墨史上不能不提的人物，这就是集锦墨的创始者汪中山。休宁墨家华丽精制，雅俗共赏，式样、图案各异，以集锦墨见长的风格，可以说是自汪中山以后才奠定的。与汪中山同时代的高濂，在《燕闲清赏笺》中记述了汪中山的各种集锦墨：有太极、两猊、三猿、四象、五雀、六马、七鹇、八仙、九鸾、十鹿的十种一套，也有“玄香太守”小长墨四种，“客卿”小圆墨四种，“松滋侯”小方墨四种等。他的精品用豆瓣楠木为匣，内髹朱漆，并签上墨名的印款，十分精致。汪中山墨不仅外形美观，墨质也极佳。

明代万历年间，明代墨坛上出现了两位可以与历史上的李超、李延珪、张遇、潘谷等人并入一流的墨家——程君房和方于鲁。歙派墨家的风格是以上层文人和贡御墨为服务对象，墨品烟清胶细，隽雅大方，这种风格在程、方之时得以确立和发扬。歙派墨家在徽墨中的优势地位，也是在程、方之时才确立的。程君房、方于鲁不仅是歙派墨家的重要人物，而且是明代墨家的杰出代表。

程君房名大约，字幼博（一说程君房字土芳，与程大约字幼博者为两人），歙县岩寺镇人。明清以来论墨者，都对程君房给予极高的评价。邢侗称他为“墨家之董狐”，制墨专以烟细胶轻、墨品大方取胜；张仁熙称他“使于墨，意专在名”。邢侗曾经试磨程君房的“妙品”“重玄”墨，称“初焉入耳，色泽无异时工，磨而试之，勃然五色云起凤池之上，坚而能润，黝而有光。余求所谓舐笔不胶，入纸不晕，今始见之”。后来，他才知道“妙品”“重玄”在程墨中尚属下乘，因此极欲一见程墨的上品。当他得到了上品“寥天一”非烟墨后，“试磨一线，紫烟上浮，神王气清，精光射目。其视‘重玄’、‘妙

品’，迥出天渊”！

程君房对于自己的制墨技艺也很自负，他在墨上题写有“我墨百年，可化为金，易传者法，难传者心，宝之藏之，为汝实深”。他将自己的墨品刻成大型图谱《墨苑》，该书选用绘画和雕刻名手制版，并且加以五彩，图式精美，卷帙众多，被后人视为墨谱之冠。

程君房的朱砂墨

与程君房同时的方于鲁，是与程君房并驾齐驱的一位墨家。方于鲁初名大激，后以字行，改字建元。他也是歙县人，曾在程君房的墨肆中学习制墨，深得程氏的制墨技艺。但后来与程氏发生矛盾，遂自立门户，开始自己制墨。方于鲁制墨，不像程君房那样“意专在名”，而是“多为利”，具有更浓厚的商业性质。为使墨的外形更加美观，方于鲁创制了刮磨之法，就是在墨经过模压后，“磋以锉，摩以木贼，继以脂帚，润以漆，袭以香药”，这样就使墨的外观“其润欲滴，其光可鉴”。

方于鲁对墨的外形、花纹也很考究。他把自己的墨品编成《墨谱》八卷，墨的形状上自符玺，下至杂佩，有385式。明代高濂称方于鲁的墨谱“似尽善也”。方于鲁的制墨胶法、烟料也很精，他用灵草取汁解胶，因此墨能“坚而不滞，润而不散”。

方于鲁不仅以制墨闻名，还工诗。由于方于鲁与文人学者多有交往，他的墨也深受文人学者的欢迎，因此墨名大振，为历代论墨者称誉不绝。

程君房、方于鲁之后，休宁墨派中也出现了一些堪与程、方媲美的高手。如吴拭，在天启、崇祯时刻“博古新样”墨，品目至60余种，“形式既殊，物料绝胜”。万寿祺的《论墨》称：“万历、天启之间，程君房、方于鲁、吴去尘最著”，将吴去尘与程君房、方于鲁并称为大家。

休宁墨家中，有一位为徽墨做出了杰出贡献的画家兼墨模雕刻家——丁云鹏。他虽然是休宁人，但程君房、方于鲁和许多歙派及休宁派制墨名家的墨模，都有他绘制的精品。由此可见，徽墨中的歙派和休宁派，只是产地、风格有所不同，两派各有所长，又互相补充，才使徽墨不断有所发展。

清代编修的《歙县志·食货志》中，把墨家分为“文人自怡”“好事精鉴”“市斋名世”三种。前两种人，多出自歙派墨家。像潘嘉客曾官至广州通判，以作诗文和制墨为乐，他制墨不是作为商品出售，而是属于“文人自怡”。他吸收了休宁派的长处，将集锦墨引入歙派，使歙派墨家自此也增加了集锦墨的品种。明代晚期，歙派墨家中的潘方凯、程凤池、程公瑜等人，制墨也名盛一时，入清以后，仍然为徽墨的领袖人物。

在明代中晚期，歙派和休宁派之外，婺源墨派悄然而起，几成与歙派、休宁派三足鼎立之势。只不过婺源墨以低档墨为主，以中下层的小知识分子和劳动人民为服务对象，所以不如歙派、休宁派墨家那样著名。

知识链接

康熙赐墨名

“紫玉光”是康熙御赐的墨名，这里还有一段与清代制墨四大家之一的曹素功有关的故事。

曹素功原是顺治年间秀才，授布政司，后返故里制墨，又常以琴棋书画自娱。每当写字作画，他都感到墨的色香欠佳，便精心探究制墨技艺，以求得心应手。

曹素功虚心向当时的徽墨名家吴叔大求教，潜心钻研，终于走上了徽墨之冠的宝座。“紫玉光”说的是曹素功成名的故事。

据说康熙皇帝南巡江宁时，素功以得意之作集锦墨进献，康熙帝看罢这套集锦墨后赞叹不已，亲自为该墨赐名曰“紫玉光”。这套名贵的墨，后又用该名制成漱金紫玉光墨，共36锭，分别代表黄山36峰，每锭墨形、色彩均按黄山各峰形状、大小、特征而定。拆开时是黄山诸峰，独立成景，拼合起来，恰巧是一幅完整的黄山全景。一时诗人墨客题咏甚多，集为《墨林》二卷，名声大噪。之后清朝贡墨也都用曹素功及其后人的精制墨品，曹素功墨成为御用的文房四宝之一。

第四章

洛阳“纸”贵

纸,是汉族劳动人民的一项伟大发明。现在世界上纸的品种虽然以千万计,但“宣纸”仍然是供毛笔书画用的独特的手工纸,在国际上有“纸寿千年”的声誉。

第一节 纸张的发展

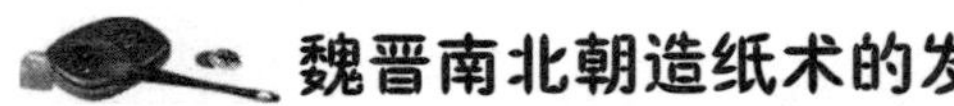

魏晋南北朝造纸术的发展

魏晋南北朝共 361 年，在这段动荡的历史时期，出现了各族人民在语言、思想上的大融合，文化艺术上的大传播，书画艺人层出不穷，诸多艺术齐头并进的繁荣昌盛局面。造纸技术也得以空前的发展，纸也得以广泛的应用。此时，首开我国造纸术外传的新纪元。

自蔡伦改进造纸技术，造出优质纸后，到被社会正式承认以至广泛使用开来，经历了一段相当长的时期。魏时士大夫贵族阶层中仍然存在着“贵素贱纸”的风气。但用纸著书、抄书的事却越来越多。南朝宋时裴松之注《三

蔡伦画像

国志》中引载：“帝以素书所著《典论》及诗赋饷孙权，又以纸写一通与张昭。”可见当时魏文帝曹丕曾用纸抄写《典论》送人。当时的书家也多以麻纸书写。

自晋朝以后，创造了在帘床上可移动的竹帘捞纸的造纸新设备，造纸原料也逐渐增多，有力地促进了纸的产量和质量的不断提高。晋时南北分而治之，故晋纸也有南北区域之别，因当时用竹帘造纸，纸面呈现明显的纹路，故称“帘纹纸”。据说北方用横帘造纸，纸呈横纹；南方则用竖帘造纸，纸出现竖纹。

晋朝时期在剡县（今浙江嵊县西南）剡溪（曹娥江上游）长达四五百里地段，生长着一种茎秆不能直立、匍匐于地面或攀附他物的野生植物野藤，当地人便以藤皮作为造纸原料，又利用清澈的溪水，制出的纸张匀细光滑、洁白如玉，因而有“剡纸光如月”的美誉，著名当时；又因是以剡溪古藤作纸，故称为“剡藤纸”或“剡纸”。

当时的古郡东阳（今浙江金华市东阳县）生产一种鱼卵纸，又称鱼笺。其纸柔软，光滑洁净，深受当时书家所喜爱。晋卫夫人的《笔阵图》中载：“纸取东阳鱼卵，虚柔滑净者。”表现了时人对鱼卵纸的赞誉。

晋代南方造纸丰富多彩，北方造纸也独具特色。北方人多以桑枝（落叶乔木，一般为山桑、白桑、条桑等）茎皮纤维造纸，质地优良，色泽洁白，轻薄软绵，为当时文人名士所喜用，北宋苏易简的《文房四谱》中载：“雷孔璋曾孙穆之，犹有张华与祖书，所书乃桑根皮也。”这种桑根皮就是当时的桑皮纸，因其纸拉力强、纸纹扯断如棉丝，故又称为“棉纸”。从此可看出南北造纸的区域性和造纸材料的多样化。

东晋时期，纸的原料较多，但仍采用蔡伦造纸时的原料，以烂鱼网、破布造纸，故称为“网纸”“布纸”，因当时的鱼网破布均为麻类纤维，故属麻纸之类。这一大品类，因原料易得、制作简单、纤维细长、纸质较佳、物美价廉，深得当时书家的喜爱，我国现存最早的书法真迹《平复帖》就是西晋文学家、书法家陆机书写在白麻纸上而流传至今的，这是我国传世最早的麻纸书法实物。

为了延长纸的寿命，当时已出现对麻纸进行再加工的新技艺。其方法是将黄蘗（也称黄柏）捣烂熬取汁液、浸染纸张，浸染时一般有两种方式：一是先写后染，此法多作染书之用，即文字写成后，再加以浸染。古时称染书为“入潢”（潢意为染纸），染书的人称为“染潢匠”。二是先染后写，是将纸浸染后，待书写之用，浸染的纸称为染潢纸。此纸多为当时抄写经书和官府文书之用纸。两种方式的染纸程度，均以灰白为佳。色不可太深，深则暗而灰淡。

从以上可看出晋朝时期麻纸的生产在数量上和质量上仍占首位，并深得书画家所喜爱。值得一提的是当时茧纸的应用颇有名气，据说晋大书法家王羲之流芳千古的《兰亭序》就是用茧纸所写。唐张彦运的《书法要录》中载：“兰亭者……用蚕茧纸，鼠须笔。遒媚劲健，绝代无比。”北宋文学家、书画家苏轼的《孙莘老求墨妙亭诗》开篇首句就是“《兰亭》茧纸入昭陵”。这种纸纸质白细且有光泽，其上纤维犹如蚕丝交织，故美其名曰“茧纸”。日本学者大村西崖在《中国美术史》中也有阐述：“《兰亭序》则书于蚕茧纸也，蚕茧纸谅系麻纸有滑泽者。”此纸应是植物纤维类，属麻纸中的佳品。另外当时江苏六合县产的六合纸也颇有名气。东晋末，安帝元兴元年（402年），桓玄篡政时曾下令：“古者无纸故用简，今诸用简者，宜以黄纸代之。”这是我国古代由政府下令正式用纸的开端。这里的“黄纸”，也就是上述那种防腐防蛀的染色纸。由于安帝的提倡，纸很快成为当时的主要书写材料。随着纸张运用的广泛性，纸的制作也根据书写内容的多少，规定纸张的长短。宋苏易简《文房四谱》中说：“晋令诸作纸，大纸一尺三分，长一尺八分，听参作广一尺四寸，小纸广九寸五分，长一尺四寸。”这说明当时纸的生产已有较明细的规格。

纸品类的增多，生产的数量增大，不但为书法的发展提供了物资条件，同时也出现了用纸绘画的现象。1964 年，在新疆维吾尔自治区吐鲁番县阿斯塔那的一座晋墓中，出土一幅彩绘纸画，长 106. 5 厘米，高 47 厘米，由六张纸粘连在一起，画面清晰，人物动态俱肖，日月星斗、田园阡陌等历历在目。根据画面内容被命名为《地主生活图》。这张晋代纸绘画比现存传世最早的纸本绘画真品——唐著名画家韩混的《五牛图》还要早三四百年，这张绘画是我国，也是世界上现存最早的纸绘彩画。

在晋朝时期，高质量的纸除作为皇帝的御物外，也成为文人墨客赠送友人的礼品，晋书法家王羲之曾一次赠送他少时的好友东晋书法家谢安麻纸九万张。更有趣的是，王羲之女儿出嫁时，无任何嫁妆陪送，王羲之只写了一大卷字纸，交给女儿，怀抱上轿进了婆家门。这些记载和传说，足以说明当

时用纸和字纸作为礼品相赠送是十分高雅的行为，富有深刻的寓意。

好纸的出现也为书法传真提供了必要的物质条件，为后世保存了大量的历代名家书帖。晋书法家王羲之学书涉猎诸家，博采众长，自创王体，据说曾得力于蔡邕的《石经》、张芝的《华山碑》、钟繇的《受禅碑》，而这些碑当时均在北方。如没有相当的摹拓本，南方的王羲之怎能从这些碑中取得有益的营养呢？晋著名画家顾恺之，当时曾用好纸涂黄蜡，拓名画而不失神采笔意，也足以证明当时摹拓用纸绝非粗劣之物。

纸的大量生产和纸质的不断提高，对于历史典籍的保存和知识的积累都起了很大的作用。当时战事繁多，文人多从事著述，私自修史和竞相抄书的风气盛行。晋武帝时，秘书监荀勖依《中经》之意著《新薄》，共有29450卷。西晋史学家陈寿所著的《三国志》一书，成书后不久，为晋人用纸抄写，成为我国，也是世界上第一部用纸写成的书，拉开了人类用纸写书历史的序幕。晋代文学家左思构思10年写成《三都赋》。洛阳（今河南省洛阳市）富贵之家互相转抄，一时纸的价格为之而高昂起来，因而留下了“洛阳纸贵”的美名，成了一个著名的典故，现多用以赞颂别人的文章著录流传之广。

东晋和南北朝时期，我国南方商业已较发达，集市较活跃，纸与绵、席等物充斥南方集市。宋孔道成从会稽（今浙江绍兴）来建康（今江苏南京市），带货船十余艘，满载绵、纸、席等物。足见纸在当时已作为交换流通的商品了。

南北朝时，南方浙江的造纸产地除兴于晋时的剡溪、东阳外，又有大的发展，余杭（今杭州市以北地区）、由拳（今浙江嘉兴县）等地的藤纸也脱颖而出，一时被奉为纸中之上品。当时北方造纸匠左伯的家乡一带，也发展成为制造优质纸的重要产地，五色花笺已成为当时的代表作品。这种纸曾得到皇帝的青睐和赞誉。梁武帝（萧衍）在《咏纸诗》中说：“皎白犹霜雪，方正若布棋。宣情且记事，宁同书网时。”这首诗也因首开咏纸之先河而被载

南朝刘宋文帝（424—453）时，民间造纸技术已达到很高的水平

入史册。

南朝刘宋文帝时，民间造纸质量已达到较高的水平，有的超过御用的纸张，据《宋书·张永传》中说："张永善隶书，又有巧思，纸及墨皆自营造。"他名扬当时，所制之纸，被称为"张永纸"。后闻名宫廷，为文帝得知，便召至宫中更制御纸。

当时，有一种红颜色的纸，名叫赤纸。永初元年（418 年），刘裕将废东晋，自立为帝，曾欣然向部下说："晋氏久已失之，今又何恨，乃书赤纸为诏。"可见这种纸已作为帝王下诏书的专用纸。

南北朝时，随着当时文化发展的需要，纸完全取代了竹帛的地位，成为当时主要的书写材料，在书写领域中开创了新的局面。

当时著书立说之风盛行，整理典籍长篇巨著大量出现，纸书风行全国。纸的大显身手，为助此风起到了推波助澜的作用。据载：当时仅著晋书者就达 23 家之多，卷帙之重，前所非比。南朝宋谢灵运整理秘阁书，补足阙文，造《四部目录》，共 14580 卷。仅举以上两例，便可看出著书人数之多，著作之巨，如没有大量的纸的生产，是难以想象的。著书的增多，又兴起名人学士藏书之风，当时有的人竟"骤书万余卷"。梁元帝（萧绎）平生喜抄写，收集公私典籍 7 万余卷，曾运到荆州。公元 554 年，西魏攻占江陵时，梁元帝竟在外城烧毁历代名画、典籍 24 万卷，从而也可以看出当时社会上纸量之大。公元 589 年，隋灭陈时，曾获得大量的陈朝藏书，这些书籍多为陈宣帝时用纸精心抄写的。纸的大量生产和优质纸的出现，为名家墨迹摹拓复制，奠定了物质基础，南北朝时，已有用纸"搨书"的记载。梁武帝酷爱书画典籍，曾令人用大量的纸，拓右军遗书，以欣赏玩味。清冯武《书法正传》中载："梁武帝得右军遗书，令殷铁石搨（拓）一千字，每字一纸。"其用纸不光量大数多，而且绝非厚薄不匀的粗糙之纸所能为之。

由于这一时期，造纸术得到了较快的发展和广泛的运用，所以被北魏杰出的农业科学家贾思勰载入《齐民要术》一书中。该书以两节篇幅专门介绍造纸原料（榆树皮）的处理加工技术和纸进行艺术再加工（以黄蘗汁染纸防蠹）的具体做法。贾思勰把各家造纸技术等加以总结，上升到比较系统的理论。这对指导当时的造纸业和以后的造纸技术都起到了一定的指导和借鉴作用。

综上所述，纵观两晋南北朝时朝，造纸术的发展和运用都已达到较高的

水平，为各种学派争鸣，史学、文学和艺术的发展，自然科学的进步，提供了十分有利的条件。

隋唐造纸业的繁荣

隋唐时期中国科学技术、文化艺术、宗教等方面都十分繁荣。社会对纸张的需求量猛增，促进了造纸技术的蓬勃发展，出现了第一个高峰期，这一时期的主要特点是皮纸的迅速崛起。

皮纸最早出现于蔡伦时期，但从出土的实物看，在唐以前其产量远不如麻纸，南北朝以后才有所转变。唐代起，皮纸逐渐占据上风，成为最主要的纸种，主要品种有藤纸、楮皮纸和桑皮纸。

藤纸出现于晋代，在唐代达到全盛。婺州、杭州余杭县、信州、衢州等地皆贡藤纸。

唐代藤纸的品质很高。唐人李肇在《国史补》中罗列当时“纸之妙者”，首言“越之剡藤”。藤纸作为当时的高级公文用纸，优先为皇室及皇家道观所选用。

除写字作画外，剡溪藤纸还另有妙用。唐代学者陆羽在其所著《茶经》一书中有“纸囊，以剡溪藤纸白厚者夹缝之，以贮所炙茶，使不泄其香也”的记载，说的是选用又白又厚的剡溪藤纸制作纸袋，存放新茶，有不泄茶香之功用。

藤纸在唐代进入极盛之后很快便走向衰落。藤不仅生长地区有限，而且成长缓慢，再生周期长，过度采伐必然导致资源枯竭。唐代文人舒元舆曾经满怀愤慨地写下了《悲剡溪古藤》，他向人们提出警示，我们对自然资源的开发和利用必须适度，必须遵循客观规律，不能只顾眼前利益，一味地索取，否则就不可能持续发展。

藤纸产量的骤然滑坡，给其他各类皮纸生产提出了更高要求。此前，汉魏至两晋南北朝时期皮纸在总体上相对滞后，隋唐之后，随着社会对纸张需求量的猛增和麻纸原料的短缺，皮纸迅速发展起来，不仅以剡藤为代表的藤纸名著一时，楮皮纸、桑皮纸也都发展得很快。

隋唐时期生产的皮纸多有传世。广为人知的唐冯承素所摹《兰亭序》用的是楮皮纸。故宫博物院藏唐代画家韩滉（723—787）的《五牛图》用的是桑皮纸。

品质优良的楮皮纸使用起来得心应手，使唐代一些文人对楮皮纸青睐有加。据唐末人李玫（882—947）《纂异记》记载：“薛稷为纸封九锡，拜楮国公、白州刺史，统领万字军，界道中郎将。”薛稷（649—713）是唐初大书法家。所谓“九锡”，是古代帝王赐给大臣或诸侯的九种器物，如王莽建新朝前先加九锡、汉末献帝赐曹操九锡等。薛稷之后，唐代著名诗人韩愈（768—824）的《毛颖传》有“颖与会稽楮先生友善”之说，称毛笔为“毛颖”，楮皮纸为“楮先生”。后人沿袭此说，进一步以“楮”代“纸”，遂即出现“楮墨”“片楮”等说法。如元代张翥的《题赵文敏公木石》中就有“吴兴笔法妙天下，人藏片楮无遗者”的诗句。

在传承唐代技术的基础上，五代十国时期皮纸制造达到第二个高峰，出现了历史上最负盛名的澄心堂纸。据北宋陈师道（1053—1103）《后山谈丛》记载，澄心堂本是南唐开国之主李昪（888—943）的堂号，是李昪节度金陵时宴居、读书、处理公牍文件之所。南唐后主李煜（937—978）不仅是一位很有成就的词人，而且工于书法绘画，用纸特别考究。他在位期间（961—975 年），设官局造佳纸专供御用，以“澄心堂纸”命名。

澄心堂纸只供御用，偶尔颁赐臣子，外间极少见到，直到南唐灭亡之后，北宋文人通过南唐宫人从内库取得并以诗吟颂之，才渐为世人所了解和看重。宋代文人刘敞得到一些澄心堂纸之后，赠十枚给欧阳修（1007—1068）。欧阳修得此纸后赞叹不已，随即作《和刘原父澄心纸》诗一首：“君不见曼卿子美真奇才，久已零落埋黄埃……自从二子相继没，山川气象皆低摧。君家虽有澄心纸，有敢下笔知谁哉?”他赞叹道：“君从何处得此纸，纯坚莹腻卷百枚。”

澄心堂纸经北宋诸子一再褒赞，名声大振。又因原物传世稀少，十分名贵，普通文人也只能可望而不可即，因此，从北宋起直到清乾隆年间一直有仿品出现。后世许多文献中提到的澄心堂纸有五代真品，更多的则可能是后世仿品。

唐代在纸笺制作技艺方面也有很高的成就。所谓纸笺精制技艺是指用研光、施胶、施蜡、染色等方法对原抄纸进行精加工，使之更加精美或满足特定的需求。

精制纸笺的出现仅比造纸术的发明稍晚。前文提到的“研妙晖光”的左

伯纸就是研光工艺的产物。到两晋南北朝时期，染纸技术发展得很快，人们普遍使用染色纸书写诏书公文、五经子史。东晋时有青、红、浅青、桃红等多种色纸，染色纸的品种较前期明显增多。

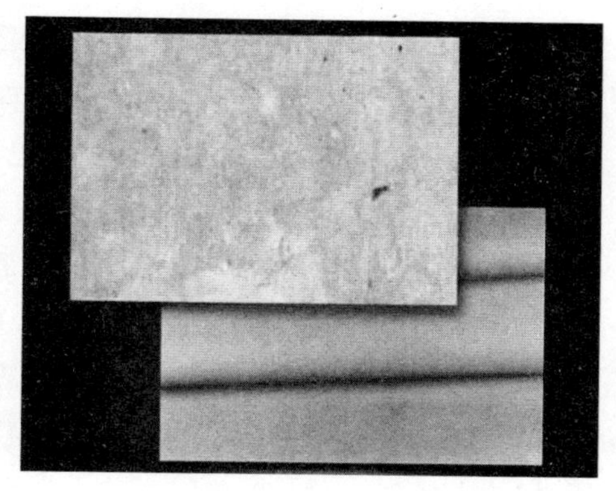

硬黄纸

唐代以后，精制纸笺技艺得到全面发展，许多新的加工纸的方法纷纷涌现。各种方法有机结合，创造出许多新的纸笺品种。

施蜡法的应用始见于唐代。唐代张彦远的《历代名画记》卷三中谈到“好事家宜置宣纸百幅，用法蜡之，以备摹写”，又说“湃国工家背书画，入少蜡，要在密润，此法得宜”。

唐代硬黄纸最为名贵，也称“黄硬”，即后世所说的“黄蜡笺”。这种纸外观呈黄色或淡黄色，质硬而光滑，抖动时发出清脆的声音。唐张彦远的《历代名画记》卷三中谈书画装背时提及此纸云：“赵国公李吉甫家云，背书要黄硬。”有关硬黄笺的加工制作，南宋赵希鹄的《洞天清录》中云：“硬黄纸，唐人用以书经，染以黄蘖，取其辟蠹。以其纸如浆泽、莹而滑故，善书者多取以作字，今世所有二王真迹，或有硬黄纸，皆唐人仿书，非真迹也。”没有经过入潢染色的“蜡笺”称白蜡笺，质量也相当好。

在蜡笺制作工艺的基础上，唐人又把魏晋南北朝时期的涂布填粉技术与施蜡技术结合起来，制作粉蜡笺，先将白色矿物细粉涂布于纸面，再施蜡，最后研光，所得纸笺兼有粉笺和蜡笺双重优点。后世又在粉蜡笺上描金，制作出描金粉蜡笺。

唐代在继承传统淀粉剂施胶工艺的基础上，还有一项重要的技术突破，即用明胶等动物胶在纸面施胶。据北宋米芾的《十纸说》中称：“川麻不浆，以胶作黄纸。唐诏、敕皆是。”用动物胶代替淀粉剂，克服了淀粉剂施胶纸面易皱起等缺点，使施胶纸既能满足工笔设色人物画、花鸟画等要求，又能长久保存。欧洲人 1337 年才开始用动物胶做纸的施胶剂，晚于中国 600 多年。

唐代染色纸以薛涛笺最为著名。这种笺纸因制作人薛涛（？—832）得名。薛氏善写短诗，为了解决长幅纸剩余太多的问题，她特意要求纸工制作小幅诗笺。蜀中文士纷纷使用这种笺纸，“薛涛笺”便流行开来。薛涛笺色彩可人，也是其受人喜爱的原因之一。如晚唐诗人李商隐（813—858 年）《送崔珏往西川》诗称：“浣花笺纸桃花色，好好题词咏玉钩。”

纸面撒金技术也开始于隋唐时期。其法简言之就是将金（银）箔碎片、碎屑用有筛孔的容器均匀地撒在刷有胶液的色纸上，待胶液风干，金箔屑便固定在纸面上。用撒金方法制作的纸笺包括金花纸、银花纸、洒金纸、洒银纸、冷金纸、冷银纸等许多品种，其中最有名的是金花纸。由于使用金箔、银箔装饰纸面，再加上对纸张质量有严格要求，这类纸笺只有官府及富贵人家才能享用。

宋元的造纸艺术

在宋朝时期，造纸手工业者的数量，较前代增多，在技术上也有很大发展，产纸量普遍提高，出现了较多的初具规模的造纸小基地。北宋时，福建的建阳（在今福建省西北部，崇溪中游），安徽的徽州（安徽的歙县、休宁、祁门、绩溪、黟县及江西婺源县等地），四川的成都，浙江的临安、温州等地区的许多地方，都已成为当时较著名的产纸中心。其纸质一般达到了轻软、薄韧的水平，当时在很多城市里因地制宜，利用当地资源制造了许多质地不同的纸张。除传统的麻纸继续制作外，楮皮纸、檀皮纸和木棉纸的制作更为精致，尤以南方的竹纸发展更为迅速。

南唐时期的“澄心堂纸”，当时仍有大批散落在世间，为人争相夸赞，成为北宋最著名的纸品。北宋欧阳修和宋祁等八位学士经 17 年共同修撰的《新唐书》，共 225 卷，以及欧阳修本人经过 17 年编著的《新五代史书》，都是以澄心堂纸起稿的。北宋皇帝宋徽宗赵佶，对书画颇有研究，曾用澄心堂纸作《柳鸦图》一画传世。当时文学家、书画家苏轼所题《烟江叠嶂图歌卷》，也是澄心堂纸。北宋中晚期名振画坛的“白描”画家李公麟也喜用澄心堂纸作画，其代表作《五马图》，就是在一幅澄心堂纸上，用精练简洁的线条勾描形体，并加以渲染，描绘了五匹马的不同神态。被誉为我国“法帖之祖”的《淳化阁帖》，其初拓本也是用澄心堂纸、李廷珪墨拓制而成的。这些书籍、拓本和绘画正是由于使用了此纸，才流芳百世的。无怪乎北宋诗人梅尧臣在接受好友欧阳修赠给的澄心堂纸后，竟爱不释手，“把玩惊喜心徘徊”，简直

高兴得忘乎所以，并诗兴大发，赞誉此纸“滑如春冰蜜如茧”，一纸价格值百金。另北宋诗人欧阳修、刘敞等也有诗咏赞此纸。北宋末年，安徽黔州、歙州一带以韧皮纤维为原料，制作一种纸质柔韧而薄，纤维交错均匀的巨型纸张——皮纸，也有称为匹纸，有的长达3丈至6丈。比唐时皮纸要大得多，其制作方法全为手工操作。

值得一提的是北宋谢景初受唐薛涛造笺纸之启发，在益州设计创造的一种“十色蛮笺”，即为十种色彩的书信专用纸。其色彩艳丽新颖，雅致有趣，有深红、粉红、杏红、明黄、深青、浅青、深绿、浅绿、铜绿、浅云十色。元鲜于枢的《笺纸谱》一书中及元费著《蜀笺谱》对“十色蛮笺”纸论述最为详尽。后人为纪念表彰他的功绩，因而称为“谢公笺”，后人常和唐代“薛涛笺”相提并论，齐名竞夸。

宋代时整个徽州的造纸业呈现出一派欣欣向荣的景象，造纸技术也相应地有所提高，纸品名目繁多，弘治时《徽州府志・物产志》就有“进劄纸”“龙须纸”“殿劄纸”“京帘纸”“观音纸”“堂劄纸”等的记载。

《宋史・地理志》书中有“白苧纸”“白纸”作为徽州府进献皇帝的贡品的记载。宋时设置金陵、太平、宁国、广德等地为江南东地，放徽州又是“江东纸”的著名产地，宋朝诗人王令曾赋诗赞誉江东纸“纸白如春云”，从此也可看出徽纸胜于蜀笺的奥秘所在。池纸是产于当时池州（辖地相当于今安徽贵池青阳、东至等地）的一种细白纸，质量佳绝，当时和徽纸齐名，争雄于蜀地。

以制造宣纸而驰名中外的泾县，其造纸技艺是在此时开始传入的，泾县《曹氏宗谱》中就有这样的记载：“曹大三于宋末争攘之际，烽燧四警，避乱由南陵（今芜湖地区）之虬川，迁至泾县小岭山区。”因见此处环境幽静优美，植树茂盛，泉水洁净，四季长流水，便欣然安居，设坊造纸，世代为业。因檀树皮纤维长而细胞壁较厚，加之优良的稻草，所造之纸质地坚柔、细白、平滑、匀整耐用，使泾县纸高出他纸一筹，因产于泾县被称为“泾纸”“泾县纸”，从而奠定了其在中国文化史上的地位。

整个两宋时期，造纸业一直处于发展阶段，而用纸量也随之增大，当时的造纸工人创造了一种“再生纸”。这种纸省料、省时、见效快，制造则以废纸为原料，洗去墨迹脏污，浸烂后入槽再造，省去煮、浸等工序，经加工后恢复它原有的性能，成为新的纸品。人们也称它为“还魂纸”或“熟还魂纸”。中国国家博物馆藏北宋时写本《救诸众生苦难经》以及北京图书馆所藏南宋时江西刻本《春秋繁露》，经有关人员研究，认为是宋时的一种还魂纸。从此可看出我国劳动人民勤俭的美德和聪明的才智，开我国“废物利用”之先例。

南宋时期，纸还被引用到人们的衣食住行当中，南宋爱国诗人陆游和著名理学家朱熹交往甚密，朱熹曾送给陆游纸被，陆游欣喜万分，作《谢朱元晦寄纸被诗二首》赞扬“纸被困身度雪天，白于狐腋软于棉”。用优质佳纸做被，数层之间，有空气隔绝，抗寒保暖性能颇佳，绝非诗人过夸。宋代纸除直接置身于人们生活外，还被人们发展成为一种美化环境、丰富文化生活的剪纸艺术。其范围相当广泛，种类繁多。有的将剪纸贴在窗上、门楣上做装饰；有的把剪纸作为礼品装饰之用；有的用剪纸装饰彩灯，增加节日的欢乐气氛；有的将剪纸用于工艺装饰。宋周密《志雅堂杂钞》中载有当时汴京（今河南开封）剪纸的情形：“旧都天衔，有剪诸色花样者，极精妙，随所欲而成。其后忽有少年，能袖中剪字及花朵之类更精，于是独擅一时之誉。”大量的优质纸张是剪纸艺术出现的客观条件。

宋朝时期战事颇多，纸又被引用到军事领域。北宋末年，金人围攻京都开封，军事防御总负责李纲曾以“霹雳炮”把敌人打败，保卫了首都。这种炮就是以纸管、石灰和火药做成的一种杀伤武器。南宋时（1232 年），金哀宗在开封和归德抗拒蒙古兵时，曾使用“以敕黄纸十六重为筒，长二尺，实以柳灰、铁滓、磁末、硫黄、砒霜之属，以绳系枪端。军士各悬小铁罐藏火临阵烧之，焰出枪前丈余，药尽而筒不损”。《金史·蒲察官奴传》中的这种详细记载，标志着纸在火器制造史上一个划时代的运用。

剪纸工艺品

元代结束了从唐末以来国内分裂割据和几个政权并立的政治局面，实现了国家的统一，促进了各民族之间的经济文化的交流，为科学技术、手工业等的发展，创造了良好的条件。但由于元朝统治者实行民族歧视政策，对社会生产的发

展也起到了一定的阻碍作用，纸的生产也受到很大的限制。特别是元末，由于岁贡的加重，造纸匠多逃离他乡，造纸业至此衰落。

元代南方的徽州地区，由于处于“山高皇帝远”的特殊环境之中，其造纸业保持着昔日的兴隆景象。明屠隆的《纸墨笔砚笺·纸笺》中有详细记载：宋元时，徽州所产纸品就有团花笺、藤白纸、观音帘纸、鹄白纸、大笺纸、碧云笺、龙凤笺、春树笺等近十种品类。特别是笺纸的制作，更富有艺术性，华贵并饰有花纹，形美典雅，备受人爱怜。

江西生产的“白箓纸”，原为龙虎山（今江西省贵溪县西南）张道陵书写符策用纸，到元时大露锋芒，名扬一时。其纸质稍厚、富有韧性，有碧、黄、白三品。白者莹洁为上品，大书画家赵孟頫平生多用此纸，并有墨迹传世。书法家鲜于枢的传世墨迹也多用此纸书写。其幅阔而长大的纸品又称“大白箓”。据说后人因嫌白箓不雅，遂称为白鹿纸。其碧、黄纸品，质地颇粗而厚，多作为装裱册页镶边之用。

元代浙江绍兴制作的笺纸较佳，明曹昭的《格古要论》中曾记载有“彩色粉笺”“罗纹笺”“花笺”以及“黄白蜡笺”等。特别是黄白蜡纸的制造，其量之大史无前例。而欧洲制造蜡质涂布纸则在公元1868年才问世，比我国晚1200年左右，这有力说明了我国劳动人民所特有的聪明、才智。蜀中（今四川）造纸业在宋末元初时，仍息息不断，其麻纸生产，有“玉屑纸”“屑骨纸”流行。当时还有一种比一般常用纸长的花笺纸。因幅阔长，易于纵情放笔，可写诗词百韵，最受文人雅士所好，故称“百韵笺”。纸骨柔薄的“仿苏笺”，上印金银花纹，为一时花笺名纸。这种花笺多为诗人所赞颂。元伊世珍的《琅嬛记》中曾有“花笺制叶寄郎边，江上寻鱼为妾传”的情诗语句。从这里可以揣想，元时花笺纸在人们生活当中广泛运用。

关于元时的纸品，明书家董其昌的《筠轩清闷录》一书中还有“黄麻纸”“铅山纸”“常山纸”“英山纸”“上虞纸”等的记载。

明清时期的造纸

明朝初期，政府实行新的工匠服役制度，规定工匠可以在服役以外的时间，从事不同的技术行业的生产和艺术创造，其产品可以在市场上出售。到嘉靖四十一年（1562年）朝廷颁布了轮班工匠以银代役的法令。这对工匠的人身控制束缚有所解放，有力地调动了广大手工业者的生产积极性，所以明时手工业之一的造纸业的生产规模也日益扩大，发展甚快，浙江、福建、安徽、四川、湖南、江苏等地都已成为重要的产纸基地。

安徽宣纸的产生可追溯到唐代，甚至唐以前的晋代，但名震艺林，为文人所推崇，却在明时。明代宣德年间，宣纸为文人墨客争相购用。不少好事者仰慕搜求，囤积居奇，一时间出现了宣纸奇缺的现象，致使当时宣州的宣城、泾县、宁国、太平一带，造纸作坊如雨后春笋一般应运而生，使宣纸生产进入了较兴旺的时期。

在明朝时期，浙江的纸张，时人评论仅次于江西之纸。产于该地由拳（今浙江嘉兴县南）一带的藤纸，始于晋时，成名于唐宋，到此时已处盛名之下、其实难符的境地，一是由植物本身不宜生养所决定，二是由于人为的随意砍伐，历经几代而不注意培植，加之生长缓慢，故藤纸生产到此时的数量已微不足道。另衢州（相当今浙江衢县）、常山等地，也产藤纸，都以质量精细深受人们欢迎。

浙江绍兴府等地所产的竹纸，以纸面光滑、富有韧性、吸墨易干、色泽不变等优点闻名全国。当时有一种较淡黄的竹纸，薄细而小，为拓帖之佳纸。因用墨较淡，所拓帖本有“纸如黄玉，墨似蝉翼”之称，被视为“无上神品”。

江苏松江府生产的潭笺纸品又称“谈笺”，为一时之名纸。其中以玉版、玉兰、镜面等品类为最，纸质柔韧，润滑耐用。关于潭笺的制作方法，屠隆的《考槃馀事》中载：“松江潭笺不用粉造，以荆川连纸褙厚砑光，用蜡打各色花鸟，坚滑可类宋纸。”据说，当时有伪造潭笺者，用冒牌货以次充好，以假乱真，借用潭笺的声誉。

陕西凤翔县造纸，继续以汉蔡伦时选用造纸原料和造纸法生产纸张。充分利用当地的旧麻品，如旧绳头、破麻袋、废麻鞋、烂麻布等，制造出一种白麻纸，称为凤翔白麻纸。所造纸质强度大、易受墨，为当时书画必需的材料。又因此纸每百张重约一斤，故又称为“百斤纸”。

明朝时期各地出现的手工工场，比以前的手工作坊增大了规模，机户和雇佣工人之间的关系已开始出现了资本主义生产关系的萌芽，纸张的生产确比以前前进了一步。就连皇宫内府也特设造纸机构，当时的司礼监就有编制纸匠 62 人，专门生产供应宫廷用纸。其纸品类有宣德纸、大玉版纸、大白板

纸、大开化纸、毛边纸等。宣德年间宫廷中所用宫纸“宣德纸”最为著名。此纸富丽堂皇，精美至极。其名目有五色粉笺、金花五色笺、五色大帘纸、磁青纸等。特别是磁青纸，经加工制成羊脑笺，黑如漆，明如镜，防虫蛀，用以写经经久不坏，技艺高超，令人惊叹。宣德纸后从宫中传出，名扬当时。明代书法家董其昌墨迹多用宣德纸写成并传世。

当时官办造纸远远不能满足官府所需，每年除各地的贡纸外，还要从各产纸地收集上万张，甚至数十万张佳纸良品。明洪武二十六年（1393 年），当时政府用来印造茶盐的运销和纳税的凭证、契税本、户口簿等项用纸，就多达上百万张，这些用纸均摊派给各产纸地，据明《会典》中记载：“陕西十五万张，湖广十七万张，山西十万张，山东五万五千张，福建四万张，北平十万张，浙江二十五万张，江西二十万张，河南五万张，直隶三十八万张。”从这一侧面，既可看出明时造纸业庞大的规模和区域造纸的广泛性，也可以看出当时纸张消费之惊人。

明朝时期纸的大量生产，为卷帙浩繁的巨著问世，做出了巨大贡献，促使当时印刷业得以发展，官刻和私刻的各种书籍的品种及数量都超过前朝。明刘若愚的《明官史》中曾详细地记载《佛经一藏》一书的用纸情况：该书共用白纸 45023 张、黄毛边纸 570 张、白户油纸 10895 张。可见当时印书用纸量之大。明成祖永乐年间编成的《永乐大典》是我国最大、最著名的“抄本书”，也称“写本书”。当时参加编纂缮写的人数竟达 2169 人，全书辑入古今各类图书 8000 种，成书 22937 卷，凡例和目录 60 卷，装成 11059 册（每册高 1.6 尺，宽 0.955 尺），计 853456 页。到明世宗嘉靖四十一年（1562 年）由徐阶、程道南等 100 人，监督书手 108 人，历经 6 年，先后缮写正副两部，分藏南

纸的出现为书法名家提供了充足的书写材料

京和北京两地。这一名贵典籍，既是我国古代，也是世界上最早最大的百科全书，同时也是世界上最厚的书。明代纸的发展也为小说、戏剧书籍的问世和医学、农学、地理学等科学巨著的成书，提供了极大的便利条件。闻名于世的古典长篇小说《水浒传》为元末明初人施耐庵写成，流传至今的繁本便是明嘉靖时的刊本，明罗贯中较出色的长篇小说《三国演义》是现存最早的刊本，也为明嘉靖时印制而成；明朝中叶吴承恩的神话小说《西游记》也刊行于世。还有李时珍的医学巨著《本草纲目》、徐光启的《农政全书》、徐宏祖的《徐霞客游记》等，这些辉煌的巨著，已成为我国古代文化中的瑰宝。

明代名品佳纸的涌现，也为众多书法名家提供了充足的书写材料。据说明代书法家宋克习书练字时，关起门来“日费千张”，成为明时受人称颂的书法家。众多的纸品，又为明代盛行刻帖拓印之风起到推波助澜的作用，为丰富多彩的拓本问世提供了必不可少的物质保证。今人王壮弘《碑帖鉴别常识》书中说：“帖则纸色或黄或白，拓墨或浓或淡，虽不如宋拓阅之惊心动魄，也足以爽人胸怀。”足见明拓借以纸墨而表现的不凡技艺。拓帖用纸，除少数用旧纸仿宋拓外，一般早期的多用罗纹纸、镜光纸，晚期的多用竹纸。碑石椎拓用纸多以纸质坚韧厚实的黄棉纸或白棉纸，被称为“旷世奇品”的明拓本《汉鲁峻碑并阴额》即是黄棉纸重拓而成，明拓本《泰山刻石》为白棉纸深墨拓。

明朝时期纸张已在人们日常生活中普及开来。春节贴春联的习俗，始于明时，可说是纸张在人们生活中的一大普及。明代初年，明太祖朱元璋在帝都金陵（今江苏南京）曾传旨：“公卿士庶家门上须加春联一副。”致使官民家门于除夕一律贴上大红春联，全城满目一新。据说朱元璋曾在首都城里着便服察看，并替一劁猪为业的穷苦人家亲自书写对联。经此，贴春联成为一种普遍的习俗，一直沿至今日。清时，全国一些大中小城市与集镇，遍及造纸作坊和造纸工场。有官办的、民办的，也有私人自造的。特别是江南各地具有资本主义性质的造纸和对纸张进行工艺加工的作坊逐渐增多。乾隆时，仅苏州一地就有染纸作坊33家之多，雇用工人800余人，平均每个作坊20多人。这些手工业者多为工场主所雇用的短工，与主人“平等相处”，如不欠工银，也可辞工不做。雇工与坊主的关系是“按日按工给发”货币工资的雇佣关系，据《遵奉各宪严禁纸作坊工匠把持勒增工价永遵碑》《遵奉各宪详定纸坊条议章程碑》所载：“一般每人每日的工资是二分四厘，刷纸六百纸为一

工，如果有力多作，按件计算可增至四分五厘。”这种以工取值，按件计酬的货币工资的雇佣关系，说明了在当时造纸业中较典型的具有资本主义萌芽性质的手工工场已经涌现。而且每个作坊内的整个生产过程的各段加工，也较程序化。以染纸加工为例：一般要经过刷、托、洒、推、梅、插、拖、表等八种工序，方可加工成成品纸。而且专门设有拖胶匠、刀纸匠、粘补打杂匠等，各负其责，各司其职。这在当时对手工业的发展，起了一定的积极作用，生产率也相对提高了。

此时，徽州宣纸的生产，可说是宣纸生产的较兴旺时期。除歙县、绩溪、休宁、黟县、宣州、池州继续生产宣纸外，又由清初皖南的宁国、太平、泾县三县，后又逐步扩展到广德（今安徽广德县）、郎溪（今安徽郎溪县）两县地，形成了相当大的宣纸生产基地。这时的造纸已使用水力带动水碓取代人工打浆的新工艺，有力地提高了工作效率，满足了后道工序的需要。当时诗人赵挺挥曾目睹造纸之盛况，满腔热情地赋诗以描绘宣纸生产的情景：“山里人家底事忙，纷纷运石迭新墙，沿溪纸碓无停息，一片春声撼夕阳。”正是由于劳动人民不断地制作创造，才使宣纸制作日益精妙，为历代书画家所崇爱。

由于宣纸纸品丰富，用途广泛，制造工艺也独具匠心，已成为历代书画艺术不可缺少的高级用纸。

在清朝时期，宣纸的制造除民间手工作坊外，还在安徽设立了官办造纸厂，其品种已达几十种，颜色也相当丰富，以供宫廷官府中各方面用纸的需要。

个人造宣纸也有较突出的代表人物。清中叶泾县东乡泥坑老汪六吉，造出一种最薄纸，名为“净皮”，又名“小七刀”，还称“六吉宣”、“六吉棉连”或“汪六吉纸”。汪六吉自誉为“世界第一”，此后，泾县各造纸厂所生产的宣纸半成品，均称“毛六吉”，在造纸史上占有一定的地位。

康熙时，杭州造纸良工王诚之以特制的细竹帘，用铜线在竹丝上编成罗纹图案，极为精巧。原料经过所制的竹帘，纸上就出现较清晰的阔帘罗纹图案，人们称这种纸为罗纹宣。王诚之因此也被人们推崇为造纸高手。

创始于唐代的竹纸，自明中叶广泛使用后，其生产量有增无减。清时，竹仍然是造纸的主要原料之一，竹纸生产已较为普遍，原产于江西横江和福建的龙岩、连城等地的毛边纸，又崛起于当时。其制作方法，仍以嫩竹经石灰浸泡处理后捣以成浆，纯以手工操造而成。其纸经历代制作和实践，不断总结经验，到清时有不少纸品日臻完美，纸质细腻，柔软坚韧，吸水墨性能较强。清时产于江西铅山、福建邵武等地的连史纸，在宋元时期已经问世，当时称“连四纸”。纯以嫩竹为原料制作而成。纸质洁白，柔软匀薄，同样是毛笔书写的最佳用纸，也是当时拓印碑帖的常用纸张。

知识链接

赫蹄为何物

在纸发明以前，有一个关于“赫蹄”的小故事，跟早期的纸有关。

汉代的赵飞燕和赵合德姐妹，同侍汉成帝一人，互相支持，互相爱护，共荣共宠近10年，贵倾后宫。据《汉书·赵皇后传》记载，宫中有个叫曹伟能的女官却为皇帝生了一个男孩，按说应该是皇子。赵氏姐妹要害死曹伟能，赵合德就派人送去一个绿色的小匣子，里面是用“赫蹄”包着的两颗毒药，“赫蹄”上还写着“告伟能，努力饮此药”字样。就这样，曹伟能被逼服毒而死。姑且不论此事的有无，只是包药写字的“赫蹄”究竟是什么呢？据东汉人应劭解释，“赫蹄”即“薄小纸也”，是一种用丝绵做成的薄纸，后来称作“丝绵纸”。

在西汉时期，制作丝绵的方法是把蚕茧煮过以后，放在竹席上，浸在河水里，将丝绵冲洗打烂。丝绵做成以后，从席子上拿下来，席子上常常还残留着一层丝绵。晒干后，这层丝绵就变成一张张薄薄的可以在上面写字的丝绵片。这种薄片就是“赫蹄”。

第二节 纸张的种类和制作

纸张的品类

我国纸的文化源远流长，历代名纸很多，早期的纸如絮纸、灞桥纸、居延纸、中颜纸、罗布淖尔纸、旱滩坡纸、蔡侯纸等，有的见于著录，有的是现代考古的实物发现。由于历史久远和当时生产的数量有限，这些纸已均无传世。

这里介绍一些唐宋以后的名纸。

1. 宣纸

因产于宣州而得名。唐以前开始制造，最初以檀树皮为原料。宋元以后又用楮、桑、竹、麻等十数种原料制作。宣纸质地绵韧，纹理美观，洁白细密，搓折无损，利于书写绘画，墨韵层次清晰，有独特的渗透、润墨和一次吸附性能，落墨着色，能明显地体现书画的虚实相间的风格，写字骨神兼备，作画墨韵生动。另外它还耐老化，防虫蛀，耐热耐光，适合长期保存，有“千年美纸”“纸中之王”的美称。宣纸根据其加工不同，可分为生宣、熟宣和半生不熟宣。

生宣纸又叫生纸，生产后直接使用，吸水性、润墨性强，可用于泼墨画、写意画。笔触层次清晰，干、湿、浓、淡，变幻多端。

熟宣纸，由生宣纸在矾水中浸制后，经砑光、拖浆、填粉、深色、撒金、加蜡、施胶等工序而制成，又称“矾宣纸”。用熟宣纸作书画，不易走墨晕染，适宜于画工细致的工笔画和写楷书隶书。此纸久藏后，会漏矾或脆裂。

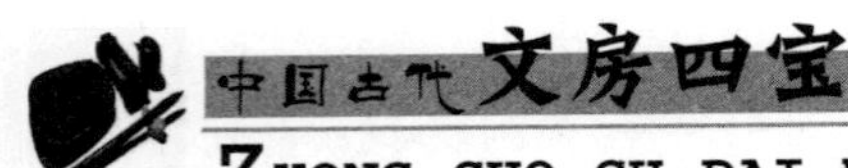

唐朝写经用的硬黄纸、五代北宋的澄心堂纸都是熟宣纸。

半生不熟宣即半熟宣，是用生宣浸以各种植物汁液而成，具有微弱的抗水力，用以写字或作画，墨色洇、散较缓，适用于书写小幅屏条、册页或用作兼工带写的绘画。

宣纸因制作时，树皮原料用多用少不一样，又可分为棉料、净皮、特种净皮三大类。宣纸的尺寸有二尺、三尺、四尺、五尺、六尺、七尺、八尺、丈二、丈六、尺四、尺六、尺八等几种规格。按厚度分，有单宣、夹宣、二层、三层、四层几种。最薄型的宣纸是特制的，主要用于拓片、拷贝、印刷古籍、装帧印谱。品名有棉连、扎花、罗纹、龟背纹、蝉翼等。

2. 薛涛笺

唐末五代名纸。它是一种加工染色纸，由薛涛创制，故名。薛涛，唐长安人，幼年随父亲宦居四川，后父逝，沦落风尘成为乐妓。她善作诗填词，感到当时纸幅太大，遂亲自指导工人改制小幅纸。因用薛涛宅旁浣花溪水制成，因而又称“浣花笺”。相传薛涛曾把植物花瓣撒在纸面上加工制成彩笺，这种纸色彩斑斓，精致玲珑，又称“松花笺”。后历代有仿制。

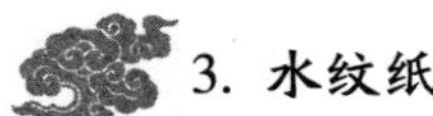

3. 水纹纸

唐代名纸，又名“花帘纸”。这种纸迎光看时能显示透亮的线纹或图案，目的在于增添纸的潜在美。制法有二：其一，在纸帘上用线编纹理或图案，凸出于帘面，抄纸时此处浆薄，故纹理透亮而呈现于纸上；其二，将雕有纹理或图案的木制或其他材料制的模子，用强力压在纸面上，犹如现在通用的证券纸、货币纸的水印纹。明杨慎的《丹铅总录》中云：“唐世有鱎纸，一名‘衍波笺’，盖纸纹如水纹也。”

4. 澄心堂纸

南唐时徽州地区所产宣纸，薄如卵膜，坚洁如玉，细薄光润，有的五十尺为一幅，从头到尾，匀薄如一。南唐后主李煜特别喜爱这种纸，特意用自己读书批阅奏章的处所——澄心堂来储藏，供宫中长期使用，所以称“澄心堂纸”，后世视为艺术瑰宝。

5. 谢公笺

这是一种经过加工的染色纸，为宋初谢景初创制，因而得名。谢氏受薛涛造纸笺的启发，在益州设计制造出“十样蛮笺”，即十种色彩的书信专用纸。这种纸，色彩艳丽新颖，雅致有趣，有深红、粉红、杏红、明黄、深青、浅青、深绿、浅绿、铜绿、浅云等十种颜色，与“薛涛笺”齐名。

6. 高丽纸

又名韩纸、高丽贡纸。古代高丽国（又称高句丽、朝鲜）所产之纸。北宋时《负暄野录》云：“高丽纸以棉、茧造成，色白如绫，坚韧如帛，用以书写，发墨可爱。此中国所无，亦奇品也。”此纸多为粗条帘纹，纸纹距大又厚于白皮纸，经近人研究，宋元明清时我国书写所用高丽纸，大部分是桑皮纸。清乾隆时我国有仿制的高丽纸。

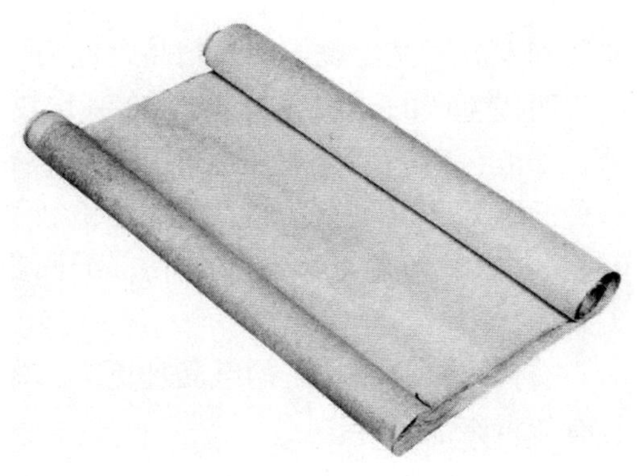

高丽纸

7. 金粟笺纸

宋太祖赵匡胤提倡佛教，全国印经之风盛行，为适应这种需要，当时歙州专门生产一种具有浓淡斑纹的藏经纸——硬黄纸，又名蜡黄经纸，或称金粟笺。金粟寺在浙江海盐金粟山下，因寺内抄《藏经》需纸特多，故纸名“金粟笺”。它的特点是质地硬密、光亮，呈半透明，防蛀抗水，颜色美丽，寿命很长，虽历千年，犹如新制。

8. 白鹿纸

《至正直纪》云：“世传白鹿纸乃龙虎山写篆之纸也。有碧、黄、白三品，白者莹泽光净可爱，且坚韧胜江西之纸。赵松雪用以写字作画，阔幅而长者称白箓，后以白箓不雅，更名白鹿。”

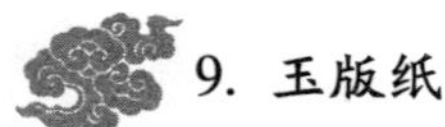

9. 玉版纸

一种洁白坚致的精良笺纸。宋黄庭坚的《豫章集·次韵王炳之惠玉版纸》诗曰："古田小笺惠我百，信知溪翁能解玉。"元费著《蜀笺谱》云："今天下皆以木肤为纸，而蜀中乃尽用蔡伦法，笺纸有玉版，有贡余，有经屑，有表光。"《绍兴府志》记载："玉版纸莹润如玉。"

以上介绍的是唐宋名纸。元、明、清以来，造纸原料及生产技术有很大突破和发展，又出现了许多精品，成为可供人观赏珍藏的艺术品。

明代生产的"宣德贡笺"，在制作技艺上较为精湛。这种加工纸有许多品种，如五色粉笺、金花五色笺、五色大帘纸、磁青纸等。明代，苏州一带有一种洒金笺，也名噪一时。明代还仿制了唐代"薛涛笺"和宋代"金粟山藏经笺"。这种仿制纸中加云母粉，纸面露出光亮耀眼的颗粒，这是明代人的创新。

清代以来仿制加工的纸品种更多，尤以康熙、乾隆年间的制品最为精细，且有传世纸品留存。

乾隆年间仿制的"澄心堂纸"，这种纸多为斗方式，纸质较厚，可分层揭开，多为彩色粉笺，还绘以泥金山水、花鸟等图案，纸上均有长方形隶书小朱印，印文为"乾隆年仿澄心堂纸"，纸料为皮料。

清仿"薛涛笺"，是一种长方形粉红小笺，印有长方形小印，印文"薛涛笺"，多用于信纸。乾隆年间又仿制"金粟藏经纸"，乾隆帝喜用此纸写字，又用此纸印《般若波罗蜜多心经》。有些内府的名画也用此纸做"引首"，故宫博物院尚有保存。

乾隆时期还仿制元代名纸"明仁殿纸"，如"清仿明仁殿画如意纹粉蜡笺"，纸上用泥金画如意云纹，纸厚，表面平滑，纸质匀细，纤维束甚少，属桑皮纸。这种纸两面均有精细的加工，背面有黄粉加蜡，且以金片洒之，纸的正面右下角有阳文"乾隆年仿明仁殿纸"，隶书朱印。此纸为内府库藏品，造价极高，有很高的工艺水平。

清代除仿制古名纸外，还有一些创新的产品，如保存在故宫博物院内的"梅花玉版笺"，纸为斗方式，皮纸，纸表加以粉蜡，再用泥金或泥银绘以冰梅图案，有方形"梅花玉版笺"朱印。这种纸创于清康熙年间，乾隆年间复制盛行，薄于清仿明仁殿纸。

清代还新创“五色粉蜡笺”。这种粉蜡笺始于唐代，是以魏晋南北朝时的填粉纸和唐代的加蜡纸合二成一的加工纸，成为多层黏合的一种宣纸，具备粉纸及蜡纸的优点。底料的皮纸，施以粉加染蓝、白、粉红、淡绿、黄等五色。加蜡以手工捶轧研光，称为“五色蜡笺”。有的在纸面上用胶粉施以细金银粉或金银箔，使之在彩色粉蜡笺上呈金银粉或金银箔的光彩，称“洒金银五色蜡笺”；有的用泥金描绘山水、云龙、花鸟、折枝花等图案，称“描金五色蜡笺”。此纸防水性强，表面光滑，透明度好，具有防虫蛀的功能，可以长久张挂。书写绘画后，墨色易凝聚在纸的表面，使书法黑亮如漆。由于制作精细价高，故多用于宫廷殿堂，书写宜春帖子诗词，供补壁用或作书画手卷引首、室内屏风，多见于宫廷内府殿堂的书写匾额及壁帖等，民间很少流传。乾隆内府制作最精，也称“库蜡笺”。

宣纸的加工工艺

中国传统宣纸制造过程极为繁复，生产周期也很长。从剥取青檀皮到做成成品，一般要经过 18 道工序，上百道操作，全过程约需 300 天时间才能完成。18 道工序是：榨皮、榨草；择皮、择草；打皮；舂草；切料；做料；漂洗；袋滤；缸漂；捣槽；捞贴；榨贴；晒贴；烤贴；浇贴；焙贴；验看、剪折；榨捆成件。宣纸的主要原料是青檀树皮和沙田稻草。檀树是榆科落叶乔木，分黄檀、紫檀和青檀三种，是中国的特产。青檀似楮，也似桑，三者均可用于造纸，前人经常将其混为一谈。青檀树多野生于造纸地附近山间，高丈余，多枝。砍枝时间以每年初冬最好。从青檀树上砍下枝条叫伐条。砍完枝条后，需将其放在火灶上蒸煮一次，然后再泡到清水里一段时间，捞起剥皮，将皮晾干，扎捆备用。草料可选用高秆的沙田稻草，备料时需剔去草叶，打碎草节。然后将稻草灰沤、洗涤、脱灰、碱煮、日光漂白等，使之成为松散的草料。前后需用半年以上的时间。檀条也需灰沤、碱煮，以除掉檀皮中的杂质，同时也是使其洁白而纯柔的必不可少的材料。将煮洗过的檀皮撕成小条、小束，平铺在向阳的石坡上，经过日晒雨淋，反复摊开，直到纤维变白为止，遂成为皮料（也称檀皮浆）。

在造宣纸的诸多工序中，水是不可缺少的，诸如纸料的沤制、蒸煮、漂洗、打浆和捞纸等，无一不需要借助水的作用。从宋末起，泾县十三坑能造

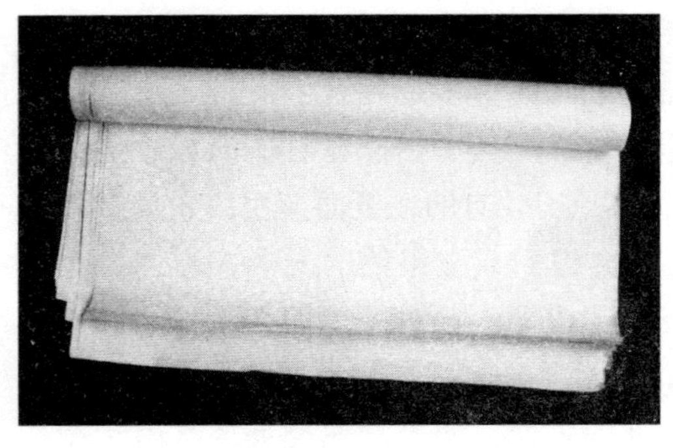

宣纸的柔韧性较强

出世代传颂不绝的佳纸，一个不可忽视的重要因素是这里有终年不绝的山泉。泾县曹恒源纸厂 20 世纪 30 年代的《说明书》写道："导溪置碓，藉水力以研料；傍山汲瀑，就飞泉而造纸；活流淘漂，石滩露炼。"元代傅若金也曾在其诗中写道："新安江水清见底，水边作纸明于水。"可见"清泉""山泉""飞泉"乃至"冬泉"在造佳纸中的重要性。北宋徽州地区所生产的一种仿澄心堂纸，也称"敲冰纸"，就是用冬水抄造的。

接着是洗料、选料、切料、打浆、抄纸、烤贴、整理等工序。皮料和草料用石碾、捣碓分别打浆，按需要配料，再加些植物胶，用手工竹帘抄成湿纸页，再送入火房中烘干。由于采用天然的日光漂白，不用强酸、强碱，所以纤维的损伤少，强度高。也由于打浆是用石臼舂捣，不像机械打浆那样用刀把纤维切得很短，故保持了纤维的长度，由此保证了宣纸的柔韧性。正由于宣纸纤维柔韧，交织紧密，故不易起皱、掉毛，也适宜卷舒收藏。由于宣纸中含非纤维素杂质少，纸呈中性或碱性，故纸面色泽能经久不变，宣纸制作讲求水清料纯，质地纯净，可久藏不坏，故宣纸被冠以"纸寿千年"的美誉。一般纸张放置十几年或几十年以上，就会出现变黄、变脆的情况，宣纸则不然，历经几百年后，总呈淡玉色，即所谓清亮色。由于宣纸以檀皮纤维为主，偏爱竹子纤维的蠹鱼等书虫对此兴趣不大，故宣纸不易被虫蛀。

据制造宣纸的老工人说：原料越陈越好，皮料越多越好，做活越细越好。其中皮料以多少为度，也是有讲究的。明永乐年间的宣纸为百分之百的皮料，纸质厚实强韧，润墨性好，只是纸面的白度不够理想。在稍后的宣纸制造中，除用青檀树皮外，还加入了当地所产的沙田稻草为辅助原料。这种稻草秆矮，纤维细而柔软，加工以后洁白如棉，故称"棉料"。用皮料和棉料比例适当而造出的纸，洁白柔韧，宜于书画。

宣纸除具备柔韧性强、白度高和寿命久的特点外，它在文房四宝中的突出地位还取决于它的润墨性特点。

宣纸从其诞生时起就和中国书画紧密地结合在一起。中国书画用纸，一

忌“滞”，二忌“滑”。太滞则“推笔不行”，太滑则“着笔如马行冰上，虽有骐骥之足”，亦“不能恣意腾骧”。宣纸正好滑涩适度。

宣纸同绢一样有生、熟之分。早期画家爱用生绢作画。后为求美观而改用熟绢。早期用宣纸作书画时，为了不致走墨或晕染，使用研光、拖浆、填粉、加蜡或施胶矾的方法把生纸改为熟纸。这种经过加工的熟宣，“画之不能尽其意，藏之不能传诸久”，故至明清时期，随着水墨写意画的大兴，多数画家已倾向用生宣，尤其是陈生宣了。因为“生纸渍水渗化，熟纸不渍水不渗水”，故熟纸适于作细描细写、色泽明丽的工笔画，生宣因其特有的润墨性，尤其能体现云烟空濛缥缈的气韵。

当墨汁接触宣纸纸面的时候，随着笔力轻重、技法不同和沾墨量的多少，着墨面积呈圆形化开且有层次感，表现出水墨淋漓的效果。其浓墨处乌黑发亮，淡墨处浅而不灰，积墨处笔笔分明，具有浓中有淡、淡中有浓的韵润感，这就是画家在熟练地掌握宣纸和笔墨特性后所讲求的“水晕墨章”。在小说《红楼梦》第42回里，宝玉在议论画大观园的情景时说：“家里有雪浪纸，又大又托墨”，宝钗补充道：“……那雪浪纸，写字，画写意画儿，或是会山水的画南宗山水，托墨，禁得皴梁……”雪浪纸就是一种宣纸，托墨即指宣纸的润墨性。

宣纸在长期发展中形成了鲜明的特色，如质滑、发墨色，宜笔锋、卷舒不渝。在中国书画界和收藏界，宣纸一直以质地柔韧、洁白平滑、细腻匀整、久不变色、不腐难蛀而著称，成为纸中之王。

宣纸是一个统称，一般多指生宣纸。在宣纸的发展中，渐渐形成了一繁杂的家族。如根据配料不同，宣纸可分为棉料、净皮、特种净皮三大类；按厚薄不同可分为单宣、夹宣、二层贡、三层贡等；按尺寸不同，有四尺宣、五尺宣、六尺宣、八尺宣、丈二宣、丈六宣等；复制的加工宣也即熟宣有蝉衣宣、玉版宣、云母宣、虎皮宣、珊瑚宣、冰琅宣、泥金宣、冷金宣等，共计几十个品种；就宣纸的颜色又可分为煮硾、玉版、虎皮、槟榔、珊瑚、蟾衣、云母、豆腐、泥金等。就其中某一类而言，各有特色。如四尺宣指四尺长二尺宽，其中又包括四尺贡宣、四尺三层贡、料半、夹连、锦连、罗纹、短扇等名目。四尺贡宣为双抄，品质较好；三层贡为三层合成，品质最好；料半为单宣，亦称草货；夹连可充四尺贡宣，多作卡片、名片；锦连与料半相同，唯中法不同；罗纹之帘纹较粗；短扇纸色较差，可作色纸。宣纸中尺寸最大的为白鹿宣和露皇宣，它们也是宣纸中的佼佼者。前者即丈二宣，质地绵密，厚薄均匀，受墨柔和，迎光处可见各种姿态的梅花鹿若干对，是一种比较难得的书画佳纸。现代艺术大师刘海粟对其给予“白如云、柔如锦”的称誉。

露皇宣即丈六宣，纸质洁白如玉，吸墨良好且百折无损，适合于书画家大笔挥毫。相传该纸发明于清初，是皇宫内一种特制的糊窗纸。因皇宫室内窗户较大，故特造这种面积很大的宣纸。据说慈禧太后嫌纸色单调，曾命人在窗纸上画些山水风景等作装饰。画师作画时意外发现这种纸洁白柔韧，润墨清晰浑厚，是书画的上好纸品。一些书画家相继试笔后均一致给予赞誉，被认为纸界珍品。

中国文人好书画，同时也更爱宣纸，他们在书写作画时不惜一切代价而寻觅佳纸。对待宣纸书画珍品，更讲求收藏养护之道。如每年秋季在宽敞风凉处摊晒书画，并将其放在灰尘少、通风好的室内专用箱柜保存。这种精心收藏、妥善保管的爱惜之心，加上宣纸本身所具有的特质，遂创造出纸寿千年的奇迹。

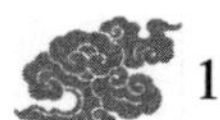

竹纸的制作

以竹子为原料制作的竹纸是产量最大的一类手工纸。目前手工竹纸的产地有很多，其中有不少以生产低档的火纸为主，只有四川夹江、浙江富阳等地还生产竹料书画纸。这两个产区所用的原料和采用的工艺都有很大的区别，现分别介绍。

1. 夹江竹纸生产工艺流程

（1）砍竹。夹江境内可作为造纸原料的竹有白夹竹、水竹、斑竹、金竹、箭竹、苦竹、慈竹、紫竹、罗汉竹、刺竹等二十余种，当地用作造纸的主要有慈竹、水竹、白夹竹、斑竹等，尤以白夹竹、水竹为佳。

取当年生之嫩竹，分春料与冬料。水竹、白夹竹取春料，每年春季农历二月出笋至五月、六月主干长出四五个嫩枝时砍伐。慈竹每年秋季八月出笋，十月新竹枝干长成但尚未老化时砍伐。其他竹类砍伐的时间也是新竹枝干长成但尚未老化时砍伐。

砍下主枝后去掉枝梢，只留主干。水竹、白夹竹砍伐后直接运往料池浸

沤。慈竹则运回放置于通风处风干待用。由于秋季竹子还可再发一次竹笋，所以水竹、白夹竹、慈竹至十月或十一月时还可砍伐一次，称为冬料。

（2）杀青。俗称“浸塘”。先建造一个池窖，用以堆沤竹料。嫩竹运回后，整齐地层层平放在池窖内，上置木条或木板，压以重石，以防竹节浮出水面。向池内注入清水，水量以没竹为度。一般夏季水沤时间为 20 天，冬季为 40 天，可根据竹色脱变情况而定，至竹竿完全脱青变黄为止。

（3）捶打。竹料经杀青后，用铁耙梳钩起，同时用力荡动，洗净竹捆中的泥沙。将钩出窖池的竹捆打开，晒晾干后用锤子把竹竿打破，并用竹刀将其分为多段。分段时要视竹料纤维的老嫩分开堆放。最下面一段竹料称老壳，与之相邻的是二刀，其上依次为硬筒、爬筒、颠梢等。每段长约 3 尺，分别捶打至烂，剔去腐烂，分别堆放。

（4）浆灰。将竹捆打开，按老壳在下，依次为二刀、硬筒、爬筒、颠梢的顺序将其整齐地堆放在池内，每堆一层，撒上一层石灰，再用竹锄将其拌匀，直至铺满为止，然后放水入池，浸沤 15 天左右。用这种方法沤制后的石灰水可再使用一次。

（5）头蒸。俗称“煮竹麻”，在篁锅中进行。将浆灰沤制的竹料从灰池

白夹竹可以用来制作竹纸

中钩起，抖掉灰杂，将其一层层堆放在篁锅内。装料的次序为老壳在下，依次为二刀、硬筒、爬筒、颠梢。直至装满，用麻布包好、踏实。装锅时注意用长柄木杵（舂杵）将其夯实，严防漏气。然后放水入锅，开始生火，共煮6至7昼夜，直至竹料柔软，纤维分解，石灰变黄变干。

夹江纸农视蒸篁煮竹为极重要和极神圣之事，开锅烧灶前要举行祭拜仪式，祭拜造纸祖师蔡伦，以报传技之恩。并宰杀白鸡、吃豆花，象征所造纸张洁白如雪。

（6）杵捣。头蒸之后，待蒸温稍降，由5～6人登上篁桶顶部，手持木制舂杵上下敲打，将桶内竹料打碎。用铁耙将竹料从篁桶中钩出，放在地上，再由两人一组，趁热对竹料进行粗打、细打。

打好后，将竹料钩入池中再打一次，同时用清水洗涤。洗时需趁热，因为冷却之后竹料变硬，料中石灰难以洗净。洗料时需用流水反复清洗5～6次，直至石灰完全洗净。

洗料一般在洗料池中进行，洗料池多设在河边或溪流之中，进出水用闸门控制。出水处设竹筚挡住出口，以免竹料随水流出。洗净后堆放整齐。

（7）二蒸。俗称“爆锅”，蒸之前需配制碱液，其方法是：将纯碱或混碱（火碱、硫化碱、纯碱）按碱与水1∶8的比例溶解，再将溶解的碱液加热至100℃使之沸腾，沸液冷却后倒入桶中，再加适量清水搅拌，澄清备用。碱量按每50公斤干竹料或150公斤湿竹料配5公斤纯碱或3.5～4公斤混碱的用量准备。每次煮篁需碱水140～150担（每担约50公斤）。

将洗去石灰的竹料重新装锅，其顺序与头蒸相反，即老壳在上，依次为二刀、硬筒、爬筒、颠梢。装满后在篁桶四周立一圈长竹竿，用绳子将竹竿结好，在竹料上放一层麻布，麻布上放一层草木灰。再将配好的碱液从上往下倾泼，直至竹料大部分浸没碱水之中，装好后即开始生火。二锅蒸煮也要掌握好火候，初时猛火促沸，继而温火保温，最后微火待时。夏季一般煮4～6昼夜，冬季则需5～7昼夜。熄火后，尚需保温一段时间，使竹料熟透。

（8）漂洗。碱水煮之后，熄火一日，放出锅内黑液。将篁锅内竹料钩出，放到水池中洗涤，洗去其中的杂质和碱分。漂洗后竹料发白，柔软如絮，一撕即碎。

（9）发酵。将洗好的熟料堆放在石缸或篁桶内，也有的堆置在干燥的三合土上。堆在石缸或篁桶内的竹料需注入清水或加入米汤，直至没料为止，

进行自然发酵。堆置在干燥的三合土上的竹料需多加入糯米浆或大豆浆，用竹笆盖紧压实。发酵的好坏，直接关系着纸质和颜色，发酵充分之竹料颜色更为白净柔和。发酵时间一般为夏季20天，冬季30天。发酵过后，取出纸料在平石板上筑打成堆，用脚反复踩紧，加盖草席以避尘土，放置4~5天即可用于捣制纸浆。

（10）捣料。将成堆的纸料一方一方地割下，倒入料盆中去除老皮杂质，然后放入石碓窝中，用脚踏动与木杆相连的石臼头反复舂打。舂打之时用长棍在石碓窝中来回翻动，直至纸料完全被捣碎成绒。捣制纸料的石臼为正方形锥体，外方内圆，上大下小，上口直径约80厘米，下底直径约40厘米，高约90厘米。一般安砌在地平线下，另配脚踏长杆捣杵。

（11）漂白。将捣碎成绒的纸料放入细孔的竹篮内，加入清水搅拌，将其中块状纸料击散，冲水淘洗2~3次，使之颜色变浅，类似棉絮。此时，用未漂白的纸料抄制的纸称本色纸。若希望纸张更白，则可在纸池中放入加了漂白粉的清水，再将淘洗后的纸料放入池中浸泡24小时，然后将漂白后的纸浆用清水洗净，用以抄纸。经漂白抄制的纸称漂白纸。漂白纸的白度可根据需要用漂白剂按一定的比例进行调节，一般用量为纸料的5%~6%。

（12）加药。将纸料放入长方形石槽中，注入清水后搅打，同时向槽内加入滑水（纸药），再行搅打。当地称纸药为“滑子”，用山矾的树叶晒干，压成粉，放入石缸中加沸水并搅拌，再用水配成黏稠状液体，每次所配供一日之用，每捞30~40张加一次滑水。

（13）抄纸。俗称“抄张”。打槽完毕后，纸浆在纸槽中静置过夜，此时纸纤维沉降槽底。捞纸前，用竹竿将槽下的纸浆搅拌悬浮，使之达到适当浓度，开始用纸帘捞纸。方法与宣纸相似。

（14）压榨。俗称“上榨”。将湿纸堆放在纸榨上，上面依次盖上竹笆、盖板，盖板上置长短承木，承木上放置榨杠，榨杠前端置千斤梁下口，后端套篾绳，篾绳连滚筒，滚筒孔内插搬杆。榨时，用人力将搬杆轻轻往下压，此时在滚筒的作用下，篾绳越收越紧，压力越来越大，纸堆中的水分被缓缓压出。

压纸脱水时动作宜慢而稳，如果加力过猛，不仅榨不出纸中水分，还会出现榨爆现象。逐渐加力，则水缓缓流出，直至完全脱水，静置过夜。第二天，拆去盖板、竹笆，将半干的湿纸抬放在纸台之上，去掉盖纸，开始掀张起吊。

（15）揭纸。俗称“起纸”。将其从纸榨上取出，置于木板之上，先用手将纸堆四边推起，掀开纸角，用夹子将纸一张张掀开，再从纸角将纸掀起。每5张为一吊，轻轻揭起，刷上纸墙焙干。

（16）焙干。有风干与火焙两种方法。风干是将清水洒在纸壁上，掀开单张湿纸，附墙吹贴，使湿纸平敷于纸墙上，用棕刷将纸刷平，每5张为一叠，待其自然风干。刷壁时每张纸间不要完全重叠，错开一点，以便干后分张。火焙是将揭开的湿纸运往火墙，掀开单张湿纸，附火墙吹刷，小幅面纸张可重叠焙干，大幅面纸张则要单张焙干。火墙是两道土砖砌成的砖墙，砖块之间有空隙能让热气透出。焙纸时先在夹巷内生火，从空隙中散出的热气使纸张慢慢干燥。

（17）切割包装。纸张干燥后从墙上揭下，分张，剔除破损的纸张，将纸叠压在切纸架上，用纸刀切割整齐，清点张数，每100张为一刀，每两刀为一合，打印包装。

夹江手工造纸十分辛苦。《夹江县志》在记述手工造纸时说，制造工作之苦莫过于造纸之家，经过手续之繁亦莫过于造纸之家。男耕女织白昼劳作而至晚则息，秋收之后尚有较长之休歇。造纸之家则不分春夏，无论白昼，亦不分老幼男女，均合有工，俗称“和家闹”。

正因为有了这些不分春夏，无论白昼，亦不分老幼男女的“和家闹”式的家庭生产作坊，夹江手工造纸才得以世代相传。

2. 富阳竹纸生产工艺流程

富春江南岸山区盛产竹纸，尤以大源溪、小源溪流域为胜，不仅产量高，而且质量佳。清光绪《富阳县志》记载：“浙江各郡邑出纸以富阳为最良，而富阳各纸以大源元书为上上佳品，其中优劣，半系人工，亦半赖水色，他处不能争也。”

富阳多山，毛竹资源丰富，富阳竹纸以当年生嫩毛竹为原料，产品以元书纸为最佳。其生产工艺主要包括以下18道工序：

（1）斫青。每年小满前后是砍料的时节，这时毛笋开始脱壳放枝，长成嫩竹，其色泽青翠，当地人称之为青竹，故称砍竹为斫青。

（2）断青。砍下的青竹运至削竹场后，剁成2米左右长的竹筒。

（3）削竹。把竹筒放在架子（当地人称为“马”）上，用削竹刀削去表层青皮，使之成为白坯。

（4）拷白。手握白坯在大石礅上甩打，使之破裂成碎片，并用铁锤将竹节处砸烂。

（5）断料。将拷白过的白坯砍成五段，每段长约40厘米。用嫩竹篾打成直径约1尺，重约15公斤的小捆（称为1页）。

（6）浸料。将竹料捆浸放料塘（亦称“滩塘”），在水中浸泡5～20天。

（7）浆料。把捆好洗净的白料运送至腌料场，用石灰浆腌。按每50公斤石灰加水40担配制石灰浆，大致可以浆料600页左右。竹料浆过石灰浆后，放在灰池边堆置一两天。

（8）煮料。把浆好的白料放入皮镬（又称“纸镬”）内，一次可以放六七百页料，加水浸没竹料，然后封盖顶部，镬底生火，日夜蒸煮，水烧开一段时间后，可用小火维持，约需要5天才能把料煮熟。

（9）出镬。把煮熟的白料从皮镬中取出，立即浸入料塘水中，以免灰质燥结在竹料上。

（10）翻滩。白料在料塘中浸泡10天左右，其间需要经常翻洗，换清水继续浸泡，一般要翻洗五六遍才能去腐质，使纤维纯净。

（11）淋尿。将洗净的白料重新整理捆扎后，放入盛有人尿的木桶，逐页用尿液淋浸一遍。

（12）堆蓬。把淋过尿液的白料横放堆叠成蓬，用青干草垫底、盖顶并围裹四周，使之封闭，自然发酵。堆蓬时间视气温而定，天暖约一周，天寒约半月。

（13）落塘。把堆蓬发酵过的白料一页页竖排于料塘内，叠之数层，引入清水浸泡10～15天，水色逐渐转红变黑，说明白料已经成熟，再移至榨床榨干水分。

（14）舂料。将榨干水的纸料用手撕成小块，然后放在石臼内捣碎至绒状细末。舂料用脚碓或水碓。

（15）抄纸。在纸槽中加水，加入绒状纤维，搅拌使之成为均匀浆液。

（16）榨纸。抄出的湿纸叠至500张（半件）左右，就要移至“榨床”，用木榨榨去湿纸块的水分。

（17）牵晒。把榨至半干的纸垛搬到烘房，一张张揭开，用棕毛刷刷上焙壁，干燥后揭下。

（18）磨纸。把焙干的纸整理好，用木榨压平实，按每刀 100 张，若干刀叠成一垛，用磨砖打磨纸边，使之平整。现多改用机械切边。

此后，再将成品纸打捆，盖印，即可出售。

纸张的鉴定

纸寿千年，用宣纸进行书画创作是历代艺术家的最好选择。宣纸有生宣、熟宣之别，其性能各有不同，这需要我们仔细鉴别，了解其各自的特点，才能物尽其用，发挥优点。下面从柔韧性、润墨性、艰涩性和耐久性等几方面对之进行较为详细的分辨。

1. 柔韧性

宣纸无论生熟，都有一定的柔韧性，质量较好的柔韧性也较好。生宣纸质的柔韧性更为突出。生宣的手感柔和，熟宣相对脆硬。用毛笔在生宣纸面上书写，能够体验柔软绵韧十足的感受。在生宣上创作的书画作品，待墨迹干燥后，经得起任意团揉，一经装裱，依旧平展如初。

装裱好的作品因陈放时间较久，往往会出现陈旧或残缺现象。高明的装裱师将陈旧作品的画心重新揭裱，可使作品顿还旧观。

2. 润墨性

宣纸因为既能吸墨，又能洇水，具有较好的湿染性，所以在宣纸上能够得到很好的润墨效果。尤其是生宣，其湿染性较强，洇水效果好，水墨的吸附性能也很强。落在纸面上的水墨能迅速向四周扩散，并同时向宣纸里面渗透。古人说，书写功底深的人能让字入木三分，在宣纸上也能体现墨色的立体层次。当然，不同的生宣显现的湿染性程度也有差异，扩散的速度和程度不一，润墨性也会有所不同。熟宣因为纸面加矾，湿染性不如生宣，水滴在纸面上不再扩散或扩散很慢，对墨的吸附性也有限，润墨性较生宣效果差。中国画尤其是泼墨山水、大写意花鸟等的创作，可利用生宣较强的湿

染性来增强水墨的韵味和层次感，而熟宣适宜于工笔画的学习和创作。对于书法而言，生宣一般用于行草书的创作，能收到水墨淋漓的润墨效果，行笔中因为书写速度和墨水的枯湿浓淡，可以表现书写的节奏和韵律的变化。楷书尤其是小楷通常就用偏熟的宣纸，这样有利于保持精致的点画和清晰的轮廓。

另外，宣纸无论生熟，其润墨性与墨水的浓淡有关系。用淡墨书写产生的湿染性现象比较明显，用浓墨书写产生的湿染性程度相对较弱。

宣纸的润墨性还表现在墨水一旦浸润到宣纸中固定之后，一般不会发生“跑墨”的现象。即使在装裱过程中的喷水上墙环节，经过水的浸泡，也不会对字画产生影响。相反，因为水的喷洒，墨水在宣纸上会显得更加温润生动，显示出独特的神采。

3. 艰涩性

宣纸制作原料为植物纤维，光而不滑。纸面具有一定的涩度，相对而言，生宣比熟宣具有更强的艰涩性。这种艰涩性通过书写者的手感体现出来，即当我们用毛笔蘸墨在宣纸上书写运笔的时候，笔毫与纸面之间就会产生一种摩擦力。因为生宣相对更为艰涩，所以感觉到的摩擦力，即毛笔遇到的阻力也就越明显。熟宣纸面进行了加工，相对光滑，艰涩性较弱，书画时所遇到的阻力较小。因为生宣书写具有的艰涩性，不了解水墨、毛笔与宣纸性能的人，是不能很好地控制行笔的速度和力度的，也不能获得理想的书画效果。

4. 耐久性

宣纸有易于保存、经久不脆、不会褪色等特点，故有“纸寿千年”之誉。无论生熟，品质好的宣纸耐老化、少虫蛀、寿命长。宣纸除了题诗作画外，还是书写外交照会、保存高级档案和史料的最佳用纸。我国流传至今的大量古籍珍本、名家书画墨迹，大都用宣纸制作保存，直到今天依然完好如初。陈放时间较久的宣纸，具有更好的润墨性和柔韧性，利于书画家找到更好的创作感觉。

著名国画家潘天寿擅作指画。他在创作时，在生宣上“每须泼墨汁，用

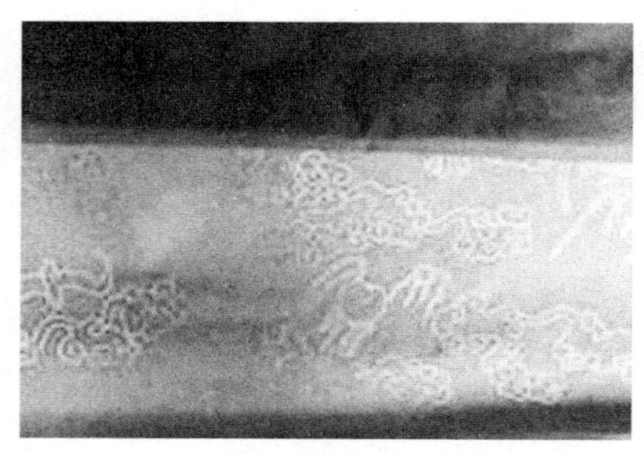
宣纸具有易保存的特点

食指、中指、无名指、小指四指并下，随墨汁迅速涂抹”，才能达到意趣磅礴、元气淋漓的艺术效果。要具备这样的用纸才能，没有相当的艺术修养与长时间的笔墨经验是达不到的。

潘天寿先生对于宣纸的使用积累了许多宝贵的经验。他认为书画创作生宣熟纸都可以用，但“不论熟纸熟绢生宣皮纸，以陈为佳”。潘天寿擅用生宣写字作画，并有自己的经验。生宣纸，纸身松，浸透水墨的力量大。尤其是新宣纸，“浆性未脱，纸性不软熟，指头着纸，落水落墨，骤而且重，比较难以掌握”。他又说：“生宣纸虽浸透力强，将大焦墨法、大枯墨法、大泼墨法相互应用，特有变化。”生宣作画，水墨淋漓，生气蓬勃，可得气象万千之妙。

熟宣用生宣加矾制作而成，纸面较为平板光滑，水分难以浸透。潘天寿的做法是，尽量利用大焦墨，或淡枯墨作画，使指意化刻露为松动，化平板为灵活，化光滑为凝沉，这样才可以达到理想的效果。他对熟宣类型了如指掌。

“以普通生单宣加重矾制成的，是为普通矾纸，质地较毛，殊合指头画应用。普通生单宣加以较轻的矾水制成的，是半熟普通矾纸。这种矾纸质地仍能浸水，墨色能变化，不过浸化的程度比较弱些，用它作指画是比较好的。”他还认为：“用煮锤笺加重矾制成的名雪月笺和冰雪笺，以较薄的元吉纸加重矾制成的叫蝉衣笺，都全不浸水，比较光滑，不及普通生单宣制成的矾纸质地较毛，易于使用。”

潘天寿先生根据自己的创作经验，明确了生宣熟纸的不同用途和使用方法，对书画艺术的传播和宣纸文化的发展具有一定的指导意义。

而明清以来的高档艺术用纸，因为原料讲究，工艺精良，花色品种繁多，有的还是宫廷用纸，具有极高的艺术价值和收藏价值。正因为收藏市场的兴起，导致仿制假冒的现象也屡见不鲜，所以有必要鉴别古代纸笺的质量，辨别古今纸张的不同特征，熟悉纸张发展的历史，即各个时代各种纸的造纸原料、制法、形式、装饰图案等情况，再利用现代仪器进行测定，从而掌握鉴

别真伪古纸的方法。

如唐以前主要原料为网纸、麻纸，沿用蔡伦之法造纸；唐代始有硬黄纸；唐末五代有薛涛笺；五代、北宋始有澄心堂纸，有黄白经纸，可揭开使用。元、明、清600余年间，纸的造法没有多大的改变，但是由于印刷术的发明，用纸量大增，嫩竹日渐成为制纸主要原料。最值得一提的是，元、明时宣纸在书画界得到广泛应用，一改唐宋用绢状况，因为纸比绢易于发挥笔墨情趣和水墨气韵，传世的书画名作也多为纸本。

鉴定古代书画用纸，除必须了解纸的原料、制造和加工技术外，还要留心纸的外观形象，诸如颜色、尺幅、厚薄、帘纹、纤维交结、分散和老化程度以及纸病，等等。

先看颜色。古纸保存时间达五百至千年以上，残存的纤维就会自然老化，部分纤维束与残存的木素被氧化，颜色自然退化为淡旧，由白而浅黄甚而黄色逐渐变深。如果托裱次数增加，纸上的墨色被多次冲刷，纸面呈灰色，有的古纸纸面上布满“寿斑”。伪纸经人工熏染，颜色看起来古，其实并非真正老化所致，无自然退化的旧色，呈鼠灰或麦黄，气色新鲜，不沉着，表里染成一体。在高倍放大镜下将纸角撕下细看，完全可以辨认出来。就一般情况而言，宋代以前的书画纸普遍都有泛黄、泛灰的颜色，元明清纸则极少见到这种情况，有的白度可能依然如初。

再看尺幅。历代纸的尺幅也有一定差异，这与当时造纸技术和度量衡制度有关，法书纸尺幅比绘画纸有更大的时代性。一般来说，随着时代的发展、技术的进步，纸张的尺幅也越来越大，质量也越来越高。

鉴别古纸也是鉴定古代书画作品和古籍的基础，这方面的资料也是鉴别古纸的宝库。宋代纸粗厚而且绵，宋版书纸质软，宋人书画多用澄心堂纸，它的纹斜侧一边，隐有龙凤，卷册之类多用黄色经纸。元代纸纹细而薄，因此元人书画易于脱损，元版书字瘦硬纸薄。我国大部分古纸都依托于书画和古籍得以保存，多去图书馆和博物馆接触实物，不断实践，可以练就一双鉴别古纸的法眼。

知识链接

洛阳纸贵

晋代文学家左思（250—305），小时候是个非常顽皮、不爱读书的孩子，父亲经常为这事苦恼。

有一天，左思的父亲左雍与朋友们聊天，朋友们羡慕他有个聪明可爱的儿子。左雍叹口气说："快别提他了，小儿左思的学习，还不如我小时候，看来没有多大的出息了。"说着，脸上流露出失望的神色。这一切都被小左思看到听到了，觉得非常难过，于是暗下决心，决定刻苦学习。

由于他坚持不懈地发奋读书，终于成为一位学识渊博的人，文章也写得非常好。他用一年的时间写成了《齐都赋》，显示出他在文学方面的才华，为他成为杰出的文学家奠定了基础。之后他又花了十年之功撰写了《三都赋》，包括《吴都赋》《魏都赋》《蜀都赋》。

左思认识了著名文学家张华，他对左思的《三都赋》赞叹不已，并立刻把他推荐给为人正直的著名学者皇甫谧。皇甫谧读后十分赞赏，还主动给写了序文。紧接着，学者张载、刘逵分别为之作注和写序。

《三都赋》一时间风行洛阳。由于当时还没有印刷术，喜爱《三都赋》的人们只能争相传抄。抄写的人实在太多，洛阳纸价一时大涨，这就有了"洛阳纸贵"的著名典故。

第五章

文业“砚”田

砚，也称“砚台”。汉代时砚已流行，宋代则已普遍使用，明、清两代品种繁多。砚虽然在“笔墨纸砚”的排次中位居殿军，但是，砚质地坚实，能传之百代。

第一节 砚台的变迁

 两汉魏晋时期的砚台

在汉代，专供书写使用的砚已被普遍使用，制砚材料的取用也较为广泛，大多以石制成，也有少数是玉砚、陶砚、金属砚、漆砚等。砚的造型以圆形、长形为主，另有山形、龟形等。有的砚在雕凿技艺上已较精细，使其艺术效果日渐加强。从中华人民共和国成立后不断出土的文物和有关资料中可以看出：汉代砚品种呈多样化，砚式始趋复杂化，雕凿逐渐艺术化，可以说是我国制砚史上的第一次昌盛，并代表着划时代的典式，足以构成汉代文化事业蓬勃发展的一个组成部分。

在西汉时期，尚未出现有形制的墨锭，多是将墨丸放在砚石面上和水，用研石压磨，所以西汉时的石砚多带有研石。1983 年 12 月，在湖北江陵张家山三座西汉初年的古墓中，出土了两件圆形石砚，都附有用天然鹅卵石加工制成的研墨石，石头上还有使用的痕迹。1973 年在广州市金坑西汉古墓和湖北江陵凤凰山西汉古墓以及河南洛阳、河北等一些地区出土的汉砚，均带有研墨石。特别是 1978 年，在山东临沂市城区金雀山第 11 号西汉墓中出土了一件盒装石砚，其制作巧致，充分显示出了古砚制作技艺的水平。

玉砚

墨盒为木胎漆盒，其砚为一长方形石板，砚面光滑平整，残留墨痕，背面粗糙不平，边缘呈不规则锯齿状，长 16 厘米，宽 6 厘米，厚 0.2 厘米。其巧处是在盒盖与底的同一端，各凿有一方形小槽，是专为放置研墨石而设计的。槽内研墨石长 2.5 厘米，宽 2.5 厘米，高 0.2 厘米，砚盒底与盖合并在一起，研石正好扣放其中。在有小槽一端的漆盒底上，还有一个不规则的小槽，与研石槽相通，以存放墨丸。根据当时细心的发掘人员观察，石砚出土时，小槽曾有若干芝麻粒大小的墨丸。这种布局合理、设计巧妙的砚盒确实令人拍案叫绝。

在西汉时期，由于人们习惯席地而坐，附于低矮的几案上书写，因此砚要放在几案旁的地上。为保持砚身的平衡且易于移动，足砚随之产生。1956 年，在安徽太和县李阁乡双右堆空心砖西汉墓中，出土了一方石质圆形有盖的三足砚，其盖呈斗笠状且有鼻孔，上刻有两条披鳞挂甲的长身兽，砚底三足刻有清晰的花纹。实物现藏于安徽博物馆。

除石砚带足外，陶砚有足的实物也不乏其例。1953 年，在安徽巢县柘皋出土了汉代的“瓢形双足陶砚”，前端有双足，呈前仰后俯之势。低处易于存墨，高处便于膏笔，纯为一件具有实用价值的文具。今人穆孝天的《安徽文房四宝史》中有该砚的图版。

西汉时期陶砚较多。就现有的实物来考察，有名的为“十二峰陶砚”。它奇峰竞拔，一柱擎天，历来为人赞颂为古砚中的典范作品。另外，龟形陶砚制作也很丰富，其形制各异，姿态逼真。有直颈、屈颈单龟，有交颈接尾的双龟。龟背多为砚盖，上刻有龟背纹，足见陶砚制作的精巧。东汉时，随着社会生产和科学文化的不断发展，书写工具的制作也出现了一个新的局面。无形制的小墨团被有形制的墨锭取而代之，纸也跻身于以简为书写材料的行列，与简有平分秋色之势。这些都有力地促进了砚的发展，使之趋于灵便和抛开砚石，自成一体。1972 年在甘肃武威县磨嘴子东汉墓中出土了一漆匣石砚。砚呈长方形，较规则，已没有砚石。经有关人员研究鉴别，这一漆匣石砚制作于东汉时期的公元 126 年至 167 年。另河南洛阳市博物馆中现藏有一个东汉圆形带足石砚，也同样没有研石。这一明显的特征可以看出东汉时砚的变革已开始向现代砚发展。东汉砚除无研石外，圆形三足是另一特征。1955 年在河北沧县四庄村东汉墓出土双盘龙盖三足石砚，此砚三足浑厚质朴，上面刻有简单的花纹图案；1956 年安徽太和马古堆也曾出土了三足石砚；天津市艺术博物馆现藏有一方汉代三足石砚，砚面较浅，上端开有一椭圆形水池，三足为熊头状，每足之间透雕熊兽相斗，线条流畅，图案浑朴，为不可多得的汉砚佳作。

由于漆器工艺在东汉时极受重视，此时还出现了漆砚这一新品类。据1966年《考古》杂志第2期载：1956年在安徽寿县一东汉墓中，出土了一长方形漆砚。这种漆砚的做法是，在砚型外面用麻布及丝织品裹缠上，在麻布丝织品上涂上一层漆灰，经晾干打磨后，再涂上一层朱漆。这种漆器的制法，被称为“夹纻胎”，它最早始于战国末期，东汉时被运用以制砚。这种砚台轻便、坚固、耐用，比木胎略胜一筹。

由于东汉砚的制作已较为讲究，因而对砚的保护也日益引起人们的重视，出现了各式各样的砚盒，并显示出较高的艺术性。东汉时除原有的漆砚盒外，还有以金属铜为质材制作的砚盒，并采用一种鎏金技法，即用金和水银混合成的金汞剂均匀地鎏抹在砚盒的表面，再用火烤，使金汞剂中的水银蒸发而金牢固地依附在盒面，然后用玛瑙工具压磨成光。这样制作的砚盒耀眼夺目，也使砚台身价百倍。在江苏徐州东汉墓中，出土过一兽形鎏金铜盒砚。兽身为砚盖，通体鎏金，镶嵌有各色宝石和红珊瑚等，砚面为石片镶嵌，利于砚墨。这件鎏金盒砚不愧是东汉时期鎏金镶嵌技艺高超水平的代表作品。

在东汉时期，砚的发展完成了从有研墨石到无研墨石的过渡，这是砚史上的一大里程碑。这时还有了对墨砚起源、发展等的理论著录问世，东汉兰台令史李尤的《墨砚铭》就是其例。

魏晋南北朝时期，砚的制作除继续以石、陶、金属为质地外，还出现了瓷砚这一新品类。其砚型有圆形、长方形、凤字形，并有多足。这一时期，可说是砚得以定型的阶段。

在出土的文物中，较少发现魏时的砚，但在古籍中却有很多的记录。唐欧阳询的《艺文类聚》中有“魏武帝上杂物疏曰：御物有纯银参带台砚一枚，纯银参带员砚大小各一枚”的记载。唐徐坚的《初学记》中曾记载了魏繁钦的砚赞：“方如地象，圆似天常，斑彩散色，沤染毫芒，点黛文字，曜明典章，施而不德，吐惠无疆，浸渍甘液，吸收流光。”

在晋代，由于多使用漆烟、松煤混和制作的墨丸，砚的形制也随之变化，成为多凹心砚。陶宗仪的《辍耕录》中载：“至魏晋时始有墨丸，乃漆烟松煤夹和为之，所以，晋人多凹心砚者，欲以磨墨贮沈耳。”北宋书画家米芾在

《砚史》中说：“今有收得右军砚，其制与晋图画同，头狭四寸许，下阔六寸许，顶两纯皆绰慢下，不勒成痕，外如内制。”如日常生活中使用的畚箕，砚池与墨池相连，砚心内陷如潭，易于蓄墨。又记载：“又有收得智永砚，头微圆，又类箕象。”此砚和右军砚极相似。

在晋代时期，瓷器生产迅速发展，蹄形足的圆形青瓷砚也以崭新的风貌问世，成为砚家族中又一新成员。江西永丰县曾出土东晋时的一方三足圆形瓷砚。1958 年，江苏南京市发掘的东晋墓中也曾出土二方瓷砚，说明了晋时瓷砚生产、使用的普遍性。

晋时的陶砚生产远不如两汉时期，陶砚常常被作为殉葬之物。另外，晋时还有漆砚、木砚、金属的铁砚、铜砚的生产。

晋朝石砚的制作者较富有艺术性，《中国古代常识》中载：“河南洛阳晋墓出土的一块石砚，圆形砚池四隅雕有龙头、卧虎、玄武及圆形水池，砚底刻饰复莲一朵。”这种精雕细刻的砚台，既是文具用品，又是一种艺术杰作。南北朝时，瓷砚的制作者和晋时一脉相承，大都以青瓷制作，多为圆形，砚心无釉，均有足或蹄形足。建国后在江西永丰县沙溪公社和湖南长沙出土的南朝青瓷圆形砚，都为五足砚。由此可以看出，南北朝时代，是带足砚发展的鼎盛时期。

南北朝时期陶砚的形制多是上狭下宽，首宽尾窄，前俯后仰，砚有足。因砚面酷似“凤”字形，故人称“凤”字形砚，实际上仍是晋时的箕形砚的形式。

南北朝时期的石砚制作，仍向艺术品方向发展。1970 年在山西大同市北魏建筑遗址出土了一件石雕方砚。此砚全身雕有各种图案，砚心两侧浮雕耳形环水池和方形笔舔，两端有鸟兽作饮水状，砚面对角有莲花座笔插及联珠纹圆形笔舔，周边雕有骑兽、角抵、舞蹈、沐猴四组图案。砚的四侧及砚底雕刻有力士、云龙、朱雀、水禽衔鱼、莲花等。论工艺之精湛，造型之美妙，这件珍贵的砚可算是上品。

五足砚

金属砚的制作在南北朝时的砚品

中独具一格，显得豪华奢侈。1957 年，考古工作者在安徽肥东县出土了一件南朝铜蟾蜍砚。此砚遍体碧绿鎏金，蟾蜍身上的疙瘩用红、黄、蓝宝石镶嵌，砚面为石片镶嵌而成。这一特艺砚台，独具匠心，为南北朝砚中难得的杰作。

纵观整个魏晋南北朝时期的制砚，在质材的多样化、形制的艺术化等方面都远远超过了汉代。

唐代四大名砚的涌现

唐代是我国封建社会经济、文化繁荣的时期，书法艺术也出现了一个新的高峰，这直接促进了制砚业突飞猛进的发展。这时，砚材的种类更加多样化，砚的形制日趋艺术化，砚的制作呈现专业化。涌现了唐时号称四大名砚（山东鲁砚、广东端砚、江西歙砚、甘肃洮砚）的著名品类。至此以后由于桌椅盛行于世，砚台也就以无足平台为主要特征。

山东鲁砚，在唐时已名振全国，居众砚魁首。鲁砚之中，首推沂蒙山区的临朐县老崖固的红丝石砚，因产地古为青州所辖，故又称“青州砚”。青州红丝石砚材，石声清悦，石色美丽。石中多纹彩，有云纹、水纹、木质纹等线条图案。用红丝石制成的砚，质嫩理润而贮水不耗，易于发墨而不损笔毫。

青州红丝砚久负盛名，曾深得当时著名书法家柳公权的赞誉，他在《论砚》一书中写道：“蓄砚以青州为第一，绛州次之；后始重端歙、临洮。”

当时，山东临沂地区费县（今费县刘庄乡）境内的岐山涧，盛产金星砚石，因临沂为大书法家王羲之的故乡，故有人称此砚为“羲之砚”。此石系轻微矽化泥灰岩构成，石面以黑为底色，上有琉、铁等结晶物的光点，大者如豆，小者如粟，因而又称为“金星石”。“金星石”质地滴水不涸，润而发墨，叩之有声，涩不留笔，为时人所重视。

徐公砚石产于今山东沂南县徐公庄村，为鲁砚之一种。传说古时有一位姓徐的公子赴京应考，途经沂南时，在歇息之际，偶尔发现沟土中有一块形状奇特的石片。徐公子偏爱其形色，便试磨成砚，携带赴京。考试时时值严冬，其他考生的砚中之墨均结冰难书，唯有徐公子砚中墨汁湿润飘香，书写流利自如，墨色黑亮，深得考官赏识，徐公子亦考得进士。徐公子晚年休官后，便在拾砚之地定居下来，以后此地便称为徐公店村，产于此地的砚也就称为“徐公砚”。

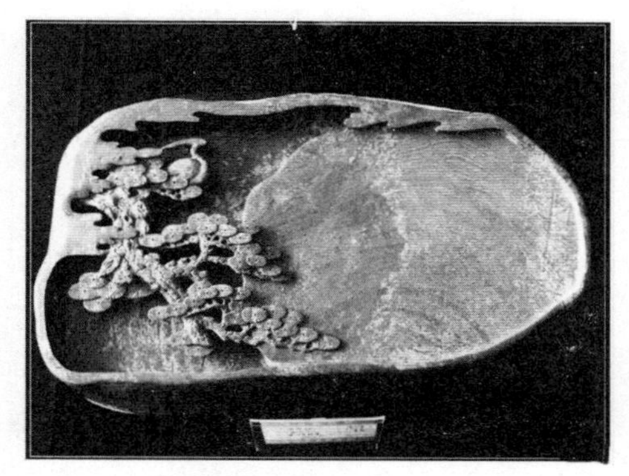
红丝石砚

徐公砚石质地坚硬，密度极高，纹理丰富，色泽多样。据《临沂县志》中载：“此石其形方圆不等，边生细碎石乳，不假人工，天趣盎然，纯朴雅观。”以此石制砚多利用天然造型，不存在雕凿之气，这就是徐公砚独特的风格。所制之砚同样具备其他各类名砚易于发墨、贮墨耐久、不损笔毫的特点。据今徐公砚产地的技术人员试验，徐公砚中的墨汁，在零下四度确实不结冰。这大概就是徐公砚神奇之所在。鲁砚品类较多，其共同特点是：石质细腻滋润，易于发墨，利笔而不损毫。

端砚的制作历史悠久，源远流长。然而它究竟始于何时，古今人是有争议的，但绝大多数人认为端砚成名于唐代。据《石隐砚谈》中记载：“端溪石始于唐武德之世。”因产于端州（今广东省肇庆市东郊的羚羊峡斧柯山）境内的端溪沿岸而得名。由于端砚具有独特的石质、花色和呵气即可研墨、研墨无声、发墨不损毫的特点，因而博得了历代文人学士极高的评价。

砚石的开采是十分艰难的，首先须开出坑洞，沿倾斜陡峭、弯曲的坑道，依石脉生长走向开采砚石。洞窄处不能直立，还要伛偻开凿，劳动强度可想而知。唐初最早开坑采石的是龙岩。宋代叶樾在《端溪砚谱》中说：“自上岩转山之背曰龙岩，龙岩盖唐取砚之所……龙岩石色深紫眼少。”《旧砚谱》中也有记载：“端石……其色紫；山极顶者，尤润。如猪肝色者佳。”据此可知，初唐时，端石是取自顶上紫石制作而成，当时并以砚岩顶上的龙岩紫石为最好。

稍后龙岩不复取，水岩（下岩）便取而代之。《端溪砚谱》中载：“下岩得石胜龙岩，龙岩不复取……大抵石以下岩为上，中岩、龙岩，半边山诸岩次之，上岩又次之，蚌坑最下。”水岩依山傍水，极难开采，岩洞只容一人伏身而入，且积年被水湿渍，顶上积水下滴，在里面作业，衣冠皆湿。由于下岩石长期浸泡，使得砚石湿润细腻，其色淡青淡紫，孔多而富于变化。古籍《纸墨笔砚笺》中称赞水岩砚石：“湿润如玉，眼高而活，分布成象，磨之无声，贮水不耗，发墨而不坏笔者，为世之珍。”好的水岩砚台，体重而轻，质刚而柔，触之如婴儿皮肤，湿软嫩而不滑，握在手中，水自滋生，用气呵之，津汁滴沥，真可谓无价奇材。晚唐时水岩坑砚石所制之砚，被列为贡品，专供皇胄朝臣使用，故称为“皇岩”。开坑采石时，都是在太监或地方官的严格监督下进行的。

在初唐时期，端砚的制作完全以实用为主，砚面上毫无任何装饰和雕刻图案，其砚形多为方形或长方形。自中唐后，端砚的制作有了变化，其风格形式有了新的演进，从纯实用品逐渐向艺术欣赏品发展。一般多在砚石池头雕刻线条明快或粗犷的仿古图文、山水、花鸟等，其砚形以箕形居多。1965年12月25日在广州市动物园的古墓中出土一方唐代端溪砚，长20厘米，宽14.5厘米，高4.5厘米。此砚头圆尾方，身微瘦长，下阔中凹，呈簸箕状，有方足。其形象古朴凝重，是典型的唐代箕形砚。

在唐朝时期，与端砚齐名的“龙尾砚石”，因产于江西婺源县的龙尾山而得名，因婺源从唐武德元年至北宋宣和三年属歙州所辖，故龙尾砚又称歙砚。相传1300多年前，一位姓叶的猎人追赶野兽时，进入人迹罕见的龙尾山。他看到山上的石头光洁如玉，莹晶可爱，便拣了一块携回家中，粗琢成砚，试用后，发现质量超过端砚。歙砚便由此而生。

歙砚以石质坚韧（平均硬度比端砚高0.5度）、湿润莹洁等特点为端砚所不及。唐时歙砚的品类以龙尾砚、金星砚最负盛名。龙尾砚为歙砚之上品，此石多产于水溪中，性湿润、坚密，扣之如玉振，声音清越，色彩为苍黑、青碧两种。

洮砚，也称洮石砚，是唐朝时期四大名砚之一。洮砚具有石质坚润、色彩雅丽呵气可研、发墨细快、保湿利笔等特点，深受书画家、文人及收藏家的赞美和珍爱。

洮砚石产于甘肃省甘南藏族自治州卓尼县的洮河东岸喇嘛崖鹦哥山咀，古时为洮州辖区。

洮砚品类有绿洮和红洮两种。绿洮色泽青蓝，旧称“鸭头绿”“鹦哥绿”，肌理细润，纹似卷云，宛若水波，独具风格。红洮，又称赤紫石，土红色，石质纯净甘润，极为罕见。

洮砚在唐朝时期已有相当的生产规模，可说是洮砚制作的极盛时期，但流传至今的极为罕见。

此外，当时还有以未央宫、铜雀台的瓦制作的墨砚；有以覆檐瓦制作的

“瓦头砚”；还有以泥土烧制的一种多彩陶质的三彩砚。可见唐朝时期以泥质为材料制作的砚品也十分丰富。

在唐朝时期，济源的天坛石砚也不同凡响。天坛，系指《列子·汤问》中愚公门前的王屋山主峰之坛而言。相传4000多年前，轩辕皇帝曾在此设坛，祈天求雨，故名天坛。其砚石是取材于相距不远的磨脐山、陡崖山之间的盘谷地，石质坚细。唐开元年间，此地人便取此石制砚，称“盘谷砚”“盘石砚”，俗称“盘砚”。一次，韩愈和儒生高常同游天坛，途中获砚，韩愈欣然作《天坛砚铭》：“仙马有灵，迹在于石，棱而宛中，有点墨迹，文字之祥，君家其昌。”此后，“天坛砚”的名字便一直沿用下来。

天坛砚石，刚柔相济，易于发墨，常保湿润，蓄墨经久不涸，并且有天然生成的各种色彩和花纹，如青斑、天蓝、金线以及柳芽黄、麦叶绿等。

唐咸通年间西安府（今浙江省江山县）一地也生产石砚，因地名而称为“西砚”。因其砚石常年为泉水所浸，质地坚实滋润，为制砚佳材。所制之砚，同样被人们推崇。

河北易水古砚的制作也始于唐代兴盛时期。其原料取材于太行山区的西峪山，石为天蓝色的水成岩，有的还点缀着碧绿色或淡黄色的斑纹，石质刚而柔，石面泛有光泽，石色柔和，为北方不可多得的名砚佳材。所制之砚和当地制墨相誉并赞，墨称“易水法”，砚为“易水砚”，为奚家父子所创。唐末奚家后代因避战乱迁居歙中，将制墨、砚技艺传至南方。

值得一提的是五代时期，青州（今山东益都一带）除红丝砚著名外，还生产一种金属砚，桑维翰制作熟铁砚多见史载，并成为人们相互传诵的一个带有浪漫色彩的故事。桑维翰因面长身短，体型结构比例失调，但才华横溢，应考时遭到考官的冷遇，他愤然返回故里，以铸铁砚为业。《新五代史·桑维翰传》中载：“著《日出扶桑赋》以见志，又铸铁砚以示人曰‘砚弊则改而佗仕’。卒以进士及第。”青州铁砚由此扬名。

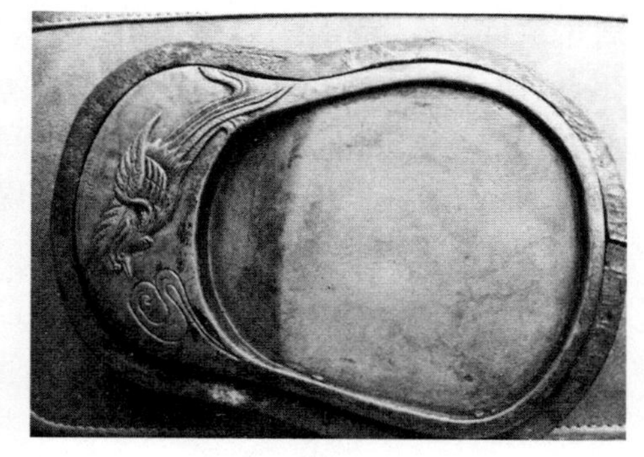

西砚

唐朝时期人们发现端石、歙石、洮河石等为制砚的绝好材料，并不拘一格地使用这些材料制砚。匠人们又以新颖、敏锐的目光，根据人们审美发展的要求，把具有纯实用价值的用具，精心雕琢成具有欣赏价值的艺术品，深得文人墨客的青睐，曾赋予它们各种别致的名称。唐韩愈游戏文学篇《毛颖传》中称砚为陶泓，视为自己的四友之一，陶泓指的就是砖瓦砚。唐文嵩以石拟人，在《即墨侯石虚中传》中称砚姓石，名虚中，字居默，封“即墨侯”。后遂以即墨侯为砚之别称。唐诗人元稹则称砚为润色先生，传为文坛趣闻。砚台，是对砚的一种通称，但在唐时就有其名，可见其名源远流长。唐诗人司空图曾有“夕阳照个新红叶，似要题诗落砚台”的诗句。因砚形状像台，故称砚台。砚在当时也成为诗人所歌咏的内容，但大多以名砚为题。唐诗人刘禹锡的《秀才赠端州石砚诗》、唐诗人李贺的《杨生青花紫石砚歌》、唐书法家李邕的《端州石室记》以及唐韩愈的《毛颖传》篇等均为咏砚的佳作，文辞优雅，饶有意趣。

两宋砚台的普及

到了宋代，砚的使用更加普及，人们对墨砚的认识也进一步加深。这时砚材使用的种类，据宋人高似孙所撰的《砚笺》卷三中记载，就不下六七十种，并且出现一些新的情况。

1. 石砚日益普及

这时开采的砚石，除了原先已出产的青州红丝石、紫金石、端州石、歙州石之外，随着文化事业的发展，各个地方对墨砚需求的增加，又相继开发了许多新的石砚材料，仅宋代史料明确记载的名砚材料，就有淄州金雀石、唐州紫石、宿州乐石、登州石、戎石、泸州石、蔡州白石、东州褐色石、明州石、太湖石、淮山石、潍哥石、成州栗亭石、石钟山石、潭石、夔石、永嘉观音石、浮盖山仙石、归州绿石、高丽石、柳石等。宋人之所以普遍使用石砚，固然在于它比陶砚、瓷砚、瓦砚要坚实、牢固，比金属砚、漆砚的制作来得容易，但更重要的原因恐怕还是它的发墨效果比较理想。因为，宋代的书画艺术较之唐代更臻成熟，面貌也粲然一新，文人书画家对研磨更讲究了。首先，书法与绘画对墨汁的要求就不一样，绘画更讲求墨色的渲染，墨非得研磨十分细腻才行；再说即便是书法，草书与隶书、楷书对墨汁的要求也不尽相同。这样，石砚的质量评析便有了诸如“着墨如澄泥不滑”、“磨墨

不热无泡”“发墨生光如漆如油”“发墨不渗”之类的内容。久而久之，他们对各种石砚的“品性”便有了一些规律性的了解，如米芾在《砚史》中称：“大抵四方砚发墨久不乏者，石必差软；扣之，声低而有韵，岁久渐凹。不发墨者，石坚，扣之坚响，稍用则如镜走墨。”不发墨者，当然称不上砚石。米芾的认识则又进了一步，他可以不经使用，而通过观察“石坚”与否，通过“叩”的声音来鉴别，这在当时也可称得上是行家的眼光了。尽管这些认识拿到今天来分析，尚属肤浅，因为石砚下墨的快慢、发墨的好坏，根本原因并不在于石材的软硬，而在于石材的结构和成分；端石比太湖石硬，但端石砚的发墨效果比太湖石砚要好得多，即是一例。宋代石砚品种众多，米芾这些文人能够学会鉴别，其时石砚的普及程度，由此也可窥见一斑。

2. 人们对石砚的色彩、纹理产生了浓厚的兴趣

在不熟悉或不爱好石砚收藏的“圈外人”看来，石砚似乎都是褐色、灰褐色，谈不上再有其他什么色彩，石砚即便有一些筋纹，也勾不起人们的兴趣。其实，石砚不仅有色彩（名贵石砚更突出），一些石砚还有迷人的纹理，在过去的1000多年时间里，竟一直让人心驰神往，只是我们很多人没接触到而已。对石砚色彩、纹理的迷恋，在宋代就已经存在。据史料记载，自从唐代出现黄地红丝或红地黄丝的红丝石砚、紫色的端石砚（端砚）和青莹的歙石砚（歙砚）之后，名贵石砚本身所固有的色彩就被蒙上了一层神秘的色彩。这时，人们惊奇地发现，在名贵的石砚如端砚上，倘若还有“鱼脑冻”“青花”“蕉叶白”等花纹存在，这方石砚就一定质地细腻滋润，发墨而不伤毫；歙砚上倘若有“罗纹”“眉子”、水舷金纹、“金星”及“青色绿晕”等花纹存在，则此砚必“涩不留笔，滑不拒墨”。这些花纹还构成了砚的天然之美，如最佳的“鱼脑冻”纹，古人谓之“白如（高空）晴云，吹之欲散；松如团絮，触之欲起”。歙砚罗纹中的“水浪”，则曲折有致，犹如水面的涟漪，而水舷金纹中的金花拟人状物，被形容为“寿仙”“罗仙”“舞鹤”“寒雁”“鸳鸯”。石砚中这些稀罕的色彩和神幻般的花纹究竟是怎么形成的呢？这个问题就像天地间怎么会冒出“体如凝脂，精光内蕴”的温润白玉一样，古往今来一直让人匪夷所思。唐宋以来的帝王将相和文人墨客，对砚石更是咏叹不绝，欣赏亦如醉如痴。《春渚记闻》就记有这样一件事，说宋代的著名书法家米芾有一次被宋徽宗召进宫去写一幅大屏。当时宋徽宗让他使用一方端砚，

米芾写完以后，捧着这方石砚奏道：“这方砚台已经由皇上命臣使用过了，就不堪再供御用，请皇上定夺。”徽宗听了大笑，说：“那就赐给你吧。”米芾顿时高兴得手舞足蹈，连连谢恩，砚上的余墨在衣袖上洒了一大片也未察觉。宋代文豪赋诗称誉石砚的就更多了，如韩琦、蔡襄、王安石、苏轼、苏辙、黄庭坚等，都写过不少赞美石砚的诗篇。仅苏轼咏叹歙砚诗，就有5篇之多，如《偶于龙井辨才处得歙砚甚奇作小诗》《眉子砚歌》《张近几仲有龙尾子石砚以铜剑易之》《龙尾砚歌》等。从内容上看，宋代咏砚的很多诗篇，绝大多数是诗人被石砚上色彩、花纹的奇丽折服后的即兴之作，宋代文人对石砚情有独钟，珍如拱璧，由此也可见一斑。

3. 石砚造型趋于多样化

宋人高似孙在《砚笺》卷三中，详细记载了各种各样的砚，有玉砚、银砚、铁砚、铜砚、漆砚、缸砚、古陶砚、古瓦砚、澄泥砚、水精（晶）砚以及许多地方出产的石砚（如歙砚、红丝石砚、洮石砚、淄石砚等），共计65种，真可谓名目繁多。更重要的是，《砚笺》向我们揭示了中国书写砚的主流由陶制砚向石砚转化、发展的进程。事实上，自宋代开始，中国砚就一直以石砚为主导，几乎是石砚的天下。石砚的造型为适应各种人的审美情趣和需要，也呈现多样化的发展趋势。如歙砚，据宋代唐积的《歙州砚谱》记载，就有端样、月样、圭样、莲叶样、古钱样、外方里圆、蟾蜍样、琴样、辟雍样、凤字样等40种；端砚式样如太史砚、兰亭砚、凤字砚、石渠砚、长方砚、杂形砚等，也五花八门。但纵观整个书写砚的发展史，宋砚的轮廓外形，显得朴素大方，实用雅观，它的主要样式为“抄手砚”，即将石砚背部挖空，这样既轻且稳，又便于挪移。

凤字砚

4. 砚铭充满文人气息

由于石砚既耐用，又耐玩赏，所以古代文人常为它制作铭文，镌刻在砚的侧面或砚底、砚盖、砚屏上。砚

铭肇始于秦汉。秦汉砚的铭文内容多记载纪年、物主姓名及其身份、石砚名称等，而唐宋石砚的铭文则往往带有一些文采，别有情趣。如唐代著名书法家褚遂良在他收藏的一方端砚背面就刻着："润比德式以方绕，玉池注天潢永年，宝之斯为良"的字样，既是对砚的一番赞美，又袒露了自己对砚的宝爱之情。宋代大文豪苏轼也是这方面的性情中人，他宝藏了多方石砚，几乎都有溢美之词镌刻于上，如"其色温润，其制古朴；何以致之，石渠秘阁；永宜宝之，书香是托"，等等。有些铭文还带有自勉、自策或自嘲的含义，如"以此进道常若客，以此求进常若惊，以此治财常思予，以此书狱常思生"，"天不爱道生异人，地不爱宝物斯珍"等。由此也可看出宋代文人与书写砚之间的密切关系。宋代书写砚铭蔚然成风，尤其是名贵石砚往往镌文于上，这也是今天我们鉴别宋砚的一个重要依据。

5. 墨砚专著陆续问世

宋代向以"郁郁乎文哉"而著称，是我国古代历史上文化最发达的时期之一，在宋代长达300多年时间内，上自皇室国戚、官僚重臣，下至各级官吏和地主士绅，已经构成一个远比唐代时庞大，也更有文化教养的阶级或阶层。伴随文化事业的发展，砚台的制作业更为发达，砚台的使用也更加普及。由于名砚迭出，文人士大夫与砚结下了不解之缘。当时，不仅常有诗赋咏叹名砚，而且还有著名书画家、文学家欣然命笔，为宋代以远的书写砚"树碑立传"，对砚台的种类、制作、性能、使用等进行认真的归纳与总结，具体地探索与介绍，其中比较突出并流传至今的有：

（1）米芾的《砚史》。全书27节，主要介绍玉砚、石砚、陶砚、水晶砚等26种砚台，并从样式到性能，进行了精确的考证、剖析。

（2）苏易简的《文房四谱·砚谱》。分4节，对砚的历史传说、当时流行的砚的品种及评论加以概述，并摘录了一些颂扬砚石的诗赋，比较生动地反映了宋代社会论砚用砚的情形。

（3）唐积的《歙州砚谱》。介绍了歙州砚从采石到制作的整个过程，包括当时歙州砚石的质地、品位等，介绍较为详尽。

（4）叶樾的《端溪砚谱》。披露端石的开采情况，解析当时出产的各种品位的端石的质地与性能。

（5）高似孙的《砚笺》。全书共4卷，前3卷分别论述端砚、歙砚及其他

一些名砚，第4卷汇录南宋以前咏颂砚台的诗文。因《砚笺》成书较晚（南宋嘉定年间），得以遍采诸家之说，故叙述翔实。

纵观中国砚史，我们也可以看出唐宋时期的制砚已经完全走向成熟，并呈现一派繁荣的景象，但也正如米芾在《砚史》中所论："器以用为功。玉不为鼎，陶不为柱。文锦之美方暑，则不先于表出之；绐褚叶虽工，而无补于宋人之用。夫如是，则石理发墨为上，色次之，形制工拙又其次；文藻缘饰虽天然，失砚之用。"说明宋人虽追求砚的石色之美和形之精巧，但这一切又都以实用与否为前提。砚石上有天然的"文藻缘饰"假若"失砚之用"，在当时也不会被人看好。以后，明清时期人们注重石砚的"文藻缘饰"，追求艺术情趣，就与宋砚形成了鲜明对照。

元代的制砚不仅在砚材上仍承袭宋代，在砚的造型上也多有所仿，只是雕刻的风格表现得比较浑朴、粗犷罢了。

明清时期砚台的转变

近代学者赵汝珍所撰《古玩指南》，对元明以来砚的发展有如下一段论述：

"自石砚创兴以来，官民所采已足社会之需，故元明之时多用石砚，除前代所遗及政府所造之瓦砚外，社会甚少再用瓦砚者。清初，三藩作乱，砚坑驰禁，以故易采之石均为居民剥取以尽。乾隆朝重新整理，大肆开伐，凡以前不易得、不能得之石，均能设法挖出。故乾隆朝所产之砚，以质地花纹言，均优于以前。清末，张之洞总督两广，又行采取，所获亦多，且多大件，世之所谓张坑者，即此是也。此后因砚石之价低，且无如此大力者，故未闻有所开采也。以上所述仅及端、歙（砚）消涨情形。盖中国产砚之地虽多，但质地之优良，数量之伟巨，无有过于此两者。故从来谈砚者均以二石为首班，其他为附庸，盖成色平庸，数量有限，虽有似无。故明了端、歙者即可了解一切也。"

这是以广东端石、安徽歙石的开采、制砚为例，来概述明清时期的治砚、用砚情况。而从中国砚的渊源流变的整个发展过程来看，赵汝珍的介绍并不全面。因为，中国砚台的发展，越到后来，砚形越多样化。我们从有关史料的记载中可以看到，宋代已开始有不少书画家自己动手，或选石、制砚，或

刻铭，创制出一些很有艺术个性的名砚，如苏轼的石渠砚，“端石为之，中受墨处，环以墨池，周边刻流云，左右侧面镌刻铭文”，清丽而秀雅；龙珠砚，“端石为之，随石质天然屈曲琢为骊龙抱珠形，龙首双角矗起，左颈覆珍珠一颗，上方稍洼，从左绕右为墨池，下为受墨处”，构思奇巧；东井砚，“作凤池式，受墨处凸起斗兀，墨池首镌东井二字，旁拱星云，周有驳蚀，古意穆然”。米芾的“远岫奇峰砚”，形状为两座山峰，“左峰特耸秀，右峰下平，微凹，为受墨处。峰腰大小笋窦，立为砚池”，《西清砚谱》称此为米芾所制，又为赵孟頫宝藏，等等。到了明代，石砚的构图和制作水平发展到了普遍能因材施艺的地步。明代“随形砚”的出现，明末清初兴起的巧色巧雕的艺术表现手法（借助于砚石的天然色泽与纹理而巧夺天工地构图雕琢）更反映出中国制砚工艺有了质的飞跃。因此，明、清两代出现许多制砚名家，就绝不是偶然的了。《西清砚谱》中所录明代杨士奇的“旧端子石砚”砚谱、唐伯虎的“歙石瓦式砚”砚谱、李梦阳的“端石圭砚”砚谱、文征明的“琭玉砚”砚谱、董其昌“画禅室”存砚砚谱以及项元汴的“腓砚”和“东井砚”砚谱等，都是这些书画家自己书铭、刻铭的。当然，我们已无法考证这些名砚是否由他们自己选石、亲自雕制，但这时涌现的一批专业制砚名家，却是在这股艺术化思潮的影响和夹裹中产生出来的。如元末明初的叶瑰、明末清初的黄宗炎、汪复庆、黄易、刘源，清代的顾二娘、卢葵生以及顾圣之、顾启明、吴士杰、张钝、梁仪、王玉端、戴清升、汝奇等。其中，名声最响的要数叶瑰、汪复庆、黄易、顾二娘和刘源。

叶瑰、汪复庆都是歙县人，他们的业绩在《婺源县志》（明清时，婺源归属歙州）中有记载。

叶瑰（生卒年不详），元末明初时江西婺源人。据记载：元兵乱后，婺源歙砚的砚雕艺术日见其衰，叶瑰有感于此，独创新制，取得了非凡的成就。《婺源县志》上说：“瑰巧悟天授，制多独创，精妙绝伦。”以致后来的琢砚者都以他为师。

圆形石渠砚

汪复庆（生卒年不详），清代安

徽歙县人。继承并发扬了歙砚砚雕的传统，是一位歙砚砚雕的高手。据《婺源县志》记载：汪复庆“世居龙尾山，善琢砚。一切翎毛草虫花卉，莫不精工，尤长于素石或顽石”。汪复庆善于根据砚石的纹理、形体大小，不重加雕饰而边幅整严，随石应变，异样天成。

黄易（1744—1802），字大易，号小松，又号秋盦，浙江杭州人。他是清代著名的篆刻艺术家，对篆刻认识颇深，曾有“小心落墨，大胆奏刀”一语。黄易平生工诗文，又善丹青，山水得董源、关仝正法，所以经他制作的石砚，精巧秀雅，名重一时，砚上铭文多隶、楷二体，醇厚俊雅，雍容自然。

顾二娘（生卒年不详），清雍正、乾隆年间人。作为中国古代雕刻史上唯一的女雕刻艺术家，她在中国藏砚界、文物界可以说是家喻户晓的。据传，康熙、雍正时期，苏州有户顾姓人家，几代都从事琢砚，传到顾德麟时，其砚雕名气已很响亮，无论端溪、龙尾上品石料，或苏州蠖村的一般砚石，到他手里，都能量石而行，随意镂刻，而作品天趣盎然。德麟去世后，艺传于子，然子不寿，幸有媳妇邹氏继承家业，光辉门第。这位大有作为的邹氏就是顾二娘。

顾二娘的作品之所以名闻遐迩，是因为她在雕琢技艺上有着独到之处，概括起来说，主要有两点：

（1）“圆活而肥润。”这是顾二娘毕生从艺而执意遵循的艺术准则。她指出：“砚系一石，琢成必圆活而肥润，方见镌琢之妙。若呆板瘦硬，乃石只本来面目，琢磨何为?”这类作品给人以秾纤合度、巧若神工的感觉。菌砚的石质细腻温润，又有满胭脂晕、火捺等天然纹理。顾二娘觉得这块端溪子石的石色与植物真菌的色泽相仿，思忖良久，便决定雕琢出真菌的形象。于是，先着力于磨工，使“真菌”的顶面和边缘富有圆润丰腴的质感，接着，在“真菌”的内层，以毫不藏锋的刀工刻出极其纤细的筋缕皱纹，因而“真菌”形象十分逼真。顾二娘还让此砚正反两面浑然一体，气韵精神各得其妙，致使整件作品生机盎然，富有野逸之趣。

（2）奇峭清新，出人意料。“洞天一品端砚”的石质滋润，但花纹隐含，一般工匠很难借用其天然纹理勾画出什么图案形象。顾二娘却身手不凡，随石形而作，让其呈现不规则的长方形状。进一步见出功底的则是她于石砚上端的正中部位，雕云夔纹墨池，由于丝毫不露匠气，乍看俨然是森严壁垒的

古堡上生出的一扇窗棂，又像是千仞山峰上一窟被道家奉为仙居的古洞，即所谓“洞天”，由此而显出一派苍古而又浑朴的氛围。砚上所镌铭文，更平添出一份凝重之气。这种平中出奇的艺术创作手法，真让人叹为观止。清代制砚重精雕细刻，纹饰往往繁复华丽，顾二娘的作品做工不多却意蕴浓郁，显得奇峭清新，因此更受人们青睐。

刘源（生卒年不详），字伴阮，河南开封人。康熙年间官至刑部主事，曾供奉内廷。据《清史稿·列传》记载，刘源“少工画，及在内廷，于殿壁书竹，风枝雨叶，极生动之致，为时所称。手制清烟墨，在‘寥天一’，‘青麟髓’之上。于一笏上刻‘滕王阁序’、‘心经’，字画崭然。奉敕制太皇太后及皇贵妃宝范，拨腊精纶……于彩绘（瓷），人物、山水、花鸟，尤各极其胜”，“其他御用木漆器物，亦多出监作，圣祖甚眷遇之”。由此可见他是清宫廷内的一位多才多艺的艺术家。刘源所制石砚，风格上恰与顾二娘形成鲜明对照，他的雕刻精细繁缛，华美无比，这方椭圆形端砚，砚首所雕“二龙戏珠图”，栩栩如生，刻画细腻，二龙之间嵌金珠一颗，更衬出它的富贵之气。从构造上看，刘源也匠心独运，砚上部雕腾飞跃动之双龙，作为砚首；砚上方琢坦荡如砥的大海，权作砚堂；那激流低凹之处就自然形成墨池了，构思煞是奇妙。当然，这方端砚的精彩之处还在于砚身正反两面的图纹浑然一体，既形成统一的画面，又借助于天然纹理，立体地表现出云水回绕之状。这样，恢宏、磅礴的气势就喷然而出，令人称绝！

纵观中国砚史，人们不难看出：明清两代是一个大的历史阶段。在这一历史阶段中，砚的制作工艺发生了极大的变化，它的功能由实用品逐渐演变成工艺美术品，进而成为一种艺术收藏品。制作风格也由古朴趋向豪华，由简略趋向繁缛。当然，明砚、清砚之间也有区别。一般说来，明代的砚台从总体上看，显得端庄厚重，纹饰不甚繁丽，大件作品居多，这也是时代风格使然，与明代玉雕的“粗大明”如出一辙。到了清代，制砚进入辉煌阶段，此时砚的实用性也降到了最低限度，所用的砚材除了前代已有的著名砚材外，还出现了水晶、漆砂、翡翠、象牙、玻璃（旧称“料器”）等不能研磨的质料。江南卢葵生制作的漆砂砚，由于体积轻盈，又有嵌罗甸漆盒，因此曾盛行一时。清砚上图案内容之广泛，雕琢之精细华美，任何一个朝代都无法与之媲美！图案的题材，花草树木、飞禽走兽、山川日月、历史典故、人物故事、名家书法、印章铭刻等无所不包。雕琢的手法，圆雕、深雕、镂空雕、浮雕、浅浮雕、阴刻等各种雕工手段交错运用。不仅雕工细腻，而且所雕人物、动物形象和山川日月、花草树木也生动逼真。

明清时期，公众对砚的关注热点也发生了极大变化。这时，山东红丝石已不复出产，以至于曾列为“四大名砚”之一的红丝石砚，后来被澄泥砚取而代之，改为“端、歙、洮、澄”。其中，端砚、歙砚可以说是更领风骚。

随着砚雕技艺的日新月异，对砚石的审美要求越来越高，对砚石的评判也越来越精到，以至于连当时的士林都非常讲究砚石的色泽、文采、声音、嫩润及年代、石坑题铭等。砚也由实用转为欣赏品，许多文人、砚台收藏家都把它作为艺术珍品收藏起来。在此基础上，整理砚史，研究砚雕艺术的许多著述先后问世，如明代曹昭的《古砚论》、张应文的《论砚》，清代黄钦阿的《端溪砚史汇参》、吴兰修的《端溪砚史》、朱彝尊的《说砚》、曹溶的《砚录》、余怀的《砚林》、朱栋的《砚小史》、计楠的《墨余赘稿》和《端溪砚坑考》、金农的《冬心斋砚铭》、高兆的《端溪砚石考》、于敏中等人的《西清砚谱》等，仅流传至今的就不下35种。

第二节 砚台种类、鉴定与砚雕流派

群砚之首——端砚

端砚，历史悠久，石质优良，雕刻精美，以产自端州（今广东肇庆）得名。早在唐初，端州东郊羚羊峡烂柯山的端溪一带，就出现了端砚生产者。宋朝开始把端砚列为“贡品”，蜚声中外。在文房四宝中，端砚享有很高的地位。

端砚之所以名贵，除了石质特别幼嫩、纯净、细腻、滋润、坚实、严密，制成的端砚具有呵气可研墨、发墨不损毫、冬天不结冰的特色外，还与其开采、制作的艰辛有关。一方端砚的问世，要经过探测、开凿、运输、选料、整璞、设计、雕刻、打磨、洗涤、配装等十多道艰辛而精细的工序，真可谓“成如容易却艰辛”。端砚石以紫色为基调，但各坑洞石色都会有所不同。

“石性贵润，石色贵紫；干则灰苍色，润则青紫色”，正是端砚石优良的特质。另外，还有以翠绿色为主色调的绿端，以白色为主色调的白端。绿端在端砚中是少数，但它在端砚中却有一定位置。白端不大适于研墨，没有“发墨”和“下墨”可言，多用来研磨绘画所需的朱砂、石绿、白铅（锌）粉等颜料之用。

清代陈介亭的《〈端石拟〉自序》中，列出端石之至精者有“八德”：

一曰历寒不冰，质之强也；

二曰贮水不耗，质之润也；

三曰研墨无泡，质之柔也；

四曰发墨无声，质之嫩也；

五曰停墨浮艳，质之细也；

六曰护毫加秀，质之腻也；

七曰起墨不滞，质之洁也；

八曰经久不乏，质之美也。

即强、润、柔、嫩、细、腻、洁、美。

“具此八德，质以迈常，信为古今瑰宝，可遇而不可求者也。”砚台的作用在于磨墨、发墨和贮墨。端砚，正好能够满足人们这些要求。端砚由于具有优质砚石所具备的石质细腻、娇嫩、细密、坚实等优点，才决定了它具有“磨墨不滞，易于发墨；扣之无声，磨之亦无声；贮水不耗，发墨而不损毫”，且“久用锋芒不退”等优点。清人屈大均在《广东新语·石语》中记载，水岩端石停墨不干，墨着笔端即起，积痕细薄，披之尽脱，以姜及浮炭片磨洗宿墨，复坚润如故。墨如

端砚

云气蒸清，少研辄满。其体重而轻，质刚而柔。摩之寂寂无纤响，按之如小儿肌肤温软，嫩而不滑，秀而多姿。握之稍久，掌中小滋。能浮津耀墨，是无价之奇材。

端溪石砚的石品花色品种繁多，形状色泽雅致，独具风格特点。主要品种有：青花、蕉叶白、鱼脑冻、火捺、天青、金线、银线、冰纹、金星点、翡翠、眼、鹧鸪斑等。

青花是自然生长在砚石中的青蓝色的微小斑点，是端砚中最名贵的石品之一。有青花的端砚石质地细腻、幼嫩、滋润。青花之细，如波面微尘，像轻纱，似水藻，隐泻在紫石之上，瞅之无形，沉入水中，方可清晰见到。细润如玉，叩磨无声，其硬度较高，是研墨的最佳选择。古人对青花非常赞赏，《端溪砚坑纪》说："石之细玩可爱者，无如青花，似黑非黑，如纱如縠，如藻如波，映日视之，五色鲜润。"

青花的种类很多，大致可分为微尘青花、鹅毛毡青花、雨淋墙青花、蚁脚青花、蝇头青花、玫瑰紫青花、玫瑰青花、蛤肚纹青花等。青花一般要浸入水中才能看到，如水藻，如浮萍，是紫色石砚中的最佳品类。青花端石从唐朝开始就被人们视作砚中珍宝，只是难得一见。火捺，又称火烙、熨斗焦，是生长在端石中的深红、浅红、胭脂红、灯红色晕斑，砚面颜色如火烙一般，形状呈圆形或椭圆形，以其似火烙或灼伤的肌肉色泽得名。

火捺有老、嫩之分，老者紫中带微黑，嫩者紫中带微赤。火捺细分则有胭脂晕火捺、马尾纹火捺、猪肝冻、金钱火捺等，以浅红色状若胭脂红晕者为佳。火捺在宋坑砚石中比较多，老坑、麻子坑、坑仔岩、石塔岩的砚石中也有。

以上这两种也是端砚名贵石品。蕉叶白和鱼脑冻石质致密、坚实、幼嫩、细润，易于发墨。石的底色一般呈青灰色，细若小儿肌肤，有脂肪感，称为"孩儿面"。

蕉叶白，又称蕉白，即砚石上带有一堆堆、一团团，形如蕉叶初展，含露欲滴，洁白细嫩的图纹，一般成片出现，其色洁白娇嫩，略带绿色，并有微量黄色渗透。蕉叶白四周定有火捺纹，两者相伴而生。蕉叶白石质利于发墨，是端砚中的上品。

鱼脑冻呈半圆形、圆形或椭圆形，石质特别细腻、幼嫩、滋润、坚实，洁白如晴天的白云，也有白中带黄而青，也有白中微带灰黄色的，风一吹就

要散开，松散如一团柳絮，是砚石中最细腻、最幼嫩之处，若凝冻的鱼脑，水汪汪而有灵动感。鱼脑冻是端石精品中的精品，极其难得。刻砚艺人一般都把鱼脑冻完整地保留在墨堂之中。在端砚的石质中色青微带灰白，纯洁无瑕疵者叫天青。有“天青”的端砚较名贵而少见。古人说，如“秋雨乍晴，蔚蓝无际”的叫上品天青。

所谓石眼，就是天然地长在岩石上，形如鸟兽眼睛一样的“石核”。长石眼的端石名贵而罕见，质地高洁细润，晶莹有光，价值高昂。石眼生长在天青或青紫色的砚石上，呈青绿和黄绿、翠绿、米黄、黄白或粉绿等色，大小不一。有些石眼有瞳仁眸子，周围有几重或十几重的晕圈，看上去栩栩如生，称作活眼。没有瞳仁眸子，只具备眼形，没有神采的称作死眼。石眼具有天然的装饰美，被称为端砚绝品，深受古人喜爱。其实石眼对于砚没有直接的价值，仅供欣赏而已，但历代文人视为珍宝，并以此作为鉴别端石品质的标准。

在砚石当中，有的带玉点、水线、虫蛀等疵点，称“石疵”。石疵挡墨，易损耗，用手触摸能够感觉到。实际上，不好的石眼也是一种石疵。端石中的冰线又叫作冰纹，是水岩独有的一种蜘蛛状、游丝状的白晕纹，如峭壁上的瀑布，一泻千丈。另外还有冰纹冻，白中有晕，向两边融化开去，其纹如水花飞溅，四周云雾弥漫，似水非水，似线非线，古朴素雅。

端石中的翠斑是石纹中绿如翡翠的斑纹，古人称之为“青脉”。翠斑通常伴有石眼。这样的石品非常名贵，得之不易。砚石中有横斜或竖立的线条，黄纹者叫金线，白纹者叫银线。它与砚石本身的硬度相同，在砚石中起到装饰作用。金线是由黄铁矿脉作用形成，银线由石英矿脉形成。砚石的表面洒满了沙质物，在阳光下闪闪发光，犹如夜空中的星斗，故称“金星点”。有金星点的砚石易于发墨，美观实用，只是稍粗而已。

若砚面上洒满疏密不一的椭圆形小斑点，呈白中带黄、黄中带褐或青中带黑色，恰似鹧鸪或麻雀身上的毛色斑点，就叫鹧鸪斑，也称麻雀斑。

荡石难得一见，是极其名贵的石品。这是指多种品类集于一体的端石。“荡”就是“湖”，湖中多种动植物并生，因此得名。上等荡石里层是鱼脑冻，冻内为青花，冻外是蕉叶白，蕉叶白外是火捺纹围绕。

坑洞，即砚石出产的坑口。端砚虽产于广东肇庆一地，但不同的坑口所出产的砚石区别也是比较大的。坑口分类有不同的标准，有以下几种：

（1）山坑和水坑。这是按开采的地理环境来分。水坑佳品因其常年浸泡于水中，温润细腻，致密坚实，发墨不伤毫，呵气即可研墨。

（2）宋坑、明坑和清坑。这是按端石开采的时代来分。宋坑又分为“将军坑”“梅花坑”“坑仔岩”三种。明清有宣德坑、万历坑、乾隆坑等。

（3）水归洞、大西洞、小西洞。这是按开采的地点来分。另有如东洞、古塔岩、朝天岩等，其中水归洞和大西洞之砚石最佳。

（4）吴兰修坑、张之洞坑、麻子坑。这是按端石开采的监坑主和发现该矿人的姓氏来分。麻子坑石质坚实细腻，有青花、蕉叶白、火捺等名品。据说此坑是乾隆年间一满脸麻子的陈姓矿工发现并首先开采的。

砚中精品——歙砚

歙砚产于江西婺源龙尾山一带的溪涧中，婺源旧属歙州（今安徽歙县），故名歙砚或龙尾砚。相传唐开元中，有猎人叶氏逐兽至婺源长城里，见垒石如城，莹洁可爱，遂携归成砚，温润发墨甚至超过端溪砚，自是歙砚以盛名相传。明李日华的《六砚斋笔记》中称：“端溪未行，婺石称首，至今唐砚垂世者龙尾也。”

歙砚真正为世人所重还是在五代的南唐时期。南唐的几位君主都留意翰墨，尤其是李后主极为喜爱歙砚。据载，南唐后主李煜有一方龙尾砚，“长仅逾尺，前耸三十六峰，高者为华盖峰，参差错落者为月岩、为玉笋、为方坛、为上洞、为翠峦，又有下洞三折而通上洞。中有龙池，天雨则津润，滴水少许于池内，经旬不燥”。

南唐败亡后，歙砚一度停产，至宋景祐年以后，歙砚重新开采。连续几次规模不小的开采，使歙砚精品不断涌现，影响也随之扩大，并被列为皇家贡品，文人雅士及书画家对其也推崇备至。

宋代歙石名色之多，质地之细，为诸砚之冠。其色苍黑青碧，声如振玉，纹美如丝罗。其质地温润坚致，发墨利笔，且贮水不耗，历冬不冻，因而十分名贵。据说苏轼为产于福建延平的一方石砚写过一首砚铭：“苏子一见名凤咮，坐令龙尾羞牛后。”不想这首砚铭传到了歙州，歙州人甚为不满。后苏轼到歙州求取龙尾砚时，歙州人回答说：“你不是已经有“凤咮”了吗，还要“龙尾”干什么？”经友人相劝，苏轼遂写下一首《龙尾砚歌》以解释

前因：“君看龙尾岂石材，玉德金声寓于石。与天作石来几时，与人作砚初不辞……我生天地一闲物，苏子亦是支离人。粗言细语都不择，春蚓秋蛇随意画。”如此一番检讨开脱，总算得到了一方龙尾大砚。后苏轼对龙尾砚极欣赏，并亲自设计歙砚的形制。如宋代流行的抄手砚，据说就是苏东坡设计的式样。砚背面雕成箕形，可供手插入，移动方便灵活，形式古朴端庄，人称东坡砚。

世人的喜好极大地推动了歙砚制作的发展。据说婺源龙尾山下的砚山村，家家有人制砚，景象相当兴盛，金星、罗纹、眉子等名品相继问世，尤其是金星石品，风采不下端州紫砚。黄庭坚亲自到过歙砚采石现场，并写下著名的《砚山行》：“日辉灿灿飞金星，碧云色夺端州紫。”欧阳修则认为，歙砚“以金星为贵，在端溪（砚）上”。米芾对此更是极力称赞：“金星宋砚，其气坚丽，呵气生云，贮水不涸，墨水于纸，鲜艳夺目，数十年后，光泽

歙砚

如初。”

随着歙砚制作、鉴赏实践的丰富，论述歙砚的专著遂应运而生，如唐积的《歙州砚谱》，曹继善的《歙砚说》，洪景伯的《歙砚谱》，以及《辨歙砚说》等，对歙砚的采制、石品种类和鉴赏及制砚的风格特征等，多有述及。

至南宋末年，歙砚生产已开始走下坡路。端宗景炎二年（1277年），婺源县令汪月山“发数都之夫力”大规模开采砚石，以至“石尽山颓，压死数人乃已”。旧坑湮没后，又转至紧足坑，后又告崩塌。元江光启《送侄济舟售砚序》对此记述道：“今至元五年（1339年）十月廿八日夜，湮声如惊雷，隔溪屋瓦皆震，人惊兽骇。数年前工人告予，紧足石斫凿已尽，予不之信，至是果然。六十年两见此事，亦可一慨。”此后歙砚长期停采，又由于战乱连年，砚工久废，歙砚制作因此一蹶不振。据《婺源县志》载：“自元兵乱后，琢者日拙，识砚者尤鲜。”这种情况一直沿续至清乾隆时才稍有所改变。弘历酷爱翰墨，对文房珍品自然讲求。一登基即派人在歙州“构求精砚”，甚至还采取“重价征取”的办法，搜求士绅家藏古砚和民间的老坑旧石。然而至此以后，歙砚采掘又处于停滞状态。由于开采很少，歙砚传世者远比端溪砚为少，其名声渐落端砚之下，而歙砚之精者，更为少见。

和端砚一样，歙砚的品质也取决于其出产的坑洞和所特有的石品。唐五代时期，歙州辖歙、休宁、祁门、黟、婺源、绩溪诸县，产砚诸坑主要在歙县、祁门、婺源，而尤以婺源所出最佳。婺源主要坑口集中在罗纹山、主持山、济山等处。罗纹山有挖于唐开元时的眉子坑，始于南唐李氏的罗纹旧坑、里山坑，以及水弦坑、水蕨坑和金星坑等；主持山的溪头坑石多金星，叶九坑石有眉子；济山有碧里坑、水步坑、里山坑等。此外尚有洞灵岩和驴坑。以上诸坑在清以前均废止，清乾隆时及现代所采之坑，均在婺源县龙尾山下的砚山村。

歙砚纹理丰富，品名繁多，最主要者有罗纹、眉子和金星三大类。

罗纹多产于罗纹坑，因其光泽似罗绮而得名。罗纹约有20种，其中最名贵的是犀角纹、鳅背纹及细罗纹、暗细罗纹，带有这些石纹的歙砚都是莹润发墨、呵之出水的精品。犀角纹丝直而细密；鳅背纹又称满盆鳅，纹多而密；细罗纹层次薄、石纹细；暗细罗纹则需细审才能发现，纹似罗縠之精细，莹

净致密，一无瑕疵，乃歙石中无上精品。

眉子多产于眉子坑，是罗纹的一种变异形态，呈眉状或甲痕状。眉子品名有十多种，如长眉子、短眉子、阔眉子、对眉子、簇眉子、金晕眉子、雁攒湖眉子等，其中尤以对眉子和雁攒湖眉子为尊贵。前者成对出现，纹如画眉而细；后者纹晕如一泓秋水，四周眉子密集如群雁翱翔。此皆因以稀见、奇特而尊为上品。

石中有金色斑点如星斗者称金星；金星质若融为云雾状则为金晕；金星质融化不见痕迹时，金石呈青碧色，显得娇媚可人。金星石多出在金星坑，其品名也有 10 种以上，多以金星斑点之形状而命名，如雨点金星、雨丝金星、金钱金星、鱼子金星等；也有以其大小或多少而命名的，如大金星、小金星（也称芝麻金星）、满天金星、稀落金星，等等。金星石色泽佳美，莹光斑斓，具有很强的装饰作用，故被视为歙石的代表性特征。

鲁砚、洮河砚及澄泥砚

鲁砚是山东省各地出产砚石的统称。鲁砚产地分布广，品种丰富，在中国砚史上极负盛誉，尤其是青州砚，曾名冠四大名砚之首。唐书法家柳公权在《论砚》中称："蓄砚以青州砚为第一，绛州次之，后始重端、歙、临洮。"

青州红丝砚为鲁砚中的佼佼者，远在唐代时就已名扬天下。该砚产于沂蒙山区临朐县老崖固，该地古为青州所辖，故又称"青州砚"。该石色彩艳丽，纹理多姿，并有天然生成的各种文采图饰。宋唐洵（字彦猷）《砚录》称："红丝砚华缛密致，皆极其妍。既加镌凿，其声清悦。其质之华泽，殊非耳目之所闻见。以墨试之，其异于他石者三：渍水有液出，手拭如膏，一也；常有膏润浮泛，墨色相凝如漆，二也；匣中如雨露，三也。自得此石，端、歙诸砚皆置于衍中不复视矣。"

红丝石砚有紫红地黄刷丝（花纹）和黄白地红刷丝两个品类，一般以前者为佳。其石质柔嫩，纹理华美，发墨油润，但因矿层较薄，极不易得。

在宋代，青州红丝石砚也名盛一时，欧阳修、唐洵、李之彦、苏易简等赏砚名家对其极为推崇。唐洵在《砚录》中称："红丝石之至灵者，非它石可与较，故列于首云。"《续博物志》也称："天下之砚四十余品，以青州红丝石为第一，端州斧柯山为第二，歙州龙尾石为第三。”可惜这种砚石从南宋起就因石脉采尽而停产，故传世的实物极少，以至于将“四大名砚”之一的席位后让给澄泥砚。

明清时期，由于地理环境不便利及资源开采困难等原因，鲁砚生产已失去昔日的繁荣景象。加之达官贵人和文人墨客均偏爱端、歙二砚，鲁砚的地位大大不如从前，当然这仅是相对而言，鲁砚在砚史发展中一直占有相当的地位。

鲁砚中的徐公砚就是在明清时出名的。该石产于今山东沂南县徐公庄村。相传古时有一位姓徐的公子赴京应考，途经沂南时，偶然发现一块形状奇特的石片。徐公子偏爱其形色，磨成砚后进京赴考，当时时值严冬，考生在砚中所研之墨均结冰，唯有徐公子所用之砚墨书写自如，墨迹润泽，深得考官赏识，徐公子也考取进士。徐公晚年休官后，便在拾砚之地定居下来。此后此地便称为徐公店村，产于此地的砚称为“徐公砚”。这种石砚质嫩理细，清润如玉，与墨相亲，有鳝鱼黄、茶叶末、蟹壳青等多种颜色。有的石砚几色并存，交融变换，奇丽生姿。据《临沂县志》载：“此石其形方圆不等，边生细碎石乳，不假人工，天趣盎然，纯朴雅观。”不饰雕凿为徐公砚的独特风格。

在清朝时期，鲁砚中又一新品种引起砚林注目。清初王渔洋在《池北偶谈》中写道：“邹平张尚书崇祯间游泰山，宿大汶口，偶行至汶水滨，水中得石，作多蝠砚。”此砚一面世，即传为奇物。该石即现在所称的“燕子石”或“蝙蝠石”，学名为三叶虫化石。燕子石质地优良，色泽典雅，石上虫体形似飞燕或蝙蝠，宛如浮雕，极为别致，是鲁砚中难得的新品类。清盛百二《淄砚录》中载：“此石莱芜往往有之。其背有蝙蝠者，如蜂、蝶、蜻蜓者，文皆突出。制砚为鸿蝠砚，为读《易》研朱妙品。”

鲁砚中的龟石砚也在清时扬名。此石产于临朐县东南的石涧沟壑中，质地细润，呈黄褐、赭红、茄紫等色。其石天然呈龟状，扣之

龟石砚

底盖自然离合，风格独特。

洮河砚也称洮石砚、洮砚，产于古代洮州（今甘肃临潭县）一带，故名。洮石最初被用作磨刀剑的砺石，后被研制成砚。唐代时，洮砚已为当时的四大名砚之一。

洮砚有绿洮和红洮两种。绿洮色泽青绿，肌理细润，纹似卷云，极发墨，尤以“鸭头绿”、“鹦哥绿”等品为名贵。红洮也称赤紫石，呈土红色，石质甘润纯净，较绿洮为少。

洮砚石质坚润，色泽雅丽，发墨细快，在唐时已深受书画家的喜爱。宋时，洮砚更声名远扬。宋赵希鹄在《洞天清禄集》中称：“除端、歙二石外，唯洮河绿石北方最贵重，绿如蓝，润如玉，发墨不减端溪下岩。然石在临洮大河深水之底，非人力所致，得之为无价之宝。”宋周密的《云烟过眼》中载：“洮石名绿漪，如玉斗样。”但由于其开采困难，生产较少，也因而显得更加珍贵。元明清时期，洮砚更加稀罕，其开采制作也没有长足性的进展，故流传极少，后世文人如陆友仁、元好问等仍给予较高评价。金人冯延登写有《洮河砚》一诗，诗称：“鹦鹉州前抱石归，琢来犹自带清辉。芸窗尽日无人到，坐看元云吐翠微。”由于洮砚石质佳美，且得之不易，其名声虽逊于端、歙二砚，但价值却不在其下。

澄泥砚最初产于山西绛州，还产于河北虢州、山东柘沟等地。在唐代时已享盛名。宋李之彦的《砚谱》中记载：“虢州澄泥，唐人品砚以为第一。”其制法多借助古代制作砖瓦陶器的工艺，对此，宋苏易简的《文房四谱》中有具体描述：墐泥澄滤过后，加入黄丹团和，放入模中击打使其坚硬，用竹刀刻成砚的形状，稍为干燥后，再用小刀精雕细刻。经太阳暴晒，放在稻糠、牛粪中烧一伏时，然后放入墨腊，贮米醋蒸过五、七遍，遂告成功。经过上述繁杂方法烧制成的澄泥砚，“含津益墨，亦足亚于石者”。1983 年 9 月，河南洛阳老城东关外出土一方唐初期的古砚残片，可辨认出是一龟形澄泥砚，呈青灰色，质地细润。此外甘肃、山东等地也有出土。

至宋代，澄泥砚制作区域已从河南扩展到山西、山东、河北、陕西等地，其制作工艺不断进步，色泽也已相当丰富。有的绿如春波，有的黑白相间，甚至还有紫色的。由于其色彩丰富，坚泽耐用，故颇受文人士大夫的喜爱。南宋时，因红丝砚断绝，澄泥砚遂取代鲁砚，成为宋时四大名砚之一。

明代，澄泥砚的制作又有了更大发展。其色泽更加丰富，有硃、紫、黄、绿等色；形制多因袭石砚风格，以长、方、圆、八角等式为常见；雕刻渐趋细密，砚上多有名家的诗文铭刻。

明代澄泥砚的产地以山西临汾河沿岸的绛县为著名。明《珍珠船》一书载："绛县人善制澄泥，缝绢袋至汾水中，逾年而取之，陶为砚，永不涸。"由此而烧制的澄泥砚，质细洁净，泛有光泽，也属藏家珍玩之列。

清代文人对澄泥砚的收藏赏鉴颇为重视。石品孰优孰劣，藏家各执一词。《承晋斋积闻录》称，"澄泥砚，色黄者名曰鳝鱼黄，细者不如粗者发墨，然不如玫瑰紫"。清朱栋的《砚小史》中称，"澄泥之最上者为鳝鱼黄，其次为绿豆沙，又次为玫瑰紫……然不若朱砂澄泥之尤妙"。赵汝珍的《古玩指南》中则评价说："老澄泥砚之颜色，以鳝鱼黄为最上，绿豆青次之，玫瑰紫色者又次之。其黄上带斑点者谓之砂斑点，大者名豆瓣砂，小者名绿豆砂，若有二砂者，尤善落墨。"真可谓仁者见仁，智者见智。

从使用而言，澄泥砚一般不如端、歙、青等砚，但由于其不似其他石砚过于依赖天然，工艺性更强些，其丰富的造型和精美的雕刻，体现了实用性和观赏性的完美统一，故其在中国砚史中的地位也是举足轻重的。

砚台的鉴定

砚台是中国古代文人学士必备的书写工具。上品的砚台，尤其是有名人篆刻或经由名人鉴赏书铭和使用过的，就更受人注目。因为这些砚台的艺术价值往往很高，同时又具有文物、历史价值，所以，从唐宋开始就有人专门收藏。后来，收藏的人越来越多，名砚的价值也越来越高，以致以次充好、以假乱真的现象时有发生，制伪者或为标榜自己或为牟取暴利。为避免受骗上当，对砚台真伪优劣的鉴别也就显得格外重要。这里，仅根据笔者个人多年的探索与研究，谈一些鉴别的经验、体会。

就一方具体的砚台而言，怎样算好，怎样算差？它是真货还是假货？这要凭自己对中国砚台渊源流变过程的了解，对中国砚台总体认识来进行把握和判断。明代高濂在《遵生八笺》中谈到，上好的砚台应该："质之坚润，琢之圆滑，色之光彩，声之清玲，体之厚重，藏之光整"。这是古人为鉴定砚台归纳的几个基本的标准。从今天的眼光来看，鉴定的标准应该包括"质、工、品、铭、饰"五个方面。

1. 质

指砚材的质地和天然纹理。

砚材的质地，无论石、玉、砖、陶、瓷、金、漆、木，它们的总体标准应该是：坚实细腻，温润如玉；不吸水，易发墨，不损笔锋；寒冬贮水不冰，盛夏储水不腐。符合或接近这些标准的，属于优质砚台，而优质砚台中首推端、歙、澄泥、洮河四大名砚。四大名砚中，则以端砚、歙砚独领风骚。

砚石中存在可供观赏的天然纹理极少，端石、歙石上的天然纹理，当属其中的佼佼者。端石的花色纹理有青花、鸲鹆眼、胭脂火捺、玫瑰紫、梅花点、鱼脑冻、蕉叶白、冰纹、马尾纹、金银线等。歙石的花色纹理有罗纹、眉子、金星、鱼子等。出产端石、歙石的不同坑口决定了这些石料所夹裹的纹理。同样，从这些纹理上也可辨析出端石、歙石的所在坑口。因此，行家们谈论砚台的质地，往往以砚石出自什么坑口作为入门话题。

2. 工

即雕工，指砚台的雕琢水平。因为砚的艺术价值的高低就在于雕琢的优劣。鉴赏砚台的雕工，既要看其造型是否高雅别致，又要看它在实用的前提下，所雕线条是否圆浑、简练，构图是否富有意境，是否具有较高的文化内涵。

一般来说，唐宋之际的砚雕只有时代风格上的区别，譬如履形砚、抄手砚、淌池砚，均属造型上的变化。接着，有了浅浮雕和浅刻等加工方法，出现了兰亭砚、蓬莱砚等，其雕刻简练、浑朴，略显粗犷。明代以后，砚雕的艺术审美内容逐渐增强，进而形成砚雕艺术的地区风格和流派。当然，明代、清代的砚雕艺术，也有不同的时代风格，一般来说，明代砚雕端庄厚重，纹饰不甚繁丽，且大件作品居多；清代砚雕讲究装饰华丽，布局丰满，运刀犀利，出筋露骨。

我们知道，砚台不可有尖锐的棱角、毛刺，即“琢之圆润”，这是最起码的要求，而优秀的砚雕师还总能掩疵显美，突出特点；这里特别要指出的是砚雕艺术中俏色的运用。好的砚石，色泽美，纹理美，制砚就应该让这样的色泽、纹理充分地显示出来，这就牵涉到雕刻艺术中俏色巧雕的运用。砚雕中俏色运用得好，应该是：（1）能抓住表现对象的典型色彩；（2）醒目的俏色用得精妙，“俏”得出来；（3）俏色的运用与图案表现的主题吻合。俗云：“远看颜色近看花”，俏色用得巧能突出材质美，给人以艺术上的享受，它直接关系到砚的艺术价值与经济价值。清末、民国时期，中国的砚雕出现了写实的流派，其技艺上乘者所雕瓜果、动物皆栩栩如生，且布置得体，精细而不俗。陈端友即是这一流派最突出的代表。他的作品往往花费数年之功始成，虽石不尽佳，但雕镂精妙，令人叹为观止，所以也为中外收藏家所珍视。

3. 品

指砚的品相和外形。砚的品相即如人的品貌，以端正、规矩、落落大方者为上。故砚之造型品相以长方、正方、圆形、椭圆形为上；畸形而自然状如某一物者次之；畸形而毫无意义者下。

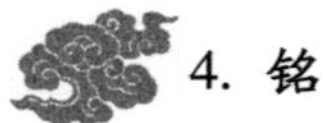

4. 铭

即砚铭，指镌刻于砚台表面的文字，它是文学、书法与砚雕艺术相结合的产物。

砚铭向来受到文人雅士的注重，其内容也十分广泛而有深意。作为文学形式的早期砚铭，大多数是就砚说砚，是文人用以品评和赞美砚的。如唐代杜甫的《石砚铭》。到了宋代，人们喜欢用它来抒发自己的思想感情和道德情操，从此以后，言志寄情就成了砚铭创作的主流，并留下了许多脍炙人口的名篇佳作，如宋代岳飞的端砚铭：“持坚守白，不磷不缁。”文天祥的砚铭：“砚虽非铁难磨穿，心虽非石如其坚，守之弗失道自全。”其言语铿锵有声，令人肃然起敬。又如清朝金农的《秋竹先生田砚铭》：“一夫用力，乃芸己田，刈之获之，岁获大年，却无猛虎之吏，白昼打门横索钱”；吴昌硕的《竹节端砚铭》：“竹不实，凤亦饥，闭门且写感事诗”，都是这类砚铭的代表之作。

砚铭作为艺术品出现，它兴于宋元，盛于明清。明末清初，我国篆刻艺术空前兴盛。砚铭在它的影响下，也开始向艺术创作方向发展。在刻制技艺

上，它广泛地吸收了篆刻艺术的全面构图、章法布局和刀法技巧，艺术欣赏品位大大提高。同时内容亦趋于完备，年款也较前更为普遍，并出现了在铭后加印章的新形式。

明清时期，赏砚之风日盛。当时，金石书法名家辈出，他们当中就有不少人自己动手作铭并自己书写和镌刻。他们的铭面构图因形而异，行草隶篆楷因砚而择。同时刀法的运用也力求突现笔画的顿挫、轻重、快慢、转折，刻得生动自然，既有笔意又有刀味，从而使砚铭的文学美和艺术美融为一体。

“砚贵有铭，身价倍增。”而铭文因受砚面和雕刻过程的限制，多要求简短精辟。所以在古砚中能见到的长篇砚铭不多。砚铭虽短，字字千金。或咏物言志，或警言自勉，或馈赠留言，或记事怀情。

砚铭形式多样，亦诗亦赋，有长有短，或镌于砚面，或刻之四旁。一般都要求书写形式变化多样，正草隶篆各具风采。铭文与纹饰巧妙结合，同造型有机融会。

总之，在名砚上，铭的价值除了诗句的意境优劣之外，还应看它的书法雕刻艺术水平的高下。因为能在砚上发表评说，题诗吟咏者，均是著名的文人和收藏家，有铭之砚一般均能提高其价值。

5. 饰

指砚的装饰，如砚匣、锦套等。尽管这些东西仅作装饰和养护之用，但对砚的价值却能起到陪衬的作用。

砚匣大多为木、漆所制。木有柴檀、鸡翅、红木、楠木之类，漆有推光漆、雕漆、菠萝漆、刻漆、点螺漆、洋漆。高等的砚匣上面，甚至还嵌有白玉或金银丝。锦套一般套在砚匣之外，当然也有砚匣之外再套砚匣的。一般来说，砚匣考究，里面的砚也不会差，但偶然也会出错，实是“金玉其外，败絮其中”。南方人称之为“叫化子困楠木棺材”，这是要小心品评与衡量的。

砚匣、锦套也有质地上的优劣之分，有做工、雕工上的区别，还有年份上的差异，等等。

知道了鉴定的内容，还必须掌握鉴定的基本方法，这些基本方法可以归纳为六个字，即看、摸、敲、洗、掂、刻。

看：就是看砚的质、工、品、铭、饰，以及新旧程度和修理与否等。砚

砚台

经过修补，其补过的地方颜色与砚的原色总有差别，因为修补之处有树脂等化学胶水，它总比四周的原色来得亮。

摸：拿到一方砚后，用手摸一摸，感觉是否滑润。如果像小孩皮肤一样的光滑细嫩，说明石质细嫩；摸上去粗糙，石质就差。同时，手感冰凉，则石质佳；暖者则差。用手指或手掌按砚石，有汗印者佳，无汗印者差。

敲：将砚用手指托定，以手指轻击之，闻其声。若端石，以木声为佳，瓦声次之，金声为下。这三种不同的声响，分别体现出端石质地的嫩与老。若歙砚，敲击声以清脆的“镗、镗”金属声为佳；如果闻“卜、卜、卜、”声，说明该歙石多泥质，为下品，或石有暗伤。

洗：选择砚和收藏砚，最好还要经过清洗这个环节，尤其是古砚，砚面上墨痕斑斑，遮掩了自然的美纹，也分辨不清石的坑口年代。洗砚，把墨痕去掉，能还原石的本来面目。若古端砚的砚面墨垢郁积，洗之不清，可用细号水砂轻轻地和水在砚面的中心磨去薄薄的一层，但必须当心，千万不能擦伤古砚的其他部分，以免损伤古砚的包浆。砚经过清洗，更容易看清砚石有否伤痕和修理过的痕迹。

掂：用手掂砚的分量。同样大小的石砚，重者好，轻者差。重的说明砚石矿物胶结紧，颗粒细；轻的说明胶结松，颗粒粗。掂的方法尤对歙砚比较适用。

刻：一方砚的好与差，首先应考虑的是石质的好坏，然后才是琢刻。佳石必欲良工，彼此衬托，则艺术品位更高，二者如果缺一，终成遗憾，同时也降低了砚的价值。熟悉砚石的工人和艺术家，只要用刀在砚石上轻轻地刻上几道，马上就会判断出该砚石质的优劣。

有些被奉为名贵砚台的，鉴别时除了“看、摸、敲、洗、掂、刻”之外，还必须进行比较和考证。所谓比较，指与同等、同类砚台比较；所谓考证，就是根据作品的形状、砚铭，从有关文献史料中去找找有没有答案，只有这

样才能真正辨出真伪，测出其价值如何。

挑选砚和收藏砚，若按上述的要求去做，必能鉴别砚的真伪优劣，但事实上一点毛病和瑕疵都没有的砚是很少的。砚的特点不同，用途不同，选择的原则也应根据各自的要求，有所侧重。

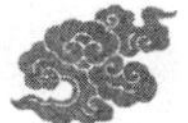

三大砚雕技术流派

明、清时期，由于艺术化成为制砚工艺发展的主流，砚雕艺术人才辈出，砚材又得到广泛开采，所以，砚雕工艺显示出众多的流派和地方风格。如江南的砚雕图纹清秀隽永，做工高雅脱俗，有人称之为“浙派”；广东、福建的砚雕，纹饰丰满，图案繁华，有人称之为“广作”；宫廷用砚材料考究，做工规整，带有一股富贵气，则称之为“宫作”。另外，文人用砚以雅见长，往往透出一种书卷气；民间用砚因注重实用，不太讲究材质与做工，所以显得非常质朴。这些地区或地方风格，最终汇成了我国砚雕艺术的三大流派——粤派、徽派和苏派。

1. 粤派砚雕艺术

粤派，以端石砚雕为代表。端石砚雕从明代开始形成地区风格，俗称“广作”，至清代形成流派特色。明代端砚的雕工，以细刻、线刻和浅刀雕刻（浅浮雕）为主，适当穿插深刀雕刻，雕刻形象生动，富有变化。在题材和内容上，多以花鸟、鱼虫、走兽、山水、人物、仿古器皿、仿古图纹（龙、凤、怪兽、古狩，以及装饰性的回纹、连环等图纹）为主，图案以云龙、云蝠、双凤朝阳、松鹤、竹节、仙桃、灵芝、花樽、秋叶、棉豆、玉兰居多，表示喜庆、祝寿、吉祥；表示镇邪引福；表示清高、气节等。因此，明代的端砚给人的印象是：构图饱满，整体感强，精雕细刻，古色古香，线条细腻，准确流畅，繁而不乱，柔和而不失刚强，表现出浓厚的生活气息和地方色彩。

清代砚雕流派风格成熟。此时端砚的开采和制作规模前所未有，佳石层出不穷，著名的蕉叶白、冰纹、鱼脑等精品都出现于这个时期。在工艺制作上，受文人派砚雕影响，粤派砚雕艺术侧重雕工，在雕刻方面又偏重于细刻和线刻，适当穿插浅刀雕刻，线条精确、细腻、婉转、流畅、轻快，具有浓厚的地方特色和鲜明的民族风格。然而，清代粤派艺术往往忽略作品的艺术构思，其雕刻虽然在精雕细刻之余会给人繁花似锦的富丽感觉，但又有堆砌、烦琐的感觉。作品从题材、立意、构图到砚形、砚式，则以仿古、因袭为主，较少创新，这与清王朝大兴文字狱，用八股文束缚人们的思想，有着直接的关系。

2. 徽派砚雕艺术

徽派，以歙石砚雕为代表，包括西北的贺兰石砚雕在内。歙石为片页状板岩结构，在砚石四侧进行雕饰有一定的困难，所以歙雕艺术成就主要体现在砚的正、背两面。徽派砚雕艺术一般以浮雕浅刻为主，不作立体的镂空雕。但由于受到砖雕的影响，间或出现深刀雕刻，这和粤派砚雕崇尚深刀是由于受象牙雕的影响大致相同。徽派砚雕艺术利用深刀所琢殿阁、人物等，手法比较细腻，多能层次分明，而墨池的开挖也能做到相互呼应，因而显得十分协调。徽派砚雕艺术多方圆规整的构图，砚边多宽厚，并琢雕古器物之螭纹、夔纹、云雷纹，间有流云纹、几何纹、缠枝花纹和各种变异纹饰。整个造型雍容大方，格调简练明快。歙砚砚背，还经常用浅刀浮雕，刻一些人物及牛、羊、象等动物。明清两代的歙派砚雕艺人中，叶瑰、汪复庆是其杰出代表。

3. 苏派砚雕艺术

苏派，又称吴门派。苏派砚雕艺术的形成，得益于天时、地利、人杰之条件，它既受明、清“吴门画派”“松江画派”艺术的熏陶，追求平淡、雅逸的风格，表现高古之气，又借鉴明末清初嘉定派竹刻艺术，“刀不苟下，兴到方始创作”，讲求刀法的精致，其构图疏朗，画面耐人寻味。

苏派砚雕艺术有两大特点。其一，以随形、略加琢磨为主导，从而使砚台的表现形式达到简朴古雅、自然华美的艺术境界。朱象贤的《闻见录》谓其：“随意制之”则“温纯古雅，有余韵”。其二，雕镂精细，但秾纤合度，堪称“巧中守拙，婀娜苍润”。

苏派砚雕艺术以苏州顾氏四代艺匠，即顾道人、顾圣之、顾启明、顾二娘等人的作品为主要代表。过去，有人将顾二娘视为粤派砚雕艺术的代表人

物，那是一种误解。顾二娘所雕端砚确实不少，但端砚之所以能名垂千古，流芳四海，正因为它能合聚各种流派风格，包括苏派、徽派，甚至还有“宫作”的风格，刘源所作的“龙光端砚”即是一例。这是中国砚雕史上一个复杂、有趣的现象。

其实，刘源所代表的“宫作”还称不上一种流派，而是广东、徽州、苏州等地砚雕风格不断融合的产物。清宫造办处历来有各地工匠应召到宫中为皇室服务的传统，广东、北京、苏州等地一些著名的砚雕工匠，如清初苏州顾二娘的侄子顾公望等，都曾有过在造办处“侍直”的经历。

清宫造办处的许多砚雕作品，不是侍直艺人根据自己的特点和风格任意雕琢的，而是按照皇帝的喜好，由造办处画出样稿，经主管者乃至皇帝审阅批准，再交给砚雕艺人按图雕刻的，且不得擅自修改。在雕刻的过程中，艺人们小心翼翼，一方面要发挥自己的特长，争取最佳的效果；另一方面要按照皇帝的旨意兼收各派之长，以迎合皇帝的爱好。清代皇帝，尤其是康熙、雍正、乾隆这三代皇帝都是些自命清高风雅的人，在他们看来，不论是广东、苏州，还是徽州的砚雕，都有“外造之气”，不符合自己的口味，所以造办处要求艺人必须按照宫廷艺术的神韵和技艺来雕刻。有时乾隆皇帝等还亲自设计和题写诗句，命人雕刻。诗句的字体几乎都是规范的晋唐小楷，工整秀丽，显然不仅仅是出之于匠师之手；有的还在阴刻的字体上填上金粉，使之光辉耀目，给人一种庄严富贵的感觉。

北京造办处砚雕的风格概括起来，就是“雅、秀、精、巧”四个字。“雅、秀”指的是在造型取材上要曲雅秀美，内涵吉祥，把砚材的美质尽可能地表露出来；“精、巧”指雕刻精到，细致入微，形神兼备，且磨工细腻，恰到好处。造办处砚雕自清初康熙、雍正时期开始，至乾隆时达到了最高峰，清中期道光、咸丰时逐渐衰落。咸丰年间由于太平天国革命和英法联军入侵，国势日衰，造办处经费奇缺，以致无以为继，被迫停产。至此，历时 100 多年的清代造办处砚雕亦从此消失。

清代末期，当初从造办处出来的一些砚雕艺人为了谋生，遂在北京前门等处开办作坊，个体经营，他们雕砚配匣，专门为清宫中一些旧皇族或新一代的官僚、军阀、贵族们服务，所生产的砚还具有清宫造办处砚雕的余韵，但仔细品味起来，无论在砚材的质量、造型气质上，还是精雕细刻方面，与真正的造办处砚雕相比，都存在较大的差距。清宫造办处砚雕的最大特色是装潢考究，一般都配有紫檀和红木砚匣，有的还在匣上嵌金银丝组成的图案文字，嵌旧玉片，或嵌白玉、玛瑙、珊瑚、象牙、螺钿、青金等八宝，有的还匣外套匣，即在紫檀或红木的砚匣外面再套一只楠木匣，以显其珍贵。

知识链接

南宋忠良与砚的渊源

据清人《广仓砚录》载：岳飞生前曾收藏一方端砚。砚为椭圆形，纵九寸有余，色紫，背面刻着铭文："持坚守白，不磷不缁。"这一砚铭取自《论语》。原文是："不曰坚乎？磨而不磷；不曰白乎？涅而不缁。"意思是：不是说很坚硬吗？怎么磨，也不会变薄；不是说很纯白吗？就是放进污水里，也不会染黑。这表明了志士仁人应该具有的气节与操守。砚铭字体雄健豪迈、大气磅礴，正是岳飞高风亮节之真实写照。

岳飞被害百年之后，此砚流落到南宋末期抗元名将谢枋得手中，谢氏在砚端留下"枋得家藏岳忠武墨迹，与铭文相若，此盖忠武故物也"手迹。谢枋得曾与文天祥一起抗元救亡，兵败被俘后，尽管忽必烈亲自劝其在元朝做官，谢枋得仍誓死不从，最后绝食而死。南宋咸淳九年（1273 年），谢枋得把这块珍贵的砚台送给了好友文天祥，文天祥又在这块砚台上边留下了自己的砚铭："砚虽非铁磨难穿，心虽非石如其坚，守之弗失道自全。"表达了他要继承岳飞遗志抗敌救国的雄心壮志。

图片授权

全景网

壹图网

中华图片库

林静文化摄影部

敬　启

本书图片的编选，参阅了一些网站和公共图库。由于联系上的困难，我们与部分入选图片的作者未能取得联系，谨致深深的歉意。敬请图片原作者见到本书后，及时与我们联系，以便我们按国家有关规定支付稿酬并赠送样书。

联系邮箱：932389463@ qq. com

参考书目

1. 杨晓光．文房四宝与书画古籍［M］．北京：语文出版社，2012.

2. 李雪梅，安久亮．中国史话：文房四宝史话［M］．北京：社会科学文献出版社，2011.

3. 李逸峰．中国国粹艺术读本——文房四宝［M］．北京：中国文联出版公司，2011.

4. 樊嘉禄，方晓阳，吴丹彤．中国手工艺——文房四宝［M］．郑州：大象出版社，2009.

5. 杨白水．文房四宝——砚［M］．北京：中国华侨出版社，2008.

6. 李佳行．文房四宝——纸［M］．北京：中国华侨出版社，2008.

7. 文周．文房四宝——墨［M］．北京：中国华侨出版社，2008.

8. 沈婷．文房四宝——笔［M］．北京：中国华侨出版社，2008.

9. 齐儆．中国的文房四宝［M］．北京：商务印书馆，2007.

10. 潘嘉来．中国传统文房四宝［M］．北京：人民美术出版社，2005.

11. 张伯元，印汉云．文房四宝——中国民间收藏精编丛书［M］．上海：上海文化出版社，2001.

12. 林渊，王铁柱．历代文房四宝谱选择［M］．北京：中国青年出版社，1998.

中国传统风俗文化丛书

一、古代人物系列（9本）

1. 中国古代乞丐
2. 中国古代道士
3. 中国古代名帝
4. 中国古代名将
5. 中国古代名相
6. 中国古代文人
7. 中国古代高僧
8. 中国古代太监
9. 中国古代侠士

二、古代民俗系列（8本）

1. 中国古代民俗
2. 中国古代玩具
3. 中国古代服饰
4. 中国古代丧葬
5. 中国古代节日
6. 中国古代面具
7. 中国古代祭祀
8. 中国古代剪纸

三、古代收藏系列（16本）

1. 中国古代金银器
2. 中国古代漆器
3. 中国古代藏书
4. 中国古代石雕
5. 中国古代雕刻
6. 中国古代书法
7. 中国古代木雕
8. 中国古代玉器
9. 中国古代青铜器
10. 中国古代瓷器
11. 中国古代钱币
12. 中国古代酒具
13. 中国古代家具
14. 中国古代陶器
15. 中国古代年画
16. 中国古代砖雕

四、古代建筑系列（12本）

1. 中国古代建筑
2. 中国古代城墙
3. 中国古代陵墓
4. 中国古代砖瓦
5. 中国古代桥梁
6. 中国古塔
7. 中国古镇
8. 中国古代楼阁
9. 中国古都
10. 中国古代长城
11. 中国古代宫殿
12. 中国古代寺庙

五、古代科学技术系列（14 本）

1. 中国古代科技
2. 中国古代农业
3. 中国古代水利
4. 中国古代医学
5. 中国古代版画
6. 中国古代养殖
7. 中国古代船舶
8. 中国古代兵器
9. 中国古代纺织与印染
10. 中国古代农具
11. 中国古代园艺
12. 中国古代天文历法
13. 中国古代印刷
14. 中国古代地理

六、古代政治经济制度系列（13 本）

1. 中国古代经济
2. 中国古代科举
3. 中国古代邮驿
4. 中国古代赋税
5. 中国古代关隘
6. 中国古代交通
7. 中国古代商号
8. 中国古代官制
9. 中国古代航海
10. 中国古代贸易
11. 中国古代军队
12. 中国古代法律
13. 中国古代战争

七、古代文化系列（17 本）

1. 中国古代婚姻
2. 中国古代武术
3. 中国古代城市
4. 中国古代教育
5. 中国古代家训
6. 中国古代书院
7. 中国古代典籍
8. 中国古代石窟
9. 中国古代战场
10. 中国古代礼仪
11. 中国古村落
12. 中国古代体育
13. 中国古代姓氏
14. 中国古代文房四宝
15. 中国古代饮食
16. 中国古代娱乐
17. 中国古代兵书

八、古代艺术系列（11 本）

1. 中国古代艺术
2. 中国古代戏曲
3. 中国古代绘画
4. 中国古代音乐
5. 中国古代文学
6. 中国古代乐器
7. 中国古代刺绣
8. 中国古代碑刻
9. 中国古代舞蹈
10. 中国古代篆刻
11. 中国古代杂技